KB185405

드디어
시리즈

03

드디어 만나는
영국 동화

조셉 제이콥스 지음
아서 래컴 · 존 바튼 그림
서미석 옮김

드디어 만나는
영국 동화

곰 세 마리부터 아기 돼지 삼 형제까지
흥미진진한 영국 동화 50편

현대
지성

추천의 글

이 책에 수록된 이야기 「선견자 고본」에는 멋진 수수께끼가 하나 들어 있다. 먼 길을 가야 할 때 그 길을 단축하려면 무엇이 필요한가. 정답은 지름길이 아니라 이야기다. 재미있는 이야기가 지루함을 없애기 때문에 여정이 짧게 느껴진다는 것. 인생은 여정과 여정과 여정으로 이루어져 있으므로 우리에겐 언제나 이야기가 필요하다. 우리는 그게 OTT 서비스나 웹툰 플랫폼 등에 있다고 생각하지만, 그렇지 않다. 많은 이야기가 '전래傳來'한다. 경제학적으로 말하면 그것들은 공공재로, 비경합적이고 비배제적이다. 다시 말해 누군가가 읽는다고 해서 다른 누군가가 못 읽지 않으며, 이야기를 만드는 데 참여하지 않은 이도 읽을 수 있다. 그이야기 중 상당수를 우리는 모른다. 한 번은 읽었다고 착각하기 때문에 다시 읽을 필요가 없다고 생각한다. 그러나 읽지 않으면 알지 못한다. 많은 옛이야기가 오늘날 대중 서사 구성의 유력한 선택지 중 하나인 스테이지형 플롯을 이미 채택하고 있다는 것을, 안전하고 따분할 거란 예상과는 달리 스토리가 울퉁불퉁하고 메시지도 불투명해서 오히려 흥미롭다는 것을, 과감한 신체 훼손 장면들은 뜻밖에도 천진하고 솔직해 보여서 그것을 폭력적이라고 느끼는 어른들에게만 유해하다는 것을 말이다. 아이는 벌써 잠이 들었는데 나는 책을 내려놓지 못한다. 이 책에 실린 많은 이야기를 나는 나에게 읽어주었다.

◆ **신형철** _문학평론가, 서울대학교 영어영문학과 교수

재미있는 동화, 이상한 전설, 신기한 괴물 이야기 등을 좋아하는 사람이라면 무조건 조셉 제이콥스의 옛이야기 책을 사야 한다. 나 역시, 20년 전 서점에서 혹시라도 누가 가져갈세라 제이콥스의 책을 보자마자 샀던 기억이 있다. 깔끔하게 정리된 제이콥스의 책이 오래도록 드물었는데, 그가 수집한 여러 이야기 가운데 핵심 중의 핵심만을 산뜻하게 모아놓은 책이 이번에 『드디어 만나는 영국 동화』라는 이름으로 나왔다.

　혹시 '옛날 유럽 동화' 하면 가장 먼저 떠오르기 마련인 「잭과 콩나무」나 「아기 돼지 삼 형제」를 누가 책으로 만들어 세계에 널리 퍼뜨렸는지 아는가? 그 장본인 중 하나가 바로 제이콥스다. 누구나 아는 흔한 이야기의 원작이 생생하게 정리되어 있거니와, 조금은 낯설지만 그래서 더 신기하고 신선한 다른 영국 동화들이 함께 수록되어 있어 더욱 읽기 좋은 책이다. 기이한 옛이야기를 탐닉하는 어른들에게는 오랜만에 누릴 수 있는 호사가 아닌가 싶다. 더욱이 이 책은 어린이들이 즐길 만한 동화까지 담고 있어 아이들과 함께 읽기에도 좋다.

　제이콥스를 몰랐던 사람, 영국 동화의 신비로운 맛을 느껴보고 싶은 사람, 옛이야기로 남녀노소 불문하고 즐거운 대화를 나누고 싶은 사람에게 이 책을 강력히 추천한다.

　　　　　　　◆ **곽재식** _SF 작가, 숭실사이버대학교 환경안전공학과 교수

들어가는 글

이 책으로 들어가는 방법

문의 쇠고리를 두드리고 옆의 종을 당기세요.

잠시 쥐 죽은 듯 조용히 있으면

문에서 아주 자그마한 소리가 들릴 겁니다.

"열쇠를 집어넣어요."

열쇠는 마음속에서 찾을 수 있습니다.

열쇠 홈에 J. J.(조셉 제이콥스의 약자)라는 표시가

있어 어렵지 않게 찾을 수 있어요.

이제 열쇠를 열쇠 구멍에 넣으세요, 꼭 들어맞을 테니.

자, 그럼 문을 열고

들어갈까요.

차례

+ 제1장 +

용기

English Fairy Tales

JACK AND THE BEANSTALK
잭과 콩나무

호박이 넝쿨째로 굴러떨어졌다

옛날에 가난한 과부와 외아들 잭이 살고 있었습니다. 가진 것이라고는 밀키 화이트라는 젖소 한 마리가 전부였습니다. 두 식구는 매일 아침 젖소에서 짠 우유를 시장에 내다 팔아 근근이 살아갔습니다. 그런데 어느 날부터인가 밀키 화이트에게서 더 이상 우유가 나오지 않았습니다. 두 사람은 어쩔 줄 몰라 했지요.

"아이고, 애야. 우린 이제 뭘 먹고 사냐?"

어머니가 손을 꽉 움켜쥐며 한탄했습니다.

"엄마, 기운 내세요. 산 입에 거미줄이야 치겠어요? 제가 가서 일거리를 좀 알아볼게요."

"지난번에도 알아보았는데 아무도 널 써주려 하지 않았잖니. 그러지 말고, 밀키 화이트를 팔아 그 돈으로 장사를 하든가 다른 일을 해야겠다.”

“좋아요, 어머니. 마침 오늘이 장날이니 제가 밀키 화이트를 팔고 올게요. 그러고 나서 무엇을 하면 좋을지 생각해봐요.”

어머니는 잭에게 소 고삐를 건네주었고, 잭은 시장을 향해 출발했습니다. 잭은 얼마 못 가 우스꽝스럽게 생긴 노인을 만났습니다. 노인은 잭에게 아는 척을 했지요.

“잭, 안녕?”

“네, 할아버지도 안녕하세요?”

잭도 인사를 하긴 했지만, 어떻게 그 노인이 자신의 이름을 알고 있는지 의아했습니다.

“잭, 그런데 어디를 가는 거냐?”

“장에 가서 이 젖소를 팔려고요.”

“오, 그거 잘됐구나. 너는 그 젖소를 팔 임자를 제대로 만났다. 너 혹시 완두콩 다섯 개를 셀 줄 아니?”

“그야 양손에 두 개씩 들고 입에 하나 물면 되죠.”

잭은 바늘처럼 예리하게 대답했습니다.

“그래, 잘 아는구나. 바로 여기 그 완두콩이 있다.”

노인은 주머니에서 신기하게 생긴 완두콩을 한 줌 꺼냈습니다.

“네가 그렇게 영리하니 너와 거래를 해도 될 것 같구나. 네 젖소와 이 완두콩을 바꾸자.”

“네에? 무슨 말씀을 하시는 거예요? 딴 데 가서 알아보세요.”

“그건 네가 이것이 어떤 완두콩인지 몰라서 하는 소리다. 밤에

이 완두콩을 심고 자면, 아침에 하늘 끝까지 자라 있을 거란다."

"정말요? 에이, 그럴 리가요."

"정말이라니까. 만일 내 말이 틀리면 젖소를 되돌려주마."

"좋아요."

잭은 밀키 화이트의 고삐를 노인에게 주고, 완두콩을 주머니에 넣었습니다. 잭은 저녁 어스름도 되기 전에 도착했습니다.

"아니, 잭 벌써 돌아온 거니? 혼자 돌아온 것을 보니 밀키 화이트를 팔았나 보구나. 그래, 얼마나 받았니?"

"엄마는 아마 상상도 못하실 거예요."

"얘야, 그러지 말고 빨리 알려주렴. 얼마니? 5파운드? 10, 15파운드? 20파운드니?"

"후후, 엄마는 상상도 못하실 거라고 했잖아요. 이 완두콩은 말이에요. 신비한 완두콩이에요. 밤에 잘 때 이걸 심으면…"

"뭐라고? 아이고 이런 바보 천치, 멍청이, 얼간이! 그래, 이 동네에서 젖도 제일 잘 나오고 고기로도 최상품인 밀키 화이트를 그까짓 완두콩하고 바꿔버려? 꼴도 보기 싫으니 내 눈앞에서 썩 꺼져버려! 꺼지라니까! 네 알량한 그 완두콩은 모두 창밖으로 버릴 테다. 네 녀석은 어서 가서 잠이나 자. 오늘 밤에는 물 한 모금, 빵 한 조각도 구경 못 할 줄 알아."

잭은 하는 수 없이 다락의 작은 방으로 올라갔습니다. 저녁을 못 먹는 것도 서러웠지만 어머니가 걱정되어 더욱 슬펐지요. 하지만 잭은 너무 피곤했던 탓인지 금세 곯아떨어지고 말았습니다.

다음 날 아침, 잭이 눈을 떠보니 방 안이 이상해 보였습니다. 방 한쪽으로 햇빛이 들어오고 있는데도, 나머지 부분은 아주 어둡고 그늘져 있었지요. 잭은 자리에서 일어나 옷을 입고 창가로 갔습니다. 잭은 과연 무엇을 보았을까요? 전날 밤 엄마가 마당에 던져 버린 완두콩이 밤새 어찌나 크게 자랐던지, 하늘을 찌를 듯이 우뚝 솟아 있었습니다. 전날 만난 그 노인이 했던 말이 사실이었던 거지요!

콩나무줄기는 잭의 방 창문을 아주 가까이 지나고 있었습니다. 잭은 창문을 열고 줄기로 껑충 뛰어 큰 사다리를 타듯이 기어 올라가기 시작했습니다. 오르고, 오르고, 또 올라 결국 하늘에 닿았지요. 하늘에는 넓은 길이 마치 화살처럼 곧게 뻗어 있었습니다. 잭은 그 길을 따라 걷고, 걷고, 또 걸어가 매우 거대한 집 앞에 이르렀습니다. 그곳에는 거대한 여인이 서 있었지요.

"안녕하세요, 부인?"

잭은 최대한 공손하게 인사했습니다.

"죄송하지만, 제게 아침으로 먹을 것을 좀 주실 수 있을까요?"

아다시피 잭은 어젯밤도 굶은 채로 잤기 때문에 무쇠라도 녹여 먹을 수 있을 만큼 배가 고팠습니다.

"아침을 먹고 싶다고? 여기서 빨리 도망가지 않고 꾸물대다간 너는 아침밥 신세가 될 거다. 내 남편은 괴물인데 어린 남자애를 삶아 끓인 국을 제일 좋아한단다. 빨리 여기서 나가거라, 안 그러면 곧 내 남편이 와서 널 잡아먹을 거야."

"아, 제발 부인! 그러지 말고 먹을 것 좀 주세요. 어제 아침 이후로 아무것도 먹지 못했어요. 정말이에요. 괴물한테 잡아먹히든 굶어 죽든 죽는 건 매한가지예요."

다행히도 괴물의 아내는 그렇게 나쁜 여인이 아니었습니다. 여인은 잭을 부엌으로 데려가 치즈를 넣은 두툼한 빵 한 덩어리와 우유 한 주전자를 먹으라고 내주었지요. 그런데 잭이 음식의 반도 먹기 전에 갑자기 '쿵 쿵 쿵!' 누가 다가오는 소리가 들렸습니다. 집 안이 온통 진동하기 시작했지요.

"어머나, 이걸 어쩌나! 남편이야. 대체 내가 뭘 하고 있는 거지? 빨리 이리 오렴. 여기로 들어가."

여인이 잽싸게 잭을 오븐 속에 던져 넣자마자 거인이 들어왔습니다. 거인은 허리춤에 달고 온 송아지 세 마리의 다리를 식탁 위에 던지며 말했습니다.

"마누라, 이걸로 아침에 먹을 국을 끓여. 음, 그런데 이게 무슨 냄새지?"

큥-큥-큥-큥,
어라, 사람 냄새가 나네.
산 놈이든 죽은 놈이든
뼈째 갈아 아침으로 먹어야지.

"아이고, 여보. 지금 제정신이에요? 꿈을 꿨거나 어제 저녁에

사람 냄새를 맡는 거인

맛있게 먹어치운 작은 남자아이 찌꺼기 냄새겠죠. 자, 빨리 가서 씻기나 하세요. 다 씻고 올 때까지 아침 준비해놓을게요."

거인이 나가자 잭은 잽싸게 오븐에서 뛰어나왔습니다. 부인은 도망치려는 잭을 말렸습니다.

"남편이 잠들 때까지 기다려라. 아침 식사 후에는 꼭 한숨 자거든."

아침 식사를 마친 거인은 큰 금고를 열고 황금이 든 자루를 두 개나 꺼냈습니다. 앉아서 황금을 하나둘 세던 거인은 꾸벅꾸벅 졸기 시작했고, 급기야 온 집 안이 울릴 정도로 코를 골았습니다.

그 소리를 들은 잭은 발끝으로 살금살금 오븐에서 기어 나왔습니다. 그러고는 거인 옆을 지나가며 황금이 든 자루를 옆구리에 꿰차더니, 콩나무줄기로 단숨에 달려갔습니다. 콩나무줄기에 도착한 잭은 자루를 나무 아래로 던졌습니다. 자루는 정확하게 집 마당으로 떨어졌지요. 잭은 한참 동안 나무줄기를 타고 내려가 집 안으로 들어갔습니다. 잭은 어머니에게 황금을 보여주며 말했습니다.

"어머니, 제 말이 맞았지요? 보시다시피 그 완두콩은 요술 콩이에요."

한동안 두 식구는 그 황금으로 살아갈 수 있었습니다. 그러나 한참이 지나고 황금이 바닥나버리자, 잭은 다시 한번 행운을 찾아 콩나무줄기 위에 올라가기로 마음먹었습니다.

어느 화창한 날 아침, 일찍 일어난 잭은 나무줄기를 오르고, 오르고, 또 올라 하늘 위 큰길로 나왔습니다. 그리고 전에 찾아간 큰 집을 또 찾아갔지요. 전처럼 변함없이 문 앞에는 거인의 아내가 서 있었습니다.

"안녕하세요, 부인. 제발 제게 먹을 것 좀 주세요."

잭은 아주 대담하게 말했습니다.

"어서 가거라. 안 그러면 우리 남편이 너를 아침으로 잡아먹을 게다. 그런데 넌 지난번에 왔던 그 아이 아니니? 그날 우리 남편이 황금 자루를 하나 잃어버렸는데 혹시 뭔가 아는 게 있니?"

"그러세요? 제가 그 일에 대해 뭔가 말씀드릴 게 있긴 한데, 지금은 너무 배가 고파서 기운이 없어요. 뭐라도 좀 먹어야 말할 수 있을 것 같아요."

호기심이 생긴 거인의 아내는 잭을 집으로 데리고 들어가 먹을 것을 주었습니다. 그러나 잭이 한입 베어 물기도 전에 느릿느릿한 '쿵 쿵' 소리가 들려왔습니다. 거인의 발소리를 알아챈 거인의 아내는 잽싸게 잭을 오븐 속에 숨겼습니다.

이번에도 지난번과 똑같은 일이 일어났습니다. 집에 들어온 거인은 전처럼 '쿵 쿵 쿵'을 한바탕 읊어댄 후 아침으로 황소 세 마리를 뚝딱 해치웠습니다. 그러고 나서 아내에게 황금 달걀을 낳는 암탉을 가져오라고 했습니다. 거인이 닭에게 알을 낳으라고 하자, 닭이 정말 황금 달걀을 낳았습니다. 그러나 거인은 얼마 못 가 또 꾸벅꾸벅 졸더니 집이 떠나가라 코를 골기 시작했습니다.

잭은 발끝으로 오븐에서 살금살금 기어 나와, 눈 깜짝할 사이에 암탉을 낚아채 그 집에서 도망쳤습니다. 하지만 꼬꼬댁거리는 닭의 울음소리에 깬 거인이 아내에게 소리쳤습니다.

"마누라, 마누라! 내 닭 어디다 치웠어?"

그러자 아내가 대답했습니다.

"여보, 대체 왜 그래요?"

그사이 잭은 황급히 나무줄기를 내려가 집에 도착했습니다. 잭은 어머니 앞에서 닭에게 알을 낳으라고 명령했습니다. 그러자 암탉은 정말로 황금 달걀을 낳았습니다. 잭이 명령할 때마다 황금 달걀을 낳았지요.

하지만 이에 만족하지 못한 잭은 얼마 지나지 않아 다시 한번 콩나무줄기 위에 올라가기로 마음먹었습니다. 어느 화창한 날 아침, 일찍 일어난 잭은 또 다른 행운을 찾기 위해 나무줄기를 타고 위로, 위로 올라갔지요. 이번에는 곧장 거인의 집 앞으로 가지 않고 집 가까이에 있는 나무 덤불에 숨어서 기다렸습니다. 거인의 아내가 물을 길러 양동이를 들고 나온 사이, 잭은 집 안으로 기어들어가 커다란 솥에 숨었습니다. 얼마 지나지 않아 쿵쿵거리며 거인과 아내가 들어왔습니다.

"킁 킁 킁 킁, 이봐, 사람 냄새가 나. 정말로 난다니까."

"그래요, 여보? 그럼 지난번에 당신의 황금과 황금 달걀을 낳는 암탉을 훔쳐 간 그 꼬마 녀석이 또 오븐 속에 숨어 있나 봐요."

둘은 잽싸게 달려가 오븐을 열어보았습니다. 그러나 다행히도 잭은 그곳에 없었습니다. 거인의 아내가 말했습니다.

"당신 또 그 '쿵 쿵 쿵' 타령이에요? 어젯밤 당신이 잡아 온 남자아이로 제가 오늘 아침 국을 끓였잖아요. 내 정신머리하고는. 그리고 당신도 그렇지, 산 것과 죽은 것도 구분 못해요? 코가 왜 그렇게 무뎌졌어요?"

거인은 잠자코 앉아 아내가 차려주는 아침을 먹으면서도 계속 중얼거렸습니다.

"아니야, 사람 냄새가 분명해. 맹세하라면 할 수도 있어…"

그러고는 자리에서 일어나 식품 창고와 찬장 등 모든 곳을 샅샅이 뒤졌습니다. 그러나 다행히도 솥 안에 숨었을 거라는 생각은 하지 못했습니다.

식사를 끝낸 거인이 아내에게 황금으로 된 하프를 가져오라고 했습니다. 아내는 금세 하프를 가져와 식탁 위에 놓았습니다. 거인이 노래하라고 명령하자 황금 하프는 매우 아름다운 소리를 내기 시작했습니다. 하프 연주는 계속되었고, 듣고 있던 거인은 곧 천둥처럼 큰 소리로 코를 골며 곯아떨어졌습니다.

그러자 잭은 솥뚜껑을 조용조용 열고 생쥐처럼 쪼르르 내려와 하프가 있는 식탁까지 손과 무릎으로 살살 기어갔습니다. 식탁에서 하프를 낚아챈 잭은 문을 향해 힘껏 달렸습니다. 그러나 하프가 큰 소리로 주인을 부르는 바람에 거인은 잠에서 깨어났습니다. 그는 하프를 가지고 도망치는 잭을 발견했지요.

하마터면 거인에게 잡힐 뻔했지만, 몸을 조금씩 피하며 겨우 위기를 모면한 잭은 '걸음아 날 살려라' 하며 도망쳤습니다. 잭이 어디로 갈지 알고 있었던 거인은 그 뒤를 쫓았습니다. 그러나 거인이 콩나무줄기를 20여 미터 앞두고 있을 때쯤 갑자기 잭이 눈앞에서 사라져버렸습니다. 길 끝에 다다른 거인은 줄기를 타고 필사적으로 내려가는 잭을 보았습니다. 거인이 약한 콩나무줄기에 몸을 맡기지 못해 망설이며 주춤하고 있는 사이에 잭은 더 아래로 내려갈 수 있었습니다.

그러나 하프가 계속해서 주인을 부르자 거인도 나무줄기에 매달렸습니다. 그 무게에 줄기가 크게 휘청거렸지요. 잭은 계속 내려갔고, 거인은 그 뒤를 부지런히 쫓았습니다. 줄기를 타고 내려와 집 가까이에 이르자 잭은 소리쳐 어머니를 불렀습니다.

"엄마, 엄마! 빨리 도끼 가지고 나오세요, 어서요!"

황급히 도끼를 들고 뛰어나온 어머니는 겁에 질린 채로 우뚝 서고 말았습니다. 마침 구름 사이로 나타난 거인의 다리를 보았기 때문이지요.

그때, 사뿐히 땅으로 내려선 잭이 도끼를 손에 쥐고 나무줄기를 찍자, 나무줄기가 반으로 쪼개졌습니다. 한편 위에서 나무줄기가 흔들리는 것을 느낀 거인이 무슨 일인가 보려고 멈춰 섰습니다. 이때를 놓치지 않고 잭이 나머지 일격을 가하자 나무줄기는 완전히 쪼개져 쓰러지기 시작했습니다. 거인은 땅에 떨어지며 머리가 박살 났고, 그 위로 나무줄기가 쓰러졌습니다.

잭은 어머니에게 황금 하프를 보여주었습니다. 잭과 어머니는 황금 하프를 보여주고 받은 돈과, 암탉이 낳는 황금 달걀로 큰 부자가 되었습니다. 이후 잭은 고귀한 공주와 결혼해 행복하게 오래오래 살았답니다.

NIX NAUGHT NOTHING

무명씨

입이 원수다

옛날 옛적에 어느 왕과 왕비가 살았습니다. 두 사람은 결혼한 지 한참이 지나도록 아이가 없었습니다. 그러던 어느 날, 왕이 먼 나라에 가 있을 때 왕비가 사내아이를 낳았습니다. 왕비는 왕이 돌아오기 전까지 아이의 이름을 짓지 않으려 했지요.

"아이 아버지가 돌아올 때까지 아이의 이름을 짓지 않고 그냥 무명씨라고 불러야겠어."

하지만 왕은 오랫동안 돌아오지 않았고, 그사이에 왕자는 멋지고 늠름한 소년으로 자랐습니다. 아주 오랜 시간이 흘러 왕이 집으로 돌아가게 되었습니다. 집으로 돌아가려면 커다란 강을 지나야 했는데 소용돌이가 크게 쳐 강을 건널 수 없었습니다. 그때 한 거인이 다가오더니 이렇게 말했습니다.

"내가 당신을 건네주겠소."

"그 보답으로 원하는 것이 무엇이오?"

"아, 그저 무명씨를 주면 되오. 그러면 당신을 내 등에 업어 건네주겠소."

왕은 자신의 아들이 태어나 무명씨로 불리고 있다는 사실을 까맣게 모르고 있었기 때문에 흔쾌히 대답했습니다.

"아, 좋소. 주고 말고, 게다가 내 감사까지 드리리다."

집에 돌아온 왕은 아내와 어린 아들을 보고 매우 기뻐했습니다. 왕비는 왕이 집에 돌아오기 전까지 아이의 이름을 짓지 않고 무명씨로 불러왔다는 사실을 말해주었습니다. 가엾은 왕은 궁지에 처하고 말았지요.

"아, 도대체 내가 무슨 짓을 한 거지? 나를 업어서 강을 건너게 해준 거인에게 무명씨를 주겠다고 약속해버리고 말았으니."

깊은 슬픔에 빠진 왕과 왕비는 다른 방법을 의논했습니다.

"거인이 찾아오면 닭치는 여인의 아들을 줘버립시다. 거인은 아이가 바뀐 사실을 모를 테니."

다음 날, 거인이 찾아와 왕에게 약속을 지킬 것을 요구했습니다. 왕은 닭치는 여인의 아들을 불러오게 했지요. 그러자 거인은 그 소년을 등에 업고 가버렸습니다. 한참을 가다가 쉬려고 커다란 바위에 앉은 거인이 소년에게 물었습니다.

"야, 이 촌뜨기. 지금 몇 시쯤 되었지?"

그러자 소년이 대답했습니다.

"닭을 치는 저희 어머니가 왕비의 아침 식사를 위해 달걀을 가지러 갈 시간이에요."

대답을 들은 거인은 몹시 화가 나 소년을 바위에 내리쳐 죽여버렸습니다.

불같이 격노한 거인이 돌아오자 왕 부부는 정원사의 아들을 내주었습니다. 거인은 정원사의 아들을 등에 업고 가다가 지난번에 쉬었던 바위에 앉으며 물었습니다.

"이봐, 촌뜨기. 지금 몇 시쯤이나 되었지?"

그러자 정원사의 아들이 대답했습니다.

"틀림없이 어머니가 왕비의 저녁을 위해 채소를 따러 갈 시간이에요."

그 말에 잔뜩 화가 난 거인은 그 소년 역시 죽여버리고 말았습니다.

그렇게 하고도 분을 삭이지 못한 거인은 왕의 궁전으로 되돌아가 이번에도 무명씨를 내놓지 않으면 모든 것을 부숴버리겠다고 으름장을 놓았습니다. 왕 부부는 아들을 내어줄 수밖에 없었지요. 거인이 왕자를 데리고 가다가 커다란 바위에 도착하자 물었습니다.

"지금 몇 시쯤이나 되었지?"

그러자 무명씨가 대답했습니다.

"제 아버지인 왕이 저녁을 드시려고 앉아 계실 시간이에요."

"이번에는 제대로 데려왔군."

거인은 무명씨를 자신의 집으로 데려가 어른이 될 때까지 키웠습니다.

거인에게는 사랑스러운 딸이 하나 있었습니다. 한집에 살게 된 거인의 딸과 왕자는 서로 매우 좋아하게 되었지요. 어느 날 거인은 무명씨를 불러 말했습니다.

"내일 너에게 시킬 일이 있다. 길이와 폭이 11킬로미터인 커다란 마구간이 있는데 7년 동안 한 번도 청소를 하지 않았다. 내일 그 마구간을 청소해놓거라. 안 그러면 너를 저녁으로 잡아먹겠다."

다음 날, 아침 식사를 가지고 나간 거인의 딸은 무척 애를 쓰고 있는 무명씨를 보았습니다. 마구간이 겨우 조금 닦아놓기가 무섭게 금방 지저분해졌기 때문입니다. 거인의 딸은 무명씨에게 도와주겠다고 말하고는 들과 하늘에 있는 모든 짐승을 불러모았습니다. 순식간에 모여든 들짐승과 날짐승이 마구간에 있는 것들을 전부 치워버렸고, 거인이 집에 도착하기 전에 마구간은 말끔해졌습니다. 집에 돌아와 깨끗해진 마구간을 본 거인이 말했습니다.

"그런 얕은 꾀를 부리다니 부끄러운 줄 알아라. 내일은 더 힘든 일을 시킬 테다. 깊이와 폭이 11킬로미터나 되는 호수가 있다. 내일 해질 녘까지 그 호수의 물을 모두 빼놓거라. 안 그랬다가는 내 저녁거리가 될 줄 알아라."

다음 날, 무명씨는 일찍부터 들통으로 호수 물을 퍼냈지만 호수는 조금도 줄어들지 않았습니다. 무명씨가 어찌하면 좋을지 몰라 좌절하고 있을 때, 거인의 딸이 바다의 모든 물고기를 불러들여 물을 마시게 했습니다. 호수의 물은 금세 말라버렸지요. 한편 집에 돌아온 거인은 자신이 시킨 모든 일을 해낸 무명씨를 보고 화가 났습니다.

"내일은 더 끔찍한 일이 기다리고 있다. 높이가 11킬로미터지만 가지는 하나도 없는 나무 한 그루가 있다. 그 나무 꼭대기로 기어올라가면 둥지가 하나 있는데, 둥지 안에는 일곱 개의 알이 있다. 그 알들을 하나도 깨뜨리지 말고 모두 가져와야 한다. 안 그랬다가는 내 저녁거리가 될 줄 알아라."

어떻게 도움을 줘야 할지 고민하던 거인의 딸은 자신의 손가락과 발가락을 잘라내 그것으로 계단을 만들어주었습니다. 덕분에 무명씨는 나무 꼭대기로 올라가 모든 알을 가지고 내려올 수 있

바다의 모든 물고기를 불러들이는 거인의 딸

었습니다. 그런데 그만 알 하나가 깨지고 말았습니다. 무명씨와 거인의 딸은 도망가기로 결정했지요. 거인의 딸은 자신의 방에서 마법의 병을 챙겼고, 두 사람은 온 힘을 다해 달아나기 시작했습니다. 들판 세 개를 지나기 전에 뒤를 돌아본 거인의 딸은 전속력으로 쫓아오는 거인을 보았습니다. 거인의 딸이 외쳤습니다.

"어서요, 어서! 내 머리에서 빗을 빼 던져버리세요."

그 말을 들은 무명씨가 거인의 딸 머리에서 빗을 빼 던졌습니다. 그러자 빗살 하나마다 두툼한 찔레 덤불이 뻗어나 거인을 가로막았습니다. 거인이 그 덤불을 헤치고 길을 내는 데는 오랜 시간이 걸렸습니다. 거인이 길을 낼 무렵에는 무명씨와 거인의 딸이 이미 한참 달아난 뒤였지요. 그러나 얼마 지나지 않아 거인은 또다시 바짝 쫓아왔고, 두 사람은 금방이라도 잡힐 것만 같았습니다. 상황이 위급해지자 거인의 딸이 또 무명씨에게 소리쳤습니다.

"어서 내 머리핀을 뽑아 던져버리세요. 빨리요, 빨리!"

무명씨는 거인의 딸이 시키는 대로 머리핀을 뽑아 던졌습니다. 그랬더니 순식간에 열십자 모양의 날카로운 칼날 덤불이 생겨났습니다. 거인은 덤불을 건너려고 매우 조심스럽게 발을 내디뎠습니다. 그사이 두 사람은 죽어라 달려 거인의 시야에서 거의 사라졌습니다. 그러나 어느새 또 가까워진 거인은 금세라도 두 사람을 잡을 것 같았습니다. 거인이 손을 내밀어 무명씨를 잡으려는 순간 거인의 딸이 마법의 병을 꺼내 땅에 던졌습니다. 병이 깨지자 그 안에 있던 거대한 파도가 점점 부풀어 거인의 허리까지 차올랐습니다. 파도는 점점 차올랐고, 결국 거인은 머리까지 차오른 물에 완전히 빠져 죽었습니다.

무명씨와 거인의 딸은 계속 도망쳐 무명씨 부모님의 성 근처까지 갔습니다. 거인의 딸은 너무 지쳐 한 발짝도 더 움직일 수 없었고, 무명씨는 밤을 지낼 숙소를 찾아보고 올 테니 이곳에서 기다리라고 했습니다. 성에서 나오는 불빛을 향해 걸어가던 무명씨는 아들을 잃은 닭치는 여인의 오두막에 이르게 되었습니다. 무명씨 때문에 아들을 잃은 닭치는 여인은 단번에 그를 알아보았습니다. 무명씨는 닭치는 여인에게 성으로 가는 길을 물어보았습니다. 무명씨를 미워하던 여인은 길을 알려주면서 그에게 저주를 걸었습니다. 마법에 걸린 무명씨는 성에 도착하자마자 죽은 듯이 깊은 잠에 빠져버렸습니다. 왕과 왕비는 그 낯선 청년을 깨우려고 별짓을 다 해보았지만 소용이 없었습니다. 왕은 청년을 잠에서 깨울 수만 있다면 어느 처녀든 그와 결혼하게 해주겠다고 약속했습니다. 한편, 무명씨가 돌아오기만을 눈 빠지게 기다리던 거인의 딸은 그를 찾아보려고 나무에 올라갔습니다. 마침 우물에 물을 길러 가던 정원사의 딸은 물에 비친 거인의 딸을 보고 그것이 마치 자신의 모습인 줄 착각하며 중얼거렸습니다.

"나는 너무 예뻐. 이렇게 뛰어난 미모로 왜 물이나 긷고 있지?"

정원사의 딸은 물통을 집어 던지고 잠에 빠진 청년과 결혼할 수 있는지 알아보러 갔습니다. 그녀는 가는 길에 닭치는 여인에게 들려 무명씨의 저주를 푸는 방법을 배웠습니다. 정원사의 딸은 곧장 성으로 가 잠들어 있는 청년에게 주문을 외웠습니다. 그러자 청년이 잠시 깨어났고, 왕과 왕비는 정원사의 딸과 청년을 결혼시키기로 약속했습니다. 그사이 물을 길러 간 딸이 돌아오지 않자 정원사는 직접 우물로 물을 길러 갔습니다. 그곳에서 물에 비친 거인의 딸을 보았지요. 정원사는 그녀를 나무에서 내려오게 해 자신의 집으로 데리고 갔습니다. 그러고는 자신의 딸이 성에 찾아온 낯선 청년과 결혼할 것이라고 알려주었지요. 정원사는 거인의 딸을 성으로 데려가 그 낯선 청년을 보여주었습니다. 그런데 놀랍게도 의자에 깊이 잠들어 있는 사람은 바로 무명씨였습니다. 무명씨를 보자마자 거인의 딸이 외쳤습니다.

"일어나요, 일어나 내게 말을 해요!"

무명씨는 꿈쩍도 하지 않았고, 거인의 딸은 또 소리쳤습니다.

> 마구간을 청소해주고, 호수의 물을 퍼내고,
>
> 나무에 오르게 해준 것은 바로 나.
>
> 그 모두가 당신을 사랑해서 한 일.
>
> 그런데 당신은 깊이 잠들어 내게 말조차 않다니.

이 말을 들고 다가온 왕과 왕비에게 아름다운 처녀가 말했습니다.

"갖은 애를 다 써보아도 무명씨가 제게 말을 걸게 할 수 없네요."

거인의 딸이 무명씨에 대해 말하자 왕과 왕비는 무척 놀라며 무명씨가 어디에 있는지 물었습니다. 그러자 거인의 딸이 대답했습니다.

"바로 저 의자에 잠들어 있는 사람이랍니다."

왕과 왕비는 아들에게 달려가 입을 맞추며 소중한 아들을 불렀습니다. 그리고 정원사의 딸을 불러 무명씨를 깨우는 주문을 외우게 했습니다. 잠에서 깨어난 무명씨는 거인의 딸이 자신을 위해 해준 모든 일을 말했습니다. 그러자 왕과 왕비는 거인의 딸을 꼭 끌어안고 입을 맞추며 너무 고맙다고 했습니다. 한편 닭치는 여인은 죽음을 면할 수 없었습니다. 그 외 나머지 사람들은 모두 행복하게 살았답니다.

03

CHILDE ROWLAND

막내 로울랜드

고생 끝에 낙이 온다

막내 로울랜드와 두 형

공을 가지고 놀고 있었네.

그들 사이에,

누이 버드 엘렌 있었네.

막내 로울랜드 공을 발로 차고

무릎으로 막았네.

누이와 형들에게 공을 던지자

교회 너머로 멀리 굴러갔네.

사라진 공을 찾으러

버드 엘렌, 교회 주위를 돌아다녔네.

그러나 형제들 오래도록 기다려도

엘렌은 다시 돌아오지 않았네.

형제들 동쪽으로 서쪽으로,

이리저리 누이 찾아다녔네.

형제들 마음 안타깝기 그지없었네,

누이를 찾을 수 없었으므로.

그러던 어느 날, 제일 큰 형이 마법사 멀린을 찾아갔습니다. 지금까지의 상황을 모두 설명하고 버드 엘렌이 있는 곳을 아는지 물어보았지요.

"예쁜 버드 엘렌은 태양의 반대 방향으로 교회를 돌았기 때문

교회 주위를 돌아다니는 버드 엘렌

에 요정들이 데려간 것이 분명하네. 지금 꼬마 요정 나라 왕의 어두운 탑 속에 있을 테지. 그리스도교 왕국에서 가장 용감한 기사만이 엘렌을 되찾아올 수 있을걸."

"엘렌을 되찾아올 수만 있다면 제가 하겠어요. 성공하지 못하고 죽더라도요."

"엘렌을 되찾을 수는 있지만, 엘렌을 구하고자 하는 사람은 앞으로 해야 할 일을 잘 알아두어야 하네. 그러지 않으면 큰 화를 당하게 될 테니 말이야."

버드 엘렌의 큰오빠는 두려움 때문에 동생을 포기할 사람이 아니었습니다. 그는 곧바로 동생을 찾기 위해 해야 할 일과 해서는 안 될 일을 알려달라고 간절하게 부탁했지요. 그는 멀린에게 설명을 듣고 재차 확인을 받은 뒤 요정의 나라를 향해 떠났습니다.

> 그러나 불안감과 커다란 근심에 잠겨
> 오랫동안 기다리고 또 기다렸건만,
> 동생들의 마음 비통함으로 가득 찼네,
> 형이 돌아오지 않았으므로.

한없이 기다리다 지친 둘째 형이 마법사 멀린을 찾아가 형과 똑같이 물었습니다. 그러고는 누이 엘렌을 찾으러 떠났습니다.

> 그러나 불안감과 커다란 근심에 잠겨

오랫동안 기다리고 또 기다렸건만,

어머니와 동생의 마음 비통함으로 가득 찼네,

둘째가 돌아오지 않았으므로.

　끝없는 기다림에 지친 막내 로울랜드는 훌륭한 왕비인 어머니에게 형들과 누나를 찾으러 가게 해달라고 말했지만, 어머니는 허락하지 않았습니다. 로울랜드는 유일하게 남은 소중한 막내였기 때문이지요. 하지만 로울랜드는 어머니를 조르고 또 졸라 허락을 받아냈습니다. 어머니는 한 번도 빗나간 적 없는 남편의 검을 아들의 허리춤에 채워주면서 승리를 가져다줄 주문을 외웠습니다.

　막내 로울랜드는 어머니에게 작별 인사를 하고 마법사 멀린이 살고 있는 동굴로 갔습니다.

　"어떻게 하면 누나와 형들을 구할 수 있는지 한 번만, 제발 한 번만 더 알려주세요."

　"이보게. 딱 두 가지만 지키면 되는데, 이 방법이 보기에는 단순한 것 같지만 실제로는 어려운 일이라네. 하나는 꼭 해야 하고, 하나는 절대 해서는 안 되는 일이지. 먼저 해야 할 일이란 이렇다네. 요정의 땅으로 들어가거든 자네에게 말을 걸어오는 사람들의 목을 부친의 검으로 모조리 베어버려야 하네. 그리고 아무리 배가 고프고 목이 마르더라도 빵 한 조각, 물 한 방울도 절대 입에 대서는 안 된다네. 만약 요정의 나라에 있는 동안 빵을 한 조각이라도 먹거나 물을 한 방울이라도 마신다면 다시는 인간 세상을 보지 못할 걸세."

막내 로울랜드는 마법사 멀린이 알려준 두 가지 방법을 되뇌며 가슴에 새긴 뒤, 고맙다는 말을 전하고 길을 떠났습니다. 한참 동안 걸어간 끝에 요정 나라 왕의 목동이 말을 돌보는 곳에 도착했습니다. 로울랜드는 목동의 불타는 눈을 보고 그가 요정이라는 것을 알아챘고, 마침내 자신이 요정의 나라에 들어섰다는 사실을 알게 되었습니다. 로울랜드가 목동에게 물었습니다.

"요정 나라 왕의 어두운 탑이 어디 있는지 알려줄 수 있소?"

"나는 모르지만 조금만 더 가면 소를 치는 목동을 만나게 될 거요. 어쩌면 그가 알려줄 수 있을지도 모르오."

로울랜드는 더 이상 아무 말도 하지 않고 한 번도 빗나간 적 없는 명검을 뽑아 목동의 머리를 베어버렸습니다. 그러고는 다시 앞으로 나아갔지요. 처음 만난 목동의 말대로 소를 치는 목동을 만난 로울랜드는 똑같은 질문을 했습니다. 그러자 목동이 이렇게 대답했습니다.

"나는 모르지만 조금만 더 가면 닭치는 여자가 나타날 거요. 그녀는 분명히 알고 있을 거요."

대답을 듣고 난 로울랜드는 이번에도 한 번도 빗나간 적 없는 명검을 뽑아 목동의 머리를 베어버렸습니다. 로울랜드는 조금 더 걸어가다가 회색 외투를 걸치고 있는 노파를 만났습니다. 그녀에게도 요정의 나라 왕의 어두운 탑이 어디에 있는지 물어보았지요.

"조금만 더 가면 바닥부터 꼭대기까지 테라스로 둘러싸인 둥근 초록 언덕이 나올 거라네. 그 주위를 태양의 반대 방향으로 세 바퀴 돌면서 다음과 같이 말하게.

문 열어, 문 열라니까!
들여보내줘.

그렇게 하면 세 번째에 문이 열릴 걸세. 그러면 안으로 들어갈 수 있지."

막내 로울랜드는 바로 길을 떠나려다가 멀린의 말을 기억해냈습니다. 한 번도 빗나간 적 없는 명검을 뽑아 닭치는 노파의 머리를 베어버렸지요.

로울랜드는 한참을 걷다가 바닥부터 꼭대기까지 테라스로 둘러싸인 둥근 언덕에 도착했습니다. 노파가 가르쳐준 주문을 외우면서 태양의 반대 방향으로 그 주위를 돌았지요.

문 열어, 문 열라니까!
들여보내줘.

주문과 함께 세 바퀴를 도니 문이 열렸고, 안으로 들어가자마자 딸깍 소리와 함께 문이 닫혔습니다. 로울랜드는 어두운 곳에 홀로 남겨졌지요.

다행히도 어디선가 희미한 빛이 새어들어 안이 아주 깜깜하지는 않았습니다. 벽과 지붕은 은빛의 화강암, 섬광석, 다른 밝은 암석들이 겉을 덮고 있는 투명한 암석으로 만들어진 아치였습니다. 주위가 온통 암석이기는 했지만 요정의 나라에서 늘 그랬듯 공기는 아주 따스했습니다.

통로를 따라 걸어갔더니 두 개의 넓고 높은 접이문이 조금 열려 있었습니다. 문을 활짝 열었더니 놀랍고도 근사한 광경이 펼쳐졌지요. 커다랗고 널찍한 홀이 있었는데, 언덕만큼이나 길고도 넓은 것 같았습니다. 천장을 받치고 있던 근사한 기둥들도 어찌나 크고 높던지 성당의 기둥들은 그에 비하면 아무것도 아니었습니다. 금과 은으로 만들어진 기둥에는 무늬가 새겨져 있었고, 기둥 사이와 주변에는 화단이 있었습니다.

그 화단이 무엇으로 만들어졌는지 아십니까? 놀랍게도 그것은 다이아몬드와 에메랄드, 온갖 종류의 보석들로 만들어져 있었습니다. 아치의 쐐기돌(돌을 쌓아 올릴 때, 돌과 돌의 틈에 박아 돌리는 돌－편집자)은 많은 다이아몬드, 루비, 진주를 비롯한 다양한 보석들로 장식되어 있었지요.

이 모든 아치는 지붕 한가운데에서 만났는데, 그곳에는 매우 투명하고 커다란 진주를 파내 만든 근사한 램프가 황금 줄에 매달려 있었습니다. 램프 한가운데에 있는 커다란 홍수정은 사방을 환히 밝히고 있었지요. 수정이 홀 전체에 드리우는 밝은 빛은 마치 석양빛 같았습니다.

홀의 안쪽 역시 웅장하게 꾸며져 있었습니다. 한쪽 끝에는 벨벳, 비단, 황금으로 만들어진 화려한 침상이 있었고, 바로 그곳에 은색 빗으로 금빛 머리를 빗고 있는 버드 엘렌이 앉아 있었습니다. 막내 로울랜드를 본 엘렌이 벌떡 일어나서 말했습니다.

하느님 저 아이를 불쌍히 여기소서.
이 불운한 바보, 이곳에는 뭐 하러 왔니?
막냇동생아, 집에 있지 않고 왜 이곳에 나타났니?
네게 수십만 개의 목숨이 있어도
하나의 목숨조차 구할 수 없을 텐데.
하지만 앉으렴.
아, 어쩌면 좋담, 불쌍한 네 운명.
이제 곧 요정의 나라 왕이 들이닥칠 테니
네 운도 이제 끝이로구나.

오누이는 함께 앉았고, 로울랜드는 누나에게 그동안 있었던 일을 모두 알려주었습니다. 엘렌은 어두운 탑에 도착한 두 오빠가 요정 나라 왕의 마법에 걸려 죽은 사람처럼 땅에 묻히게 되었다고 말해주었습니다. 이야기를 나누던 중, 오랫동안 여행을 한 탓인지 막내 로울랜드는 허기를 느끼기 시작했습니다. 로울랜드는 마법사 멀린의 경고를 새까맣게 잊고 무척 배가 고프다며 먹을 것을 달라고 했습니다.

버드 엘렌은 막내 로울랜드를 슬프게 쳐다보며 고개를 저었지만, 자신도 마법에 걸린 상황이라 경고를 해줄 수는 없었습니다. 엘렌은 자리에서 일어나 밖으로 나가더니 빵과 우유가 가득 담긴 황금 쟁반을 들고 돌아왔습니다. 막내 로울랜드가 먹을 것을 막 집으려는 순간, 그는 누나를 보고 자신이 왜 이곳에 왔는지 기억해냈습니다. 로울랜드는 그릇을 집어 던지며 외쳤습니다.

"버드 엘렌이 풀려날 때까지는 물 한 방울, 빵 한 조각 먹지 않을 것이다."

바로 그때 두 사람의 귀에 누군가 다가오는 소리가 들렸습니다. 이어서 쩌렁쩌렁 울리는 고함이 들렸지요.

쿵 쿵 쿵
인간의 피 냄새가 나는군.
살았건 죽었건 내 검으로
놈의 골통을 부수고 말 테다.

홀의 접이문이 활짝 열리더니 요정 나라의 왕이 뛰어 들어왔습니다.

"이 요괴야! 어디 덤빌 테면 덤벼봐라!"

막내 로울랜드도 크게 소리치며 한 번도 빗나간 적이 없는 명검을 뽑아 요정 나라의 왕에게 덤벼들었습니다. 둘은 한데 뒤엉켰고 싸움은 쉽게 끝나지 않았습니다. 마침내 막내 로울랜드가 요정 나라의 왕을 내리쳐 넘어뜨렸고, 로울랜드에게 굴복한 왕은 살려달라고 애원했습니다.

"우리 누나를 마법에서 풀어주고 형들을 살려내 모두 집으로 돌아갈 수 있게 해준다면 살려주겠다."

요정 나라의 왕은 그렇게 하겠다고 대답한 뒤, 상자가 있는 곳으로 걸어가 피처럼 붉은 액체가 든 병을 꺼냈습니다. 그 액체를 두 형의 귀, 눈꺼풀, 콧구멍, 입술, 손가락 끝에 바르니 두 사람 모두 살아났습니다. 요정 나라의 왕이 몇 마디 중얼거리니 엘렌도 마법에서 풀려났습니다. 네 오누이는 함께 홀에서 빠져나와 긴 통로를 걸어 어두운 탑으로 향했습니다. 뒤도 돌아보지 않고 그곳을 벗어났지요. 그들은 훌륭한 어머니가 기다리고 있는 집에 무사히 도착했고, 이후 버드 엘렌은 교회를 돌 때 다시는 태양의 반대 방향으로 돌지 않았답니다!

◇ 04 ◇

MOLLY WHUPPIE AND THE DOUBLE-FACED GIANT

영리한 소녀 몰리 후피

후추는 작아도 진상에만 간다

옛날 옛적에 한 부부가 살았는데, 아이들이 너무 많아 제대로 먹일 수 없게 되자 제일 어린 세 자매를 숲에 버렸습니다. 세 아이는 걷고 또 걸었지만 집 한 채도 보이지 않았습니다. 날은 어두워졌고 소녀들은 몹시 배가 고팠습니다. 그러던 중 갑자기 불빛이 보였고, 가까이 가 보니 집이었습니다. 안도한 소녀들이 문을 두드리자 한 여인이 나와 물었습니다.

"왜 그러는 거냐?"

"제발 저희를 들여보내주세요. 그리고 먹을 것도 좀 주세요."

"그럴 수 없단다, 얘들아. 내 남편은 거인이라 너희들을 보면 잡아먹을 거야."

아이들은 점점 더 매달렸습니다.

"그럼 잠시만이라도 들어가게 해주세요. 아줌마 남편이 오기 전에 떠나면 되잖아요."

거인의 아내는 아이들을 집 안으로 들여 난로 옆에 앉힌 뒤 빵과 우유를 주었습니다. 아이들이 막 빵을 집어 드는 순간, 문을 쾅쾅 두드리는 소리와 무시무시한 음성이 들렸습니다.

쿵 쿵 쿵,
맛있는 사람 냄새가 나는구만!
마누라! 거기 있는 게 누구야?

"춥고 배고픈 소녀들이에요. 곧 떠난다니 그냥 놔두세요."

그러자 거인은 아무 대답도 하지 않고 저녁을 잔뜩 먹었습니다. 그러고는 소녀들에게 밤을 지낸 다음에 떠나라고 명령했습니다. 거인에게도 세 딸이 있었기 때문에 세 자매는 그들과 한 침대에서 자야 했습니다.

세 자매 중 막내인 몰리 후피는 아주 영리한 소녀였습니다. 몰리는 잠들기 전에 거인이 자신과 언니들의 목에는 새끼줄을, 자신의 세 딸의 목에는 황금 줄을 감아놓는 것을 알아챘습니다.

그래서 몰리는 잠을 참으며 다른 사람들이 모두 잠들 때까지 기다렸습니다. 다른 사람들이 모두 깊이 잠들자 몰리는 침대에서 몰래 빠져나와 자신과 언니들의 목에 감겨 있던 새끼줄을 거인의 세 딸의 목에 감겨 있던 황금줄과 바꿔치기한 뒤 다시 누웠습니다.

한밤중이 되자 거인은 무시무시한 곤봉을 들고 와 새끼줄이 걸린 목을 더듬어 찾았습니다. 깜깜한 밤이라 제대로 볼 수 없었던 거인은 자신의 세 딸을 바닥으로 끌어 내린 뒤 죽을 때까지 곤봉으로 두들겨 팼습니다. 그러고는 일을 잘 처리했다고 생각하며 다시 잠자리에 들었습니다.

몰리는 지금이 바로 도망칠 기회라고 생각했습니다. 언니들을 깨워 조용히 하라고 이른 뒤 함께 그 집을 빠져나갔습니다. 안전하게 밖으로 나온 소녀들은 아침까지 쉬지 않고 달려 마침내 웅장한 저택 앞에 이르렀습니다.

알고 보니 그 저택은 왕의 궁전이었습니다. 궁 안으로 들어간 몰리는 왕에게 거인의 집에서 있었던 일을 말해주었습니다. 그 이야기를 들은 왕이 몰리에게 말했습니다.

"그랬느냐? 몰리, 넌 참 영리한 아가씨로구나. 지금까지 잘 처신했지만 만일 네가 더 잘할 자신이 있다면 다시 돌아가 거인의 침실 벽에 걸려 있는 칼을 훔쳐 오거라. 이 일을 잘 해낸다면 그 대가로 네 큰 언니를 내 맏며느리로 맞아들이마."

그러겠다고 대답한 몰리는 다시 거인의 집에 몰래 들어가 침대 밑에 숨었습니다. 잠시 후 집에 돌아온 거인은 저녁을 한 사발 해치우고 잠자리에 들었습니다. 거인이 코를 골 때까지 기다리다가 침대 밖으로 기어 나온 몰리는 거인을 살짝 타고 넘어가 벽에 걸려 있던 칼을 살살 끌어 내렸습니다. 하지만 칼을 침대 너머로 가지고 나올 때 덜그렁 소리가 났습니다. 소리를 들은 거인은 침대에서 벌떡 일어났습니다. 칼을 가지고 문 쪽으로 달아난 몰리는 계속 뛰었고, 거인은 그 뒤를 쫓았습니다. 마침내 실오라기같이 가느다란 다리에 이르렀고, 몰리는 가볍게 다리를 건넜습니다. 그러나 거인은 육중한 몸무게 때문에 다리를 건널 수 없었고, 소리만 고래고래 질러댔습니다.

"몰리, 너 어디 두고보자! 내 손에 잡히기만 해봐라."

"두고보자는 사람 하나도 안 무섭지. 앞으로 두 번 더 찾아올 테니 그리 알아, 멍청아! 난 스페인으로 갈 거다. 안녕!"

몰리는 거인의 칼을 왕에게 가져다주었고 덕분에 큰언니는 왕자와 결혼했습니다.

왕은 또다시 몰리에게 말했습니다.

"몰리, 아주 잘했다. 만약 네가 자신 있으면 이번엔 거인이 베개 아래 넣어둔 지갑을 훔쳐 오거라. 그러면 네 작은 언니를 둘째 며느리로 맞이하마."

이번에도 제안을 받아들인 몰리는 거인의 집으로 몰래 들어가 침대 밑에 숨었습니다. 거인이 식사를 끝내고 코를 골며 잠들기를 기다렸지요. 거인이 완전히 곯아떨어지자 침대 밑에서 기어나온 몰리는 거인의 베개 밑으로 손을 넣어 지갑을 꺼냈습니다. 그런데 몰리가 막 나가려는 순간 거인도 잠에서 깨 몰리를 쫓아왔습니다. 거인에게 쫓기던 몰리는 전의 그 가느다란 다리 앞에 이르렀습니다. 이번에도 몰리는 가볍게 건넜지만, 거인은 건너지 못하고 소리만 고래고래 질렀습니다.

"으, 몰리, 두고보자! 또 나타나기만 해봐라."

"흥, 누가 무서워할 줄 알고? 아직 한 번 더 남았다네, 멍청아! 난 스페인으로 갈 거야, 안녕!"

이번에도 몰리는 성공적으로 왕에게 지갑을 가져다주었고, 왕은 약속대로 작은언니를 둘째 왕자와 결혼시켰습니다.

왕이 또 몰리를 불러 일렀습니다.

"몰리, 넌 정말 영리한 아가씨로구나. 만약 이번에도 자신이 있다면 거인이 손에 끼고 있는 반지를 훔쳐 오거라. 그럼 너를 나의 막내며느리로 삼으마."

몰리는 이번에도 역시 그러겠다고 대답했고, 거인의 집으로 몰래 들어가 또 침대 밑에 숨었습니다. 얼마 지나지 않아 집으로 돌

거인에게 꽉 잡힌 몰리

아온 거인은 식사를 하고 잠자리에 들더니 곧 코를 골아대기 시작했습니다. 침대 밑에서 몰래 기어 나온 몰리는 거인의 손을 잡고 반지가 빠질 때까지 잡아당겼습니다. 그러나 손에서 막 반지를 빼낸 순간, 거인이 잠에서 깨 몰리를 꽉 잡으며 말했습니다.

"하하, 요 간사한 몰리, 이제야 잡았다! 자, 이제 네가 나한테 한 만큼 앙갚음을 해야지. 몰리, 네가 나라면 어떻게 할 거냐?"

"전 우선 당신을 고양이와 개와 함께 커다란 자루에 집어넣겠어요. 바늘하고 실하고 가위도 같이요. 그 자루를 벽에 걸어두고, 숲으로 가서 제일 두꺼운 통나무를 찾아올 거예요. 그런 다음 그 통나무로 당신이 든 자루를 죽을 때까지 두들겨 패겠어요."

"좋아, 몰리. 내가 그대로 너에게 해주마."

거인은 자루를 하나 가져와 거기에 고양이와 개, 바늘과 실과 가위, 몰리를 집어넣었습니다. 그다음 자루를 벽에 걸어두고 통나무를 찾으러 숲으로 나갔습니다.

그러자 자루 속에 있던 몰리가 크게 노래를 불렀습니다.

"아, 이 광경을 당신도 볼 수만 있다면!"

거인의 아내가 궁금해 물어보았습니다.

"몰리, 대체 뭐가 보이는데 그러니?"

몰리는 대답하지 않고 계속 딴청만 피웠습니다.

"아, 당신도 이 광경을 봐야 하는데!"

거인의 아내는 그 광경이 대체 무엇인지 자신도 보고 싶다며 자루 속으로 들어가게 해달라고 애원했습니다. 그래서 몰리는 가

위로 자루를 찢고 바늘과 실을 가지고 밖으로 훌쩍 뛰어내렸습니다. 그러고는 거인의 아내가 자루 속으로 들어갈 수 있도록 도와주고는 바늘과 실로 찢긴 구멍을 꿰매버렸습니다.

자루 속에서 아무것도 보지 못한 거인의 아내는 꺼내달라고 부탁했지만 몰리는 들은 체도 하지 않고 문 뒤로 가서 숨었습니다. 그때 거인이 커다란 통나무를 들고 나타났습니다. 거인은 손에 쥔 통나무로 사정없이 자루를 두들기기 시작했지요. 자루 속에서 아내가 살려달라고 외쳤지만, 개 짖는 소리와 고양이 우는 소리에 파묻혀 거인은 아내의 음성을 들을 수 없었습니다.

그러던 중 몰리가 문 뒤에서 빠져나오는 것을 본 거인은 급히 뒤쫓았습니다. 달리고 달린 두 사람은 드디어 문제의 가느다란 다리에 도착했습니다. 이번에도 역시 몰리는 가뿐히 건넜지만, 거인은 건널 수 없었습니다. 분을 삭이지 못한 거인이 씩씩대며 외쳤습니다.

"으, 몰리! 너 두고보자. 한 번만 더 잡혀봐라!"

"흥, 이제 다 끝났다네, 멍청아! 난 스페인으로 가서 영영 안 돌아올 거라네."

이번에도 몰리는 무사히 반지를 왕에게 가져다주었고, 막내 왕자와 결혼식을 올렸습니다. 그 후 다시는 거인을 보지 못했답니다!

KATE CRACKERNUTS

나무 열매를 까는 케이트

낮말은 새가 듣고 밤말은 쥐가 듣는다

옛날 옛적에 앤이라는 딸을 둔 왕과 케이트라는 딸을 둔 왕비가 있었습니다. 앤이 케이트보다 훨씬 예쁘긴 했지만 두 공주는 친자매처럼 우애가 깊었습니다. 하지만 왕비는 자신의 딸보다 예쁜 앤을 시기했습니다. 그녀는 앤의 미모를 망치기 위해 닭치는 여인을 찾아가 조언을 구했지요. 닭치는 여인은 다음 날 오전에 앤을 굶겨 자신에게 보내라고 했습니다.

다음 날 아침 일찍 왕비가 앤에게 말했습니다.

"얘야, 골짜기의 닭치는 여인에게 가 달걀을 좀 얻어 오렴."

왕비의 명령을 받고 출발한 앤은 부엌을 지나가다가 굳은 빵 한 조각을 보았습니다. 앤은 그것을 집어 길을 가는 동안 씹어먹었지요.

닭치는 여인의 집에 도착한 앤이 달걀을 달라고 하자 여인이 대답했습니다.

"저 냄비 뚜껑을 열고 그 안을 봐요."

앤은 닭치는 여인이 시키는 대로 했지만 아무 일도 일어나지 않았습니다. 그러자 여인이 앤에게 말했습니다.

"집으로 돌아가 왕비께 찬장 단속 좀 더 잘하시라고 전해줘요."

앤은 집으로 돌아가 왕비에게 닭치는 여인의 말을 전했습니다. 그 말을 전해 들은 왕비는 앤이 무언가를 먹었다는 사실을 알았습니다. 왕비는 다음 날에도 앤을 굶겨 내보냈습니다. 길가에서 콩을 줍고 있는 시골 사람들을 본 앤은 친절하게 말을 걸었습니다. 마을 사람들은 앤에게 콩을 한 줌 주었지요. 앤은 닭치는 여인에게 가는 도중에 콩을 먹었습니다.

앤이 도착하자 닭치는 여인이 말했습니다.

"저 냄비의 뚜껑을 들어 올리면 보일 거예요."

앤이 냄비 뚜껑을 들어 올렸지만 아무 일도 일어나지 않았습니다. 여인은 몹시 화가 나 앤에게 말했습니다.

"왕비께 돌아가 불이 없으면 냄비가 끓지 않을 거라고 전해요."

앤은 집으로 돌아가 왕비에게 그대로 전했습니다.

사흘째 되던 날, 왕비는 직접 앤을 데리고 닭치는 여인에게 갔습니다. 이번에는 앤이 냄비의 뚜껑을 들어 올리자마자 그녀의 아름다운 머리가 떨어져 나갔습니다. 그 자리에는 양의 머리가 붙어버렸지요. 왕비는 흡족해하며 집으로 돌아갔습니다.

왕비의 딸인 케이트는 고운 린넨 천으로 언니의 머리를 감싼 뒤, 언니의 손을 잡고 출세하기 위한 길을 떠났습니다. 두 사람은 하염없이 걷다가 마침내 어느 성에 도착했습니다. 케이트는 성문을 두드리며 자신과 아픈 언니가 하룻밤 묵어갈 수 있게 해달라고 부탁했습니다. 성안으로 들어간 두 사람은 그곳이 왕의 성이며 왕에게는 두 아들이 있다는 사실을 알게 되었습니다. 한편, 왕자 한 명이 병에 걸려 죽어가고 있었는데 아무도 그 원인을 알 수 없었습니다. 게다가 밤에 왕자를 간호하는 사람은 모두 감쪽같이 사라져버리는 기이한 일이 일어나고 있었습니다. 왕은 누구든 왕자 곁에서 밤을 새운다면 많은 돈을 주겠다고 말했습니다. 용감한 처녀 케이트는 자신이 왕자 곁에서 밤을 새우겠다고 했습니다.

　자정이 되기 전까지는 아무 일도 없었습니다. 그러나 시계가 12시를 치자마자 아픈 왕자가 자리에서 일어나더니 옷을 갈아입고 아래층으로 미끄러지듯 내려갔습니다. 케이트가 곧장 뒤를 따라갔지만 왕자는 의식하지 못하는 것 같았습니다. 마구간으로 간 왕자가 말에 안장을 얹고는 사냥개를 부르더니 말 위에 올라탔습니다. 케이트도 왕자 뒤에 사뿐히 올라탔습니다. 왕자와 케이트를 태운 말은 푸른 숲을 지났고, 그동안 케이트는 나무에서 열매를 따 앞치마에 담았습니다. 말은 계속 달려가더니 초록 언덕 앞에 이르렀습니다. 언덕 앞에서 왕자가 말고삐를 잡아당기더니 소리쳤습니다.

아기 요정을 향해 열매를 굴리는 케이트

"열려라, 열려라, 초록 언덕. 말과 사냥개와 함께 젊은 왕자를 들어가게 해다오."

그러자 케이트도 얼른 덧붙였습니다.

"그리고 왕자 뒤의 젊은 처녀도."

푸른 언덕이 바로 열렸고, 왕자와 케이트는 안으로 들어갔습니다. 불이 환히 켜져 있는 근사한 연회장으로 들어서자 수많은 아름다운 요정이 왕자를 둘러싸더니 춤을 추도록 이끌었습니다. 케이트는 요정들에게 들키지 않게 문 뒤에 몸을 숨겼습니다. 숨어 있던 케이트는 왕자가 끊임없이 춤을 추다가 더 이상 출 수 없게 되어 침상에 쓰러지는 것을 보았습니다. 하지만 요정들은 왕자에게 부채질을 해 계속 춤을 추게 했습니다.

마침내 첫닭 우는 소리가 들리자 왕자는 황급히 서둘러 말 등에 올라탔습니다. 케이트 역시 잽싸게 왕자 뒤에 올라타고는 함께 집으로 돌아왔습니다. 아침 해가 떠오르고, 왕자의 방에 들어간 사람들은 불가에 앉아 나무 열매를 까고 있는 케이트를 발견했습니다. 케이트는 왕자가 밤에 잘 잤다고 이야기했습니다. 그리고 많은 돈을 준다고 약속해야지만 또다시 밤을 새우겠다고 했습니다.

둘째 날 밤도 전날 밤과 똑같은 일이 벌어졌습니다. 왕자는 자정에 일어나더니 요정들의 무도회가 열리는 푸른 언덕으로 달려갔고, 왕자와 함께 간 케이트는 숲을 지나갈 때 나무 열매를 따 모았습니다. 케이트는 왕자가 한없이 춤을 출 것을 알고 있었으므로 이번에는 그를 감시하지 않았습니다. 대신 아기 요정이 지팡이를 갖고 노는 모습을 지켜보고 있었는데, 우연히 어떤 요정이 말하는 소리를 들었습니다.

"그 지팡이를 세 번 치면 케이트의 언니를 예전의 예쁜 얼굴로 되돌릴 수 있지."

케이트는 아기 요정을 향해 나무 열매를 굴렸습니다. 나무 열매가 또르르 굴러가자 아기 요정은 아장거리며 나무 열매를 뒤쫓다가 지팡이를 떨어뜨렸습니다. 케이트는 그 순간을 놓치지 않고 재빨리 지팡이를 집어 앞치마에 넣었습니다. 그러고는 첫닭 우는 소리가 들리자 왕자와 함께 집으로 돌아왔습니다. 케이트는 성으로 돌아오자마자 방으로 달려가 지팡이로 앤을 세 번 쳤습니다. 그러자 놀랍게도 흉측한 양의 머리가 떨어지더니 앤의 아름다운 머리가 다시 돌아왔습니다.

셋째 날 밤 케이트는 자신을 아픈 왕자와 결혼시켜준다면 또 한 번 밤을 새우겠다고 했습니다. 그리고 모든 상황이 전과 같이 전개되었습니다. 이번에는 아기 요정이 작은 새를 갖고 놀고 있었는데 케이트는 어떤 요정의 말소리를 들었습니다.

"저 새를 세 번 먹으면 아픈 왕자는 예전처럼 건강해질 거야."

케이트는 아기 요정이 작은 새를 떨어뜨리게 하려고 갖고 있던 나무 열매를 전부 굴렸습니다. 그러고는 요정이 새를 떨어뜨리자마자 잽싸게 집어 앞치마에 넣었지요. 첫닭 우는 소리가 들리고 왕자와 케이트는 집으로 돌아왔습니다. 케이트는 나무 열매를 까는 대신 새의 깃털을 뽑은 후 요리했습니다. 집 안에는 곧 아주 맛있는 냄새가 퍼졌고, 그 냄새를 맡은 아픈 왕자가 말했습니다.

"아! 새 요리를 한 입 먹었으면!"

케이트가 새 고기를 한 입 먹여주자 왕자는 팔꿈치를 딛고 일어났습니다. 잠시 후 왕자는 다시 외쳤습니다.

"아! 그 새 요리를 한 입만 더 먹었으면!"

케이트가 다시 한 입 먹여주자 왕자는 일어나 침대에 앉았습니다. 그러더니 다시 외쳤습니다.

"아, 그 새 요리를 한 번만 더 먹었으면!"

케이트가 한 입 더 먹여주자 왕자는 원기 왕성하게 일어나더니 옷을 입고 불가에 앉았습니다.

다음 날 아침이 되어 사람들이 들어왔을 때 케이트와 왕자는 함께 나무 열매를 까고 있었습니다. 그사이 왕자의 형은 앤을 보자마자 사랑하게 되었습니다. 누구나 그 미모에 반하듯이 말이지요. 몸이 아팠던 왕자는 건강한 공주 케이트와 결혼했고 건강했던 왕자는 아팠던 공주 앤과 결혼했습니다. 그 후 그들은 모두 행복하게 살다가 행복하게 죽었답니다!

06

JACK THE GIANT-KILLER

거인 사냥꾼 잭

될성부른 나무는 떡잎부터 알아본다

착한 아서왕이 통치하던 시절, 잉글랜드의 제일 남단인 콘월 주에 한 농부가 살았는데 그에게는 잭이라는 외아들이 있었습니다. 잭은 민첩한 데다 항상 기지가 넘쳐 그를 당해낼 사람이 없었지요.

당시에 콘월 산은 코르모란이라는 거대한 거인이 점령하고 있었습니다. 거인은 키가 5미터가 넘었고, 허리 둘레는 3미터에, 용모는 사납고 잔인해 근처 도시와 마을에 살던 모든 사람에게 공포의 대상이었습니다. 산 중턱 동굴에 살고 있던 거인은 먹을 것이 궁해지면 본토로 건너왔는데, 도중에 만나는 것은 무엇이든지 닥치는 대로 잡아먹었습니다. 거인이 나타나면 모든 사람이 집을 버리고 도망갔기 때문에 거인은 빈집에 들어가 사람들이 키우던

가축을 잡아갔습니다. 양과 돼지를 양초 다발처럼 허리에 매달아 갔는데, 한 번에 여섯 마리 정도는 끄떡없이 들었습니다. 수년 동안 이런 만행에 시달려온 사람들은 모두 절망에 빠져 있었습니다.

어느 날, 도시의 시장이 거인을 어떻게 처리하면 좋을지 의견을 묻고 있었습니다. 그때 갑자기 잭이 나타나 물었지요.

"거인을 죽이는 사람에게는 어떤 보상을 내리나요?"

"거인이 가지고 있는 재물이 보상이오."

"그럼 제가 그 일을 하겠습니다."

겨울의 어스름한 저녁이 시작될 무렵, 잭은 나팔과 삽과 곡괭이를 들고 산으로 올라갔습니다. 잭은 아침이 되기 전에 깊이와 넓이가 7미터나 되는 구덩이를 파고 그 위를 긴 나뭇가지와 짚으로 덮어놓았습니다. 그러고는 평범한 땅바닥처럼 보이도록 흙을 뿌려 덮었습니다. 막 동틀 때쯤, 잭은 저 멀리 거인의 동굴이 보이는 구덩이 맞은편으로 가 큰소리로 나팔을 불었습니다.

빰빠라, 돌격!
빰빠라, 돌격!

큰 소리에 잠이 깬 거인은 동굴 밖으로 뛰쳐나와 잭이 있는 쪽으로 달려왔습니다.

"대체 어떤 놈이 내 휴식을 방해하는 거냐? 대가를 톡톡히 치르

사납고 잔인한 거인 코르모란

게 될 줄 알아라. 내가 곧 네놈을 잡아 통째로 끓여 내 아침거리로 먹어줄 테니."

그러나 거인은 말을 채 끝내기도 전에 잭이 파놓은 구덩이로 굴러떨어졌고, 그 바람에 온 산의 천지가 흔들렸습니다. 잭은 거인을 비웃으며 말했습니다.

"오, 거인님. 어디 계시나요? 아, 저런! 멍청하게도 함정에 빠지셨구만. 나를 아침 식사로 끓여 먹는다더니 지금은 어찌 되었지? 가엾은 잭 말고는 아침으로 먹을 것이 없어서 어쩌나?"

잭은 거인을 조금 더 골려먹은 후, 거인의 정수리를 곡괭이로 힘껏 내려쳤습니다. 거인은 그 자리에서 바로 죽어버렸지요. 잭은 흙으로 구덩이를 메운 후, 동굴로 가 많은 보물을 찾았습니다. 이 소식을 들은 시의원들은 잭에게 다음과 같은 직함을 주기로 결정했습니다.

잭, 위대한 거인 사냥꾼

그리고 다음과 같은 글씨가 금으로 새겨진 칼과 허리띠를 주었습니다.

여기, 거인 코르모란의 목을 벤,
용감하고 당당한 콘월 사람이 있노라.

잭이 거인을 무찔렀다는 소식은 삽시간에 잉글랜드 서부 전 지역으로 퍼져나갔습니다. 이 소식을 들은 블런더보어라는 또 다른 거인은 잭을 가만두지 않겠다고 맹세했습니다. 블런더보어는 아무도 살지 않는 숲속 한가운데 있는 마법의 성의 주인이었습니다.

그로부터 넉 달이 지나고, 웨일스로 가던 잭은 블런더보어의 성이 있는 숲에 들어섰습니다. 매우 지쳐 있던 잭은 쾌적한 샘 근처에서 잠이 들고 말았지요. 그때, 물을 마시러 샘에 들른 블런더보어는 잠들어 있는 잭을 발견했습니다. 잭의 허리띠 위에 새겨진 글귀를 보고 그가 바로 거인을 죽인 영웅, 그 유명한 잭이라는 것을 알아차렸지요. 블런더보어는 잭을 가볍게 걸머지고 자신의 성으로 데려갔습니다.

한편 그때까지도 잠들어 있던 잭은 숲길을 지나던 중 나뭇가지가 바스락거리는 소리에 깨어났습니다. 거인에 손아귀에 잡혀 있는 자신을 보고 매우 놀랐지요. 그러나 잭이 느낀 공포는 시작에 불과했습니다. 블런더보어의 성에 들어서자, 사람들의 뼈가 여기저기 널려 있었습니다. 거인은 곧 잭의 뼈도 저 사이에서 나뒹굴게 될 거라고 말하며 잭을 커다란 방에 가둬버렸지요. 그러고는 잭을 함께 나누어 먹을 다른 거인을 부르러 갔습니다.

얼마 후 잭은 창문을 통해 거인 형제가 성으로 오는 것을 보았습니다. 그는 혼자 중얼거렸지요.

"아, 이제 생사의 기로에 섰구나."

잭은 방구석에 있던 탄탄한 줄 두 개를 끄집어내 끝에 단단한 올가미를 만들었습니다. 그리고 막 성문을 열고 있던 두 거인의 머리를 향해 줄을 던졌지요. 줄의 다른 쪽 끝은 대들보에 걸어 힘껏 끌어당겼습니다. 목이 졸린 거인들은 얼굴이 새파랗게 변했고, 잭은 그 틈을 타 두 거인의 목을 베어버렸습니다. 잭이 거인의 열쇠를 찾아 방을 열어보니 서로 머리가 묶여 거의 굶어 죽기 직전인 세 명의 귀부인이 있었습니다.

"자, 부인들. 제가 거인과 그의 잔인한 형제를 해치웠으니 이제 여러분은 자유의 몸입니다."

잭은 부인들에게 거인의 열쇠를 던져주고 다시 웨일스를 향해 발걸음을 옮겼습니다.

잭은 지름길을 이용했지만 도중에 길을 잃어버리고 말았습니다. 근처에 민가라고는 찾을 수 없었고 날까지 저물어버렸지요. 잭은 계속 걷다가 좁은 골짜기에 있는 커다란 집을 발견했습니다. 그 집에서 하룻밤 묵어가기 위해 문을 두드렸지요. 집주인은 문을 열어주었는데, 놀랍게도 그는 머리가 두 개 달린 괴물처럼 생긴 거인이었습니다. 웨일스의 거인은 전에 만났던 다른 거인들처럼 사나워 보이지는 않았습니다. 그의 은밀한 적의를 우호적인 표정 뒤에 잘 감추고 있었기 때문이지요. 잭의 처지를 들은 거인은 침실을 내주었고, 한밤중에 잭은 거인의 중얼거리는 소리를 들었습니다.

"네놈이 비록 오늘밤은 나와 함께 이곳에서 묵겠지만, 결코 내

거인의 열쇠로 성문을 여는 잭

일 아침에는 다시 빛을 보지 못하리라. 내가 곤봉으로 네놈 머리를 박살낼 테니까!"

이 소리를 들은 잭도 혼자 중얼거렸습니다.

"네놈이 그렇게 간교한 속임수를 쓴다면 나도 가만히 있지는 않을 거다."

잭은 침대에서 나와 자신이 누워 있던 자리에 큰 나무토막을 놓고 방구석에 숨었습니다. 드디어 한밤중이 되었고, 거인은 손에 곤봉을 쥔 채 나타났습니다. 침대 위를 몇 차례 내리친 거인은, 잭의 뼈가 가루가 되었을 것이라 생각했습니다. 하지만 다음 날 잭은 아무렇지도 않게 거인에게 감사 인사를 건넸습니다. 그러자 거인이 놀라 물었지요.

"편히 쉬었소? 밤에 아무것도 느끼지 못했소?"

"아니, 별로요. 아 참, 쥐 한 마리가 나타나 꼬리로 두세 번 간지럽힌 것 말고는 없는데요."

매우 놀란 거인은 일단 잭을 식당으로 데려가 아침 식사로 20리터나 되는 옥수수죽을 주었습니다. 잭은 헐렁한 코트 속에 커다란 가죽 자루를 숨겨두고 거인이 모르게 죽을 그 안으로 쏟아부었습니다. 죽의 양이 자신에게 과하다는 것을 거인이 모르게 할 속셈이었지요. 그런 다음 거인에게 묘기를 보여주겠다며 칼로 가죽 자루를 잘랐습니다. 옷 안에서는 옥수수죽이 쏟아져 나왔지요.

"하! 자네가 하는데 나라고 못 할 거 없지!"

거인은 그까짓 묘기쯤이야 자신도 할 수 있다며 잭의 칼을 빼앗아 자신의 배를 갈랐습니다. 생으로 배를 가른 거인은 그 자리에서 죽고 말았습니다.

그 무렵, 웨일스 공국에 살고 있던 일곱 개의 악령은 왕자가 사랑하는 처녀를 잡아 가둬놓았습니다. 아서왕의 외아들은 그녀를 구하기 위해 모험을 떠나겠다며 많은 돈을 달라고 했지요. 왕은 아들의 마음을 돌리고 싶었지만 소용없었습니다. 결국 아들은 돈을 잔뜩 실은 말 한 필과 함께 길을 떠났지요. 왕자는 며칠 동안 길을 가다가 웨일스에 있는 커다란 시장에 도착했는데, 시장 한 구석에 많은 사람이 모여 웅성거리고 있었습니다. 왕자는 그 이유를 물어보았습니다.

"아이고, 어떤 사람이 빚을 다 갚지도 못하고 죽었는데, 저놈의 빚쟁이들이 죽은 사람 시체를 붙잡고 놓아주지도 않아요."

잭이 대답했습니다.

"아무리 돈을 빌려준 자라도 그런 행동은 너무 잔인하오. 저 시체는 잘 묻어주시오. 그리고 돈을 돌려받지 못한 사람들은 모두 내가 묵고 있는 숙소로 오시오. 내가 저 사람 대신 빚을 갚겠소."

채권자들은 구름 떼처럼 몰려들었고, 밤이 되기도 전에 왕자의 수중에는 2펜스밖에 남지 않았습니다. 한편, 왕자의 커다란 배포에 감화된 잭은 왕자의 부하가 되길 원했습니다. 마침내 두 사람은 의기투합해 여정을 시작했지요. 두 사람이 도시를 벗어나 말을 타고 달리는데 한 노파가 왕자를 불러 세웠습니다.

"그 죽은 사람은 지난 7년 동안 나한테도 2펜스를 빚졌소. 그러니 나에게도 돈을 갚아주시오."

결국 왕자는 주머니에 남은 2펜스까지 모두 노파에게 주었습니다. 두 사람은 정말 빈털터리가 되고 말았지요. 해가 질 무렵이 되자 왕자가 잭에게 말했습니다.

"잭, 돈이 한 푼도 없으니 오늘 저녁은 어디서 묵지?"

"걱정 마세요, 왕자님. 여기서 3킬로미터만 가면 삼촌 한 분이 살고 계세요. 그분은 머리가 세 개 달린 괴물 거인이지요. 갑옷을 입은 병사 500명도 도망치게 한답니다."

"아, 그런데 우리가 어찌 그곳에 갈 수 있지? 우리를 한입에 난도질할 텐데. 아니, 우리는 그 거인의 이빨 사이도 다 못 메울 거야!"

"그런 건 신경 쓰지 않으셔도 돼요. 제가 먼저 가서 왕자님이 편히 쉬실 수 있도록 다 조치해둘게요. 그러니 일단 여기서 기다리고 계세요."

잭은 전속력으로 달려가 온 산에 메아리가 울리도록 문을 쾅쾅 두드렸습니다. 그러자 거인이 천둥처럼 큰 소리로 고함쳤습니다.

"거기 어떤 놈이야?"

"삼촌, 저에요. 삼촌의 불쌍한 조카 잭이에요."

"네가 갑자기 웬일이냐?"

"삼촌, 안타깝게도 나쁜 소식을 전하러 왔어요."

"대체 나에게 나쁜 소식이 무엇이냐? 난 머리가 셋이나 달린데다 너도 알다시피 갑옷 입은 병사 500명도 단번에 날려버릴 수 있는데.”

“아, 삼촌. 왕자가 군사 1,000명을 이끌고 삼촌을 죽이러 오고 있어요. 모든 것을 다 파괴할 생각이래요.”

“아, 잭! 그렇다면 그거 참 큰일이로구나. 난 얼른 가서 숨을 테니 네가 나를 가두고 문을 잠그거라. 그리고 왕자가 갈 때까지 열쇠를 갖고 있거라.”

잭은 거인을 가둔 뒤 왕자를 성으로 데려왔습니다. 가엾은 거인이 지하실에서 벌벌 떠는 동안 두 사람은 성안에서 매우 즐거운 시간을 보냈습니다.

아침 일찍 잭은 왕자에게 꽤 많은 양의 금과 은을 주고는 거인이 왕자의 냄새를 맡지 못하게 멀리 먼저 내보냈습니다. 잭이 돌아와 거인을 지하실에서 꺼내주자 거인은 어떤 보답을 원하는지 물었습니다.

“삼촌, 제가 원하는 건 삼촌의 낡은 외투와 모자, 오래되어 녹슨 칼, 삼촌의 침대 머리맡에 있는 신발이 전부예요.”

“너 지금 무슨 말을 하고 있는지 알고는 있는 거냐? 그 물건들은 내가 가진 것 중 가장 귀중한 물건인데. 외투는 입으면 안 보이게 하고, 모자는 알고 싶은 모든 것을 알려주고, 칼은 한번 치기만 해도 모든 것을 베어버리고, 신발은 눈 깜짝할 사이에 어디든지 데려다주는 것이니 말이다. 하지만 네가 나를 살려준 건 사실이니 내 큰맘 먹고 너에게 다 주마.”

잭은 거인 삼촌에게 거듭 감사하다고 인사한 뒤 마법의 물건을 가지고 떠났습니다. 얼마 지나지 않아 잭은 왕자를 만났고, 두 사람은 왕자가 찾아 헤매던 처녀가 있는 집에 도착했습니다. 왕자가 자신에게 구혼하러 온 것을 안 처녀는 화려한 연회를 준비했습니다. 식사를 마친 처녀는 왕자의 입을 손수건으로 닦더니 말했습니다.

　"내일 아침 이 손수건을 제게 보여주셔야 해요. 안 그러면 당신의 목이 달아날 거예요."

　처녀는 그 손수건을 자신의 가슴 속에 집어넣었습니다.

　왕자는 깊은 고민에 빠진 채 잠자리에 들었습니다. 그때 잭의 모자가 어떻게 하면 그 손수건을 손에 넣을 수 있는지 알려주었습니다. 한밤중, 처녀는 친한 유령을 불러 자신을 악마 루시퍼에게 데려다달라고 했습니다. 잭은 눈에 보이지 않는 외투를 입고 빨리 달리게 하는 신발을 신었습니다. 그러고는 처녀보다 먼저 악마가 있는 곳에 도착했습니다. 악마는 처녀에게 손수건을 받아 선반 위에 올려놓았습니다. 그 순간 잭은 잽싸게 손수건을 집어 왕자에게 가져다주었습니다.

　다음 날 왕자는 처녀에게 손수건을 보여주고는 목숨을 구할 수 있었습니다. 그러나 처녀는 왕자에게 갑자기 키스를 하더니 이렇게 말했습니다.

　"내일 아침, 제가 키스했던 입술들을 가져오지 않으면 왕자님의 목은 달아날 거예요."

왕자는 대답했습니다.

"나 외에 다른 사람에게 키스하지 않는다면 그렇게 하겠소."

"그건 당신이 선택할 문제가 아니에요. 제가 시키는 대로 하지 않으면 당신에게 돌아가는 건 죽음뿐이에요!"

밤이 되자 전날처럼 악마를 찾아간 처녀는 손수건을 빼앗긴 것을 책망하며 말했습니다.

"이번엔 왕자도 별수 없을 거예요. 내가 당신에게 키스하면 당신의 입술을 가져와야 하는데 그럴 수는 없을 테니까요."

처녀는 바로 악마에게 키스를 했고, 잭은 처녀가 떠난 틈을 타 악마의 목을 베었습니다. 그러고는 보이지 않는 외투에 악마의 머리를 감춰 왕자에게 가져다주었지요.

다음 날 아침, 왕자는 처녀 앞에 악마의 머리를 내놓았습니다. 그러자 사악한 악령이 걸어둔 마법이 풀려 처녀는 본래의 아름다운 모습을 되찾았습니다. 그다음 날 아침 왕자와 처녀는 결혼식을 올렸고, 아서왕의 궁전으로 되돌아갔습니다. 잭은 그동안 세운 공을 인정받아 원탁의 기사가 되었습니다.

또다시 길을 떠난 잭은 얼마 못 가 옆구리에 무쇠 곤봉을 차고 나무에 걸터앉아 있는 거인을 보았습니다. 거인의 눈은 이글이글 타오르는 불꽃 같았고, 양 볼은 베이컨 덩어리처럼 늘어져 있었습니다. 억센 수염은 강한 철사 같았으며, 떡 벌어진 어깨에 늘어진 머리털은 잔뜩 독 오른 독사가 똬리를 튼 모습이었지요. 잭은 말 위에서 보이지 않는 외투를 걸치고, 사납고 추한 외모의 거인에게 다가가 나지막이 속삭였습니다.

"아, 거기 있었구만. 내 곧 네놈 수염을 단단히 쥐어주지."

잭은 살금살금 거인 옆으로 다가가 칼로 목을 내리쳤지만, 약간 빗나가는 바람에 코를 베고 말았습니다. 거인은 우레와 같은 고함을 지르며 미친 사람처럼 곤봉을 마구 휘둘렀지요. 잭이 잽싸게 거인의 뒤로 돌아가 등을 깊이 찌르자 거인은 그 자리에서 쓰러져 죽었습니다. 잭은 거인의 머리를 베어내 아서왕에게 보냈습니다.

거인의 보물을 찾으러 동굴로 들어간 잭은 꼬불꼬불한 길을 굽이굽이 돌아 마침내 돌이 깔린 커다란 방에 이르렀습니다. 방의 위쪽에는 커다란 솥이 걸려 있었고, 오른쪽에는 거인이 식사하던 식탁이 있었습니다. 쇠창살이 달린 창문 너머를 보니 거인이 잡아 가둔 많은 포로가 있었습니다. 그들은 잭을 보자마자 외쳤습니다.

"아, 젊은이! 당신도 우리처럼 이 처참한 굴에 갇힌 사람인가?"

"당신들이 이곳에 잡혀 있는 이유가 무엇인가요?"

"우리는 이렇게 갇혀 있다가 거인들이 축제를 벌일 때 죽게 된다네. 그들은 우리 중에 제일 통통한 사람을 뽑아 잡아먹으며 축제를 즐기지. 이미 많은 사람이 그렇게 죽었다네."

"그랬군요."

잭은 문을 열고 포로들을 풀어주었습니다. 그들은 환호성을 지르며 기뻐했지요. 잭은 거인의 금고를 뒤져 포로들에게 금과 은을 공평하게 나누어주고 근처의 성까지 데려다주었습니다. 성의 사람들은 잔치를 열어 해방을 축하했습니다.

한창 잔치를 벌이고 있을 때 전령이 소식을 전해왔습니다. 머리가 둘 달린 북쪽 골짜기의 선더델이라는 거인이 동족의 죽음을 전해 듣고 복수를 하러 오고 있다는 것이었습니다. 보이는 사람을 닥치는 대로 죽이며 이미 성에서 1킬로미터 떨어진 곳까지 도착한 상황이었지요. 잭은 조금도 기죽지 않고 말했습니다.

"그까짓 거인, 오라고 하지요. 제게는 거인을 잡을 좋은 수가 있으니 여러분은 모두 정원에서 제가 선더델을 끝장내는 것을 지켜봐주세요."

성은 깊이가 9미터에 넓이는 6미터 되는 해자로 둘러싸인 작은 섬 위에 있었습니다. 해자 위에는 올리고 내릴 수 있는 다리 하나가 걸려 있었지요. 잭은 사람들을 시켜 끝에서 중간까지 다리를 자르게 한 뒤, 보이지 않는 외투를 입고 거인을 향해 다가갔습니다. 거인은 보이지 않는 잭의 냄새를 맡으며 고래고래 소리를 질렀습니다.

쿵 쿵 쿵!
사람의 피 냄새가 나는구나!
산 놈이든 죽은 놈이든,
뼈를 갈아 먹으리!

"하하하, 그렇게 말하는 걸 보니 방앗간 괴물이신가!"

잭은 비웃으며 말했습니다.

"네놈이 바로 내 동족을 죽인 놈이렷다. 네놈의 사지를 이빨로 갈기갈기 찢어서 피를 다 빨아 먹어버리겠다. 뼈는 아주 고운 가루로 만들어주마!"

거인도 질세라 외쳤습니다.

"그러려면 나를 먼저 잡아야 할 걸!"

잭은 외투를 벗어 던지고 빠르게 달리는 신발을 신었습니다. 그러고는 거인으로부터 멀리 달아났지요. 묵직하게 잭을 쫓는 거인이 한 걸음씩 발을 옮길 때마다 지반이 다 흔들리는 것 같았습니다. 성의 사람들이 모두 볼 수 있도록 거인을 유인한 잭은 다리 위를 가볍게 걷기 시작했습니다. 곤봉을 손에 쥔 거인도 전속력으로 쫓아왔지요. 하지만 다리 중간쯤 왔을 때, 거인의 육중한 몸무게를 견디지 못하고 다리가 부서졌습니다. 거인은 물속에 거꾸로 처박혀버렸지요. 잭이 해자 옆에 서서 조롱하는 동안 거인은 물속에서 허우적대기만 했습니다. 잭은 마차에 매단 굵은 밧줄을 거인의 두 목에 던져 말로 끌어냈습니다. 뭍으로 건져 올린 후 바로 목을 베었지요. 베어낸 목은 다시 아서왕에게 보냈습니다.

즐거운 잔치를 마무리한 후, 잭은 기사들과 귀부인들에게 작별을 고하고 새로운 모험을 떠났습니다. 잭은 여러 숲을 지나 해가 저물 무렵 높은 산자락 아래에 도착했습니다. 그곳에서 작은 집 한 채를 발견했고 하룻밤 묵어가기 위해 문을 두드렸습니다. 어느 백발의 노인이 문을 열어주었지요.

"어르신, 밤은 으슥한데 길을 잃어 그러니, 하룻밤만 재워주실 수 있겠습니까?"

"물론이고말고. 누추하지만 어서 들어오게나."

잭은 안으로 들어갔고, 노인이 말을 시작했습니다.

"이보게, 젊은이. 혁대를 보니 자네가 거인을 해치운 그 유명한 청년이로구먼. 잘 듣게, 젊은이. 이 산꼭대기에는 마법에 걸린 성이 하나 있다네. 그 성에는 갈리간투아라는 거인이 살고 있는데, 그놈은 늙은 마법사의 도움으로 많은 기사와 귀부인을 잡아두고 있다네. 마법에 걸린 기사들과 귀부인들은 여러 모습으로 바뀌어 있는데, 그중에서도 제일 안타까운 건 공작의 딸이라네. 그놈들은 정원에서 놀던 공작의 딸을 무시무시한 용이 끄는 불타는 마차에 태워 데려간 뒤 하얀 암사슴으로 변하게 했지. 많은 기사가 마법을 깨고 그 처녀를 구하려 했지만 가까이 오는 사람은 전부 죽여버리는 무시무시한 그리핀(상상의 새. 몸통은 사자에 머리 부분은 독수리 – 옮긴이)이 성문 앞을 지키고 있어 아무도 성공하지 못했다네. 그러니 젊은이 자네는 그리핀에게 들키지 않고 그곳을 지나야 하네. 어떻게 해야 마법을 풀 수 있는지는 성문에 크게 적혀 있다네."

이야기를 다 들은 잭은 노인의 손을 꼭 쥐며 다음 날 아침에 공작의 딸을 구해 돌아오겠다고 약속했습니다.

잭은 아침에 일어나자마자 보이지 않는 외투를 입었습니다. 요술 모자도 쓰고 빠르게 달리는 신발도 신었지요. 산 정상에 이르자 곧 두 마리의 사나운 그리핀이 보였습니다. 하지만 그리핀은 잭을 볼 수 없었기 때문에 큰 어려움 없이 그리핀 앞을 지나갔습니다. 그리핀을 지나가자 성문 위에는 은으로 된 줄에 매달린 황금 나팔이 걸려 있었습니다. 그 아래에는 글귀가 새겨져 있었지요.

> 누구든 이 나팔을 불면,
> 거인은 곧 쓰러지고,
> 마법도 모두 풀려,
> 행복한 상태로 되돌아가리.

글귀를 읽자마자 잭은 나팔을 불었습니다. 그러자 땅바닥이 무섭게 진동하기 시작했고, 거인과 마법사는 자신들의 왕국에 종말이 온 것을 알고 두려움에 빠졌습니다. 허벅지를 물어뜯고 머리를 쥐어뜯으며 어찌할 줄 몰랐지요. 정신을 차린 거인이 곤봉을 집으려고 고개를 숙인 틈을 타 잭은 단숨에 목을 베어버렸습니다. 이를 본 마법사는 허공으로 날아올라 회오리바람을 일으키며 사라졌습니다. 그러자 모든 마법이 풀려 오랫동안 새나 짐승으로 변해 있던 기사들과 귀부인들이 본모습을 되찾았습니다. 성은 한 줌의 연기로 사라져버렸지요.

예전에 그랬던 것처럼 잭은 갈리간투아의 목을 아서왕의 궁전으로 보냈습니다. 잭은 구출한 많은 기사와 귀부인을 데리고 궁으로 돌아왔지요. 아서왕은 잭의 선행에 대한 보답으로 공작의 딸을 잭에게 시집보내라고 권했습니다. 두 사람은 곧 결혼식을 올렸고, 왕국의 모든 사람이 기뻐했습니다. 아서왕은 잭에게 근사한 성과 아름다운 땅을 하사했고, 잭은 그곳에서 아내와 함께 여생을 행복하게 보냈답니다.

THE GOLDEN SNUFF-BOX

잭과 황금 담뱃갑

저승길도 벗이 있어야 좋다

옛날 옛적 호랑이가 담배 피던 시절에 외아들을 둔 어떤 노부부가 깊은 숲속에 살고 있었습니다. 노부부의 아들은 지금까지 부모님 외에 다른 사람을 본 적은 없었지만 바깥세상에 다른 사람들이 살고 있다는 사실은 알고 있었습니다. 집에 책이 많았던 데다 매일 책을 읽었기 때문이지요. 가끔 매력적인 공주에 대해서 읽고 나면 그 공주를 만나고 싶어지기도 했습니다. 그러던 어느 날 아버지가 나무를 하러 산에 가자, 그사이에 청년은 어머니에게 다른 나라에 가서 밥벌이하며 여러 사람을 만나보고 싶다고 말했습니다.

"이곳에는 커다란 나무 말고는 볼 것이 아무것도 없어요. 이곳에 계속 남아 있으면 머지 않아 미쳐버리고 말 거예요."

청년이 불쌍한 늙은 어머니와 이런 대화를 주고받는 동안 나무를 하러 간 아버지는 집에 돌아오지 않았습니다. 늙은 어머니는 말했습니다.

"애야, 애야. 네가 그렇게 꼭 가고 싶다면 가는 편이 낫겠지. 하느님의 가호가 있기를 빈다."

늙은 어머니는 아들이 떠나기 전에 이렇게 말해주는 것이 최선이라고 생각했습니다.

"떠나기 전에 잠시만 기다리거라. 이 어미에게서 무엇을 받고 싶으냐, 작은 케이크 한 조각과 축복을 받고 싶으냐, 아니면 큰 케이크와 악담을 받고 싶으냐?"

"아이고! 큰 케이크를 만들어주세요. 길을 가다 보면 배가 고플 테니까요."

어머니는 커다란 케이크를 만들어주고는 집 꼭대기로 올라가 떠나가는 아들이 보이지 않을 때까지 악담을 퍼부었습니다.

이윽고 얼마 지나지 않아 청년과 마주친 아버지가 아들에게 물었습니다.

"어디 가는 거냐?"

아들은 어머니에게 했던 말을 그대로 아버지에게 전했습니다.

"음. 네가 떠나는 것을 보니 섭섭하구나. 하지만 네가 가기로 마음을 정했다면 떠나는 편이 좋겠지."

그런데 청년이 얼마 가지 않아 아버지가 아들을 불러 세웠습니다. 노인은 주머니에서 황금 담뱃갑을 꺼내 아들에게 주며 말했습니다.

"여기, 이 작은 상자를 주머니에 넣거라. 다만 명심해라. 죽을 지경이 되기 전에는 절대로 열어보면 안 된다."

길을 떠난 잭은 지치고 허기질 때까지 하염없이 걸었습니다. 어머니가 싸준 케이크는 이미 다 먹어버리고 없었지요. 심지어 어두운 밤까지 엄습해 앞을 제대로 볼 수 없었습니다. 그러던 중 저 멀리서 불빛이 보였습니다. 잭은 곧바로 불빛으로 향했습니다. 이윽고 불빛이 흘러나오는 집의 뒷문을 찾아내 문을 두드렸습니다. 그러자 하녀가 나와 원하는 것이 무엇이냐고 물었습니다. 청년은 밤이 깊어졌으니 하룻밤만 묵어가게 해달라고 청했습니다. 하녀는 청년을 집으로 들여 불을 쬐게 해주고 맛있는 고기, 빵, 맥주 등도 주었습니다.

청년이 불가에서 식사를 하는 동안 한 젊은 숙녀가 부엌에 들어왔는데, 청년을 유심히 바라보다가 사랑에 빠졌습니다. 청년 역시 숙녀를 사랑하게 되었지요. 숙녀는 아버지에게 달려가 부엌에 근사한 청년이 있다고 알렸습니다. 딸의 말을 들은 신사는 바로 식사를 하고 있던 청년에게 다가가 무슨 일을 할 수 있는지 물었습니다. 어리석게도 청년은 무슨 일이든 다 할 수 있다고 대답했습니다. 청년은 집 안일을 할 사람을 구하는 것이라 생각해 어떤 하찮은 일이라도 할 수 있다는 의미로 대답한 것이었지요.

청년의 대답을 들은 신사가 대꾸했습니다.

"자네가 무슨 일이든 할 수 있다니, 내일 아침 8시쯤이면 내 저택 앞에 커다란 호수가 생길 테고, 그 호수 안에는 커다란 군함들이 떠 있겠군. 그 군함들 가운데 한 척이 근사한 예포를 쏠 테니 마지막 축포 소리에 내 딸이 잠들어 있는 침대 다리가 틀림없이 부러질 테지. 그 일을 해내지 못하면 목숨을 내놓아야 할 걸세."

"알겠습니다."

대답을 하고 침실로 돌아간 잭은 조용히 기도를 올리고는 잠들었습니다. 그리고 거의 아침 8시가 다 되어 일어났습니다. 무엇을 해야 할지 생각할 시간조차 없었지요. 그러다 갑자기 아버지가 주신 작은 황금 담뱃갑을 기억해냈습니다.

"맞아, 지금이 바로 거의 죽을 지경이지."

잭은 주머니를 더듬어 작은 상자를 꺼냈습니다. 상자를 열자 작고 붉은 세 남자가 튀어나와 물었습니다.

"우리에게 원하는 것이 무엇입니까?"

작은 담뱃갑 안에서 나온 작고 붉은 세 남자

"그게 말이야, 이 저택 앞에 커다란 호수를 만든 후 세상에서 가장 큰 군함들이 떠 있게 해줘. 그리고 군함 가운데 한 척이 근사한 예포를 발사해 마지막 축포 소리에 이 집의 아가씨가 잠들어 있는 침대의 다리가 부러지게 해주게."

"알겠습니다. 걱정 마세요."

잭의 명령이 떨어지기 무섭게 8시를 알리는 시계 소리가 들려왔습니다. 그와 동시에 가장 큰 군함 한 척이 축포를 쏘아 올리는 소리가 울렸습니다. 그 소리에 놀란 잭은 침대에서 뛰쳐나와 창밖을 바라보았습니다. 여러분에게 장담하건대 그 광경은 굉장했습니다. 숲속에서 부모님하고만 그토록 오래 살아온 잭의 얼을 쏙 빼놓을 정도로 말이지요.

잭은 옷을 입고 기도를 한 후 웃으며 내려갔습니다. 모든 일이 훌륭하게 완수되어 뿌듯했기 때문입니다. 그런 잭을 보고 신사가 다가와 말했습니다.

"흠, 젊은이 자네가 정말 영리하다고 말하지 않을 수 없군. 이리와 함께 아침을 드세. 그런데 아직 해야 할 일이 두 가지가 더 남았네. 그 일들을 완수하면 내 딸과 결혼을 시켜주겠네."

잭은 아침을 먹으며 기쁘게 젊은 숙녀를 바라보았고, 처녀 역시 같은 눈길로 잭을 쳐다보았습니다.

신사가 잭에게 시킨 다른 일은 다음 날 아침 8시까지 수십 리에 있는 커다란 나무들을 모두 베어 넘어뜨리는 것이었습니다. 그리고 결과만 말하자면, 그 일도 잘 완수했습니다. 신사는 매우 흡족해하며 잭에게 말했습니다.

"마지막으로 자네가 해야 할 일은 12개의 황금 기둥 위에 세운 웅장한 성을 한 채 지어주는 것이네. 그리고 많은 병사가 훈련을 하고 있어야 하네. 8시가 되면 사령관이 '어깨 총' 하고 외쳐야 하고."

"알겠습니다."

잭은 자신 있게 대답했습니다. 그리고 사흘째 되는 날 아침, 세 번째 과업도 성공적으로 완수해냈습니다. 잭은 드디어 신사의 딸과 결혼했지요. 그러나 잭에게는 안 좋은 일이 기다리고 있었습니다.

신사는 자신의 성을 구경하러 오도록 성대한 사냥 대회를 열어 고장 주변의 모든 신사를 초청했습니다. 잭도 진홍색 고급 옷으로 갈아입은 뒤, 훌륭한 말을 타고 사냥 모임에 참석했습니다. 그런데 사냥을 하러 가는 날 아침, 잭은 작은 황금 담뱃갑을 두고 가는 실수를 저질렀습니다. 잭의 옷을 간수하고 있던 시종은 잭의 조끼 주머니를 뒤적이다 작은 황금 담뱃갑을 발견했습니다. 시종이 상자를 열자 붉고 작은 세 남자가 튀어나와 자신들에게 무엇을 원하는지 물었습니다. 그러자 시종이 대답했습니다.

"이 성을 바다 건너 아주 멀리 떨어진 곳으로 옮겨다오."

"알겠습니다. 그것 말고 또 원하는 것이 있나요?"

"지금 당장 시작해다오."

시종이 명령하기 무섭게 그들은 성을 망망대해 건너 아주 먼

곳으로 옮겼습니다.

사냥을 나갔던 많은 일행이 돌아와보니, 12개의 황금 기둥 위에 서 있던 성이 없었습니다. 전에 그 성을 보지 못한 신사들에게는 매우 애석한 일이 아닐 수 없었지요. 잭은 사람들을 속였다는 이유로 아름다운 아내를 빼앗길 위험에 처했습니다. 잭은 1년 안에 성을 되찾아오면 아내와 함께 살 수 있게 해달라고 간청했고, 바로 돈을 챙겨 명마를 타고 떠났습니다.

불쌍한 신세가 된 잭은 산 넘고 물 건너 잃어버린 성을 찾아 이 골짜기 저 골짜기를 샅샅이 뒤지고 다녔습니다. 그러다가 세상의 모든 생쥐의 왕이 사는 곳에 도착했습니다. 궁전으로 올라가는 정문을 지키고 있던 보초 생쥐는 잭이 들어가는 것을 저지하려고 했습니다. 그러자 잭이 물었지요.

"왕은 어디에 살고 있지? 왕을 만나보고 싶어."

그 말에 보초 생쥐는 다른 생쥐를 시켜 잭을 궁전으로 안내하게 했습니다. 생쥐의 왕은 잭에게 의심의 눈초리를 보내며 어디로 가는 길인지 물었습니다. 잭은 잃어버린 커다란 성을 찾아다니는 중인데 앞으로 1년의 말미가 있다고 사실대로 말했습니다. 그러면서 혹시 성에 대해 아는 것이 있는지 물어보았습니다.

"아니, 하지만 나는 이 세상 생쥐들의 왕이니까 내일 아침에 생쥐들을 모두 불러 모으겠소. 어쩌면 무언가를 본 생쥐가 있을지도 모르니."

잭은 맛있는 식사 대접을 받고 잠자리에 들었습니다. 아침이 되자 생쥐의 왕은 들판으로 나가 모든 생쥐를 모은 뒤, 황금 기둥 위에 서 있는 웅장하고 멋진 성을 보았는지 물었습니다. 그러나 생쥐들은 한결같이 모른다고 대답했습니다. 성을 본 생쥐가 한 마리도 없었던 것입니다. 그러자 왕은 자신에게 두 형이 있다고 알려주었습니다.

"둘째 형은 모든 개구리의 왕이고, 맏형은 이 세상 모든 새의 왕이라네. 자네가 그곳을 찾아간다면 형들이 잃어버린 성에 대해 무언가 알려줄지도 모르지. 자네 말은 돌아올 때까지 이곳에 두고, 내 말들 가운데 가장 뛰어난 것 하나를 타고 가 형에게 이 케이크를 주게나. 형은 자네가 이 케이크를 누구에게서 얻었는지 알 걸세. 내가 잘 있으며 형을 무척 보고 싶어 한다고 전해주게나."

잭은 왕에게 작별 인사를 하고 궁전을 나왔습니다. 잭이 정문을 지나가는데 작은 생쥐가 다가와 자신도 데려가달라고 청했습니다.

"아니, 왕과 문제를 일으킬지도 모르는데."

그러자 생쥐가 대답했습니다.

"저도 함께 데려가시는 게 좋을걸요. 어쩌면 당신도 모르는 사이에 가끔 제가 좋은 일을 해드릴 수도 있잖아요."

"그렇다면 올라타렴."

잭의 말을 들은 작은 생쥐가 말의 다리로 올라가자 말이 날뛰었습니다. 잭은 생쥐를 주머니에 넣었습니다.

잭이 가야 할 길은 멀었습니다. 오랜 시간을 달려 마침내 잭은 생쥐의 왕이 알려준 곳을 찾았습니다. 정문 앞에는 어깨에 총을 멘 개구리가 있었는데, 잭이 들어가는 것을 막으려 했습니다. 하지만 잭이 왕을 만나고 싶다고 하자 들어가도록 허락했지요. 잭이 올라가자 개구리의 왕이 나와 무슨 용건인지 물었습니다. 잭은 자신이 찾아온 사연을 처음부터 끝까지 전부 이야기했습니다.

"좋아, 좋아. 들어오게."

잭은 그날 밤 성대한 환대를 받았습니다. 아침이 되자 개구리의 왕이 매우 기묘한 소리를 내 세상의 모든 개구리를 불러 모았습니다. 그러고는 개구리들에게 12개의 황금 기둥 위에 서 있는 성을 알고 있거나 본 적이 있는지 물었습니다. 개구리들은 모두 개굴개굴 괴상한 소리를 내며 본 적 없다고 대답했습니다.

잭은 또 다른 말을 타고 개구리의 왕의 형인 모든 새의 왕에게 케이크를 가져가야 했습니다. 잭이 궁전 문 사이를 지나고 있는데 보초를 서고 있던 작은 개구리가 자신도 데려가달라고 청했습니다. 처음에는 거절했지만 결국에는 다른 쪽 주머니에 개구리를 넣고 다시 먼 길을 떠났습니다. 이번에는 지난번에 간 길보다 세 배는 멀었습니다. 오랫동안 달려서 도착한 곳에도 멋진 새 한 마리가 보초를 서고 있었습니다. 잭이 새를 지나치는데도 새는 한 마디도 하지 않았습니다. 잭은 새들의 왕을 만나 성에 대한 모든 것을 털어놓았습니다.

"좋아, 내일 아침에 나의 백성들에게 물어보면 무언가 알 수 있겠지."

잭은 말을 마구간에 두고 요기를 한 후 잠자리에 들었습니다. 그리고 아침에 일어나 왕과 함께 들판으로 나갔습니다. 왕이 매우 기묘한 소리를 내자 세상에 있던 모든 새가 모여들었습니다. 왕은 모여든 새들에게 물었습니다.

"너희들은 멋진 성을 보았느냐?"

그러나 모든 새가 모른다고 대답했습니다.

"모른다고? 알았다. 그런데 큰 새는 어디 있지?"

그들은 독수리가 나타날 때까지 오랫동안 기다려야 했습니다. 새 두 마리를 하늘로 높이 보내 서둘러 오라는 휘파람을 불게 하자 독수리가 땀을 흘리며 나타났습니다. 왕은 독수리에게 커다란 성을 본 적 있느냐고 물었습니다.

"네. 저는 지금 그곳에서 오는 길입니다."

"잘됐군. 이 신사가 그 성을 잃어버렸다고 하니 네가 이분을 모시고 그곳으로 가거라. 먼저 뭘 좀 먹도록 해라."

그들은 송아지 한 마리를 죽여 독수리에게 제일 좋은 부위를 주었습니다. 독수리가 잭을 등에 태우고 바다 건너 멀리 가야 했기 때문이지요.

잭과 독수리는 성이 보이는 곳에 도착했지만 황금 담뱃갑을 되찾으려면 어떻게 해야 좋을지 몰랐습니다. 그때 잭이 데리고 온 작은 생쥐가 말했습니다.

"저를 내려주세요, 제가 가서 담뱃갑을 가져올게요."

잭을 태우고 성으로 날아가는 독수리

생쥐는 성안으로 몰래 들어가 담뱃갑을 손에 넣었습니다. 그런데 계단을 내려오다가 넘어지는 바람에 하마터면 성의 사람들에게 잡힐 뻔했습니다. 생쥐는 가까스로 도망쳐 크게 웃으며 담뱃갑을 가지고 나왔습니다.

"담뱃갑을 가져왔니?"

생쥐가 그렇다고 대답하자 잭 일행은 성을 떠나 다시 돌아갔습니다.

큰 바다를 지나가는 동안 그들은 누가 담뱃갑을 들어야 하는지를 두고 다투었습니다. 서로 구경하겠다고 이 손에서 저 손으로 건네주다가 그만 담뱃갑을 바다에 떨어뜨리고 말았지요. 그때 개구리가 말했습니다.

"좋아요. 이제 내가 나서서 무언가 해야 할 것 같아요. 나를 물속에 내려주세요."

바닷속에 들어간 개구리는 사흘 밤낮을 헤매고 다녔습니다. 그리고 마침내 물 위로 코와 작은 입을 내밀었지요. 모두가 개구리에게 물었습니다.

"담뱃갑을 찾았니?"

개구리가 못 찾았다고 대답하자 다시 물었습니다.

"그런데 뭐 하고 있는 거니?"

"아무것도 안 해. 숨을 크게 쉬고 싶을 뿐이야."

개구리는 그렇게 대답하곤 다시 물속으로 들어가 하루가 지난 후 담뱃갑을 찾아 돌아왔습니다.

그렇게 나흘 밤낮을 지체하고 그들은 다시 떠났습니다. 산 넘고 물 건너 한참 고생한 후 잭의 일행은 모든 새의 주인인 제일 나이 많은 왕의 궁전에 도착했습니다. 왕은 잭 일행을 보자 매우 자랑스러워하며 진심으로 환영해주었고 오랫동안 이야기를 나누었습니다.

잭은 담뱃갑을 열어 그 속의 남자들에게 가능한 한 빨리 성을 자신이 있는 곳으로 가져오라고 했습니다.

세 남자는 성이 있는 곳으로 갔습니다. 성 근처까지 간 남자들은 성의 주인과 모든 하인이 무도회에 가려고 외출할 때까지 기다렸습니다. 모든 사람이 나가고 성에는 요리사와 하녀 한 사람만 남았습니다. 작은 세 남자는 요리사와 하녀에게 성과 함께 가고 싶은지 남아 있고 싶은지 물었습니다. 두 사람이 함께 가겠다고 대답하자 작은 남자들은 어서 위층으로 올라가라고 했습니다. 요리사와 하녀가 위층에 있는 방으로 들어가기 무섭게 성의 주인과 모든 하인이 나타났습니다. 그러나 이미 늦었습니다! 성은 벌써 전속력으로 떠나가기 시작했고 하녀와 요리사는 창밖을 내다보며 밖에 있는 사람들을 비웃었습니다. 남은 사람들이 어떻게든 막아보려 했지만 아무 소용이 없었습니다.

그들은 아흐레 동안 길을 가게 되었는데, 그동안 주일을 경건하게 지키려고 노력했습니다. 주일이 되면 작은 세 남자 가운데 한 사람은 사제로, 한 사람은 서기로, 나머지 한 사람은 오르간 연주자로 변했습니다. 요리사와 하녀는 찬송가를 불렀지요. 성안에 이미 근사한 예배당이 있었기 때문에 가능한 일이었습니다. 그런데 저런! 성이 바다 한가운데로 가라앉으려고 해 그들은 아주 큰 곤경에 빠지기도 했답니다.

즐거운 여행 끝에, 그들은 잭과 새의 왕이 있는 곳으로 돌아왔습니다. 왕은 성을 보고 매우 감동해 황금 계단을 올라가 성을 구경했습니다.

왕은 성을 보고 매우 즐거워했지만 가엾은 잭은 장인이 허락한 1년 기한이 얼마 남지 않은 상황이었습니다. 젊은 아내에게로 돌아가고 싶었던 잭은 작은 남자들에게 다음 날 오전 8시에 다음 왕에게 가 하루를 쉴 수 있도록 준비를 마치라고 명령했습니다.

개구리 왕의 성에서 하룻밤을 쉰 후 막내인 생쥐의 왕을 찾아가 자신이 부를 때까지 성을 돌봐달라고 부탁했습니다. 잭은 베풀어 준 환대에 매우 감사해하며 생쥐의 왕에게 작별 인사를 건넸습니다.

이제 잭은 성을 남겨두고 집으로 향했습니다. 세 왕과 매일 밤 흥겹게 노느라 피곤했던 잭은 말 위에서 잠이 들었습니다. 상자 속 세 남자가 안내하지 않았더라면 길을 잃어버릴 뻔했지요. 마침내 잭은 지치고 피곤한 기색으로 집에 도착했습니다. 사람들은 잭이 잃어버린 성을 되찾지 못한 줄 알고 조금도 반갑게 맞아주지 않았습니다. 설상가상으로 부모님이 가로막는 바람에 아름답고 젊은 아내는 남편을 맞이하러 나올 수 없었습니다. 잭은 크게 실망했지요. 얼마 지나지 않아 잭은 세 남자와 함께 성을 가져오기 위해 출발했습니다. 잭과 세 남자는 온 힘을 다해 성이 있는 곳에 도착했지요.

잭은 생쥐의 왕과 악수하고 자신을 위해 성을 맡아준 것을 고마워했습니다. 그러고 나서 작은 남자들에게 서둘러 돌아가자는 명령을 내렸습니다. 출발하기가 무섭게 집에 도착하니 아내가 토실하고 귀여운 어린 아들을 데리고 잭을 맞이하러 달려 나왔습니다. 그 후 그들은 모두 오래도록 행복하게 살았답니다.

08

GOBBORN SEER

선견자 고본

두 손뼉이 맞아야 소리가 난다

옛날에 선견지명이 있는 고본이라는 사람이 있었는데, 그에게는 잭이라는 아들이 있었습니다.

어느 날 고본은 아들을 내보내며 일렀습니다.

"양가죽을 팔되 가죽은 다시 가져오고, 그에 해당하는 값도 함께 가져와야 한다."

아버지의 말을 들은 잭은 곧장 출발했습니다. 하지만 가죽을 가져가지 않으면서 그에 해당하는 값을 주려고 하는 사람을 찾을 수 없었습니다. 그는 낙담하며 집으로 돌아갔습니다. 그러나 고본은 아들을 혼내지 않았습니다.

"신경 쓰지 말거라. 내일은 틀림없이 기회가 생길 것이다."

다음 날, 아들은 가죽을 가지고 나가 다시 시도해보았습니다.

하지만 그런 조건으로는 아무도 가죽을 사려 하지 않았습니다.
잭이 집에 돌아오자 아버지가 말했습니다.

"내일도 나가서 네 운을 시험해보아라."

사흘째 되던 날도 전과 똑같은 상황이 되풀이되었습니다. 잭은
집에 돌아가고 싶지 않았습니다. 이번에는 아버지가 몹시 화를
낼 것 같았기 때문이지요. 잭은 다리 난간에 기대 자신이 처한 곤
경에 대해 생각했습니다. 어리석게 이런 일로 가출할 수도 없었
고, 어떻게 해야 이 일을 해결할 수 있는지도 몰랐습니다. 그때 강
둑 아래에서 옷을 빨고 있는 한 소녀를 발견했습니다. 소녀는 잭
을 올려다보며 물었습니다.

"이렇게 묻는 것이 실례가 아니라면, 혹시 무엇 때문에 그렇게
괴로워하시는지 물어도 될까요?"

"아버지가 이 가죽을 팔라고 내주셨는데, 가죽은 물론 가죽값
도 가지고 오라 하셨소."

"그게 전부인가요? 그렇다면 그것을 이리 주세요. 제가 손쉽게
해결해드리지요."

소녀는 양가죽을 개울에 넣고 빨아 양털을 뽑아낸 후 그에 해
당하는 값을 치렀습니다. 그리고 빈 가죽을 되돌려주었습니다.
이야기를 들은 아버지는 매우 만족하며 잭에게 말했습니다.

"그 처녀 아주 재치가 있구나. 네게 좋은 아내가 될 거다. 그 처
녀에게 다시 말을 걸 수 있겠느냐?"

잭이 그럴 수 있다고 대답하자 아버지는 처녀가 아직 다리에

있는지 어서 가보라고 했습니다. 아직 그곳에 있다면 차나 함께 하자며 집으로 데려오라고 했지요.

이윽고 처녀를 다시 찾아낸 잭은 집에서 함께 차를 마시자고 했습니다. 나이 든 아버지가 처녀를 매우 만나보고 싶어 한다는 말도 덧붙였지요. 처녀는 상냥하게 감사의 말을 전하더니 지금 당장은 너무 바쁘니 다음 날 가겠다고 대답했습니다.

"더 잘됐네요. 준비할 시간이 생겼으니."

다음 날, 집을 찾아온 처녀를 본 선견자 고본은 단번에 그녀가 지혜롭다는 것을 알았습니다. 그는 처녀를 며느리로 삼고 싶다고 말했습니다. 처녀는 그 제안을 승낙했고, 잭은 곧 처녀와 결혼했습니다.

그로부터 얼마 지나지 않아, 아버지는 근사한 성을 원하는 왕을 위해 이제껏 본 적 없는 아주 멋진 성을 지으러 가야 한다고 말했습니다. 물론 잭도 함께 말이지요.

주춧돌을 놓으러 가는 동안, 선견자 고본이 잭에게 물었습니다.

"나를 위해 갈 길을 좀 줄여줄 수 없느냐?"

잭은 앞을 내다보며 아직 갈 길이 멀다는 것을 확인하고 대답했습니다.

"어떻게 길을 줄일 수 있을지 모르겠는데요, 아버지."

"네 녀석은 전혀 도움이 안 되니 집에 돌아가는 편이 낫겠다."

집으로 되돌아온 불쌍한 잭에게 아내가 물었습니다.

"아니, 어쩐 일로 혼자 돌아왔어요?"

잭은 아버지가 했던 요구와 자신의 대답을 들려주었습니다. 그러자 기지 넘치는 아내가 대답했습니다.

"아, 어리석긴요! 아버님에게 이야기를 해드렸더라면 가는 길이 지루하지 않으셨을 거 아니에요! 지금 제가 하는 이야기를 잘 기억해놨다가 아버님을 쫓아가 처음부터 그대로 해드리세요. 그 이야기를 듣는 게 재미있어 당신이 이야기를 끝낼 무렵이면 주춧돌 놓는 곳에 도착해 있을 테니까요."

잭은 아내의 이야기를 들은 후 부지런히 아버지에게 갔습니다. 선견자 고본은 아들을 보고 한마디도 하지 않았습니다. 잭은 아내에게 들은 이야기를 시작했습니다. 아내의 말대로 지루함이 사라져 가는 길이 짧게 느껴졌습니다.

목적지에 도착한 두 부자는 다른 모든 성을 무색하게 만들기 위해 열심히 성을 쌓았습니다. 성을 만드는 동안 두 사람은 하인들이 들어오고 나갈 때마다 꼬박꼬박 인사를 했습니다. 잭의 아내가 하인들과 친하게 지내라고 충고했기 때문이지요.

1년이 지나고, 선견자 고본은 근사한 성을 완성했습니다. 수천 명이나 되는 사람들이 와서 감탄할 정도였지요. 왕이 그들에게 말했습니다.

"드디어 성이 완성되었구나. 내일 너희들 모두에게 보수를 주겠다."

"위층 로비의 천장만 마무리하면 모든 것이 완벽하게 끝납니다."

왕이 가고 난 뒤, 갑자기 가정부가 고본과 잭을 불렀습니다.

"말해줄 게 있어서 계속 기회를 엿보고 있었어요. 왕은 내일 당신들을 죽일 거예요. 당신들이 기술을 빼내 다른 왕에게 근사한 성을 지어줄까 봐 걱정하고 있거든요."

고본은 잭에게 별일 없을 테니 겁먹지 말라고 말해주었습니다. 다음 날 왕이 오자 고본은 집에 두고 온 연장이 있어 공사를 마무리할 수 없다고 했습니다. 잭을 시켜 집에 있는 연장을 가져오고 싶다고 했지요.

"아니, 그러지 말고 일꾼들 가운데 한 사람을 보내는 건 어떠냐?"

"안 됩니다. 일꾼들은 설명해도 무슨 말인지 이해하지 못할 겁니다. 잭만이 심부름을 다녀올 수 있습니다."

"너와 네 아들은 이곳에 있어야 한다. 내 아들을 직접 보내면 어떻겠느냐?"

"좋습니다."

고본은 왕의 아들을 시켜 잭의 아내에게 편지를 보냈습니다.

"구부러지고 곧은 것을 보내거라."

고본의 집에는 벽의 약간 높은 곳에 작은 구멍이 하나 있는데, 잭의 아내는 그곳에 '구부러지고 곧은 것'이 있다고 말했습니다. 아내는 그 상자 안으로 손을 넣으려 애쓰다가 결국 팔이 더 긴 왕자에게 도와달라고 부탁했습니다.

왕자가 부탁을 들어주려고 상자 위로 몸을 기울이자마자 잭의 아내는 왕자의 발뒤꿈치를 잡고는 상자 속으로 밀어 넣었습니다.

상자 안에 갇힌 왕자

그러고는 상자를 잠가버렸지요. 상자에 갇힌 왕자는 '구부러지고 곧은 상태'가 되어버렸습니다.

왕자는 펜과 잉크를 달라고 했고 잭의 아내는 가져다주었습니다. 하지만 상자 밖으로는 나오지 못하게 했습니다. 숨을 쉴 수 있도록 구멍만 뚫어주었지요.

한편, 고본과 잭이 무사히 집으로 돌아와야만 왕자가 풀려난다는 내용의 편지를 받은 왕은 아직 미완성인 궁전을 감수하고 고본 부자를 돌려보낼 수밖에 없었습니다.

왕자를 풀어준 뒤, 고본은 잭에게 재치 있는 아내를 위해 왕의 궁전보다 더 훌륭한 성을 지으라고 했습니다. 이번 곤경에서 무사히 빠져나오게 해준 보답으로 말이지요. 잭은 아버지의 말대로 아내를 위한 성을 지었고, 그 후 그들은 그 성에서 함께 행복하게 살았답니다.

09

THE ASS, THE TABLE, THE STICK

나귀, 식탁, 몽둥이

콩 심은 데 콩 나고 팥 심은 데 팥 난다

잭이라 불리던 한 청년은 아버지의 심한 구박을 견딜 수 없어 넓은 세상에 나가 출세하기로 마음먹었습니다.

집을 떠나 달리고 또 달리던 잭은 나뭇가지를 줍고 있던 땅딸막한 할머니와 부딪혔습니다. 잭은 너무 숨이 차 미안하다는 말도 제대로 하지 못했습니다. 하지만 마음씨 착한 할머니는 잭에게 믿음직한 청년 같다고 말하며 자신을 위해 일을 해주면 보수를 후하게 주겠다고 했습니다. 무척 배가 고팠던 잭은 그 제안을 받아들였고, 할머니는 숲속에 있는 집으로 잭을 데려갔습니다. 잭은 그곳에서 할머니를 위해 일을 했습니다.

1년이 지나자 할머니는 잭을 불러 후한 보수를 주겠다고 했습니다. 그러고는 마구간에서 나귀 한 마리를 끌어내더니 잭에게

금화와 은화를 뱉는 나귀

선물했습니다. 잭은 나귀가 움직이도록 "이랴!" 하고 외치며 귀를 잡아당겼습니다. 그런데 어찌 된 일인지, 귀를 잡힌 나귀가 힝힝거리며 울자 입에서 금화와 은화가 우수수 떨어지는 게 아니겠습니까!

잭은 자신이 받은 보수에 무척 흡족해하며 길을 달려가다가 어느 여인숙에 도착했습니다. 여인숙에 들어간 잭은 가장 좋은 음식을 주문했습니다. 그런데 여인숙 주인이 음식값을 미리 지불하기 전에는 주문을 받지 않겠다고 우겼습니다. 마구간으로 간 잭은 나귀의 귀를 잡아당겨 주머니 가득 돈을 채웠습니다. 문틈으로 이 광경을 엿본 여인숙 주인은 밤이 되자 잭의 귀중한 나귀와 자신의 나귀를 바꿔치기했습니다. 잭은 나귀가 바뀌었다는 사실을 까맣게 모른 채 다음 날 아침 아버지의 집으로 달려갔습니다.

잭의 집 근처에는 어느 과부가 외동딸과 함께 살고 있었습니다. 과부의 외동딸과 잭은 좋은 친구이자 연인 사이였습니다. 잭은 처녀와의 결혼을 허락해달라고 간청했지만, 아버지는 아내를 부양할 수 있을 만큼의 돈을 모으기 전까지는 절대로 안 된다고 했습니다. 그러자 잭은 자신에게 그만한 돈이 있다고 말하고는 나귀에게 다가가 그 기다란 귀를 잡아당겼습니다. 잡아당기고, 잡아당기고, 귀가 빠질 정도로 또 잡아당겼습니다. 하지만 그 나귀는 보통 나귀였기 때문에 아무리 울어도 입에서 땡전 한 푼 떨어지지 않았습니다. 화가 난 아버지는 건초용 쇠스랑으로 잭을 두들겨 패며 집 밖으로 쫓아냈습니다. 잭은 다시 도망쳤지요. 그런데 아, 이런! 달리고 또 달려가던 잭은 꽝 하고 어느 문에 부딪히고 말았습니다. 그 바람에 문이 확 열렸는데, 그곳은 한 가구점이었습니다. 잭을 본 목수가 제안했습니다.

"이보게, 믿음직한 청년. 나를 위해 1년만 일해주게. 그러면 자네에게 훌륭한 보수를 주겠네."

잭은 그 제안을 받아들여 목수를 위해 1년 동안 일했습니다. 1년이 지나자 주인이 말했습니다.

"자, 이제 자네에게 보수를 주겠네."

목수는 잭에게 식탁을 선물했습니다. 그런데 그 식탁은 보통 식탁이 아니라 "식탁아, 차려져라!" 하고 말만 하면 바로 먹을 것과 마실 것으로 진수성찬을 차리는 신기한 식탁이었습니다.

식탁을 등에 메고 길을 떠난 잭은 전에 묵었던 여인숙에 이르자 소리쳤습니다.

"이봐요, 주인장! 오늘 저녁 준비해줘요, 그것도 제일 좋은 것으로."

"정말 미안하지만, 지금 있는 것이라고는 햄과 계란밖에 없소."

"고작 햄과 계란이라고! 내가 차려도 그것보다는 더 잘 차릴 수 있겠네. 식탁아, 어서 차려져라!"

잭의 말이 떨어지기 무섭게 식탁에는 칠면조 요리, 소시지, 구운 양고기, 감자, 야채 요리가 한가득 차려졌습니다. 그 광경을 본 여인숙 주인은 눈이 휘둥그레졌지만 아무런 내색도 하지 않았습니다.

그날 밤, 여인숙 주인은 다락방에서 잭의 식탁과 아주 흡사한 것을 꺼내 와 두 식탁을 바꿔치기했습니다. 그 사실을 알 리 없는 잭은 다음 날 아침 아무런 쓸모도 없는 식탁을 등에 지고는 집으로 갔습니다.

"아버지, 이제 결혼해도 되나요?"

"아내를 부양할 수 있기 전까지는 안 된다."

"이것을 보세요! 아버지, 뭐든지 제 명령대로 차려지는 식탁을 가져왔어요."

"어디 한번 보자꾸나."

잭은 식탁을 방 한가운데에 놓고 차려지라고 명령했습니다. 하지만 갖은 수를 써도 식탁은 여전히 텅 빈 채 꿈쩍도 안 했습니다. 화가 난 아버지는 벽에서 잠자리를 데우는 그릇을 내려 아들의 등을 내리쳤습니다. 잭의 등은 벌겋게 달구어졌지요. 울부짖으며 집에서 도망친 잭은 달리고 달려 어느 강가에 첨벙 뛰어들었습니다. 다행스럽게도 마침 그곳에 있던 한 남자가 잭을 건져냈지요. 남자는 잭에게 강에 다리 놓는 것을 도와달라고 했습니다. 잭은 나무 꼭대기로 올라가 자신의 체중을 그 위에 실었습니다. 남자가 나무를 뽑아내자 잭과 나무 끝 부분은 반대편 강둑으로 떨어졌고, 다리가 만들어졌습니다.

"고맙네. 자, 이제 자네가 한 일에 대한 보수를 주겠네."

남자는 나무에서 가지 하나를 잘라내더니 칼로 다듬어 회초리를 만들었습니다. 그리고 잭에게 회초리를 건네주며 말했습니다.

"자, 이 회초리를 가져가게나. 자네가 "일어나 마구 쳐라"라고 말하면 자네를 화나게 만든 사람은 누구라도 두들겨 패 쓰러뜨릴걸세."

회초리를 얻은 잭은 무척 기뻐하며 예전의 여인숙을 찾아갔습니다. 그러고는 주인이 나오자마자 소리쳤습니다.

"일어나 마구 쳐라!"

말이 떨어지기 무섭게 잭의 손에서 날아간 회초리는 여인숙 주인이 신음하며 바닥에 쓰러질 때까지 등을 패고, 머리를 때리고, 팔을 멍들게 하고, 갈비뼈를 쳤습니다. 회초리는 쓰러진 여인숙 주인을 계속 때렸고, 잭은 잃어버린 나귀와 식탁을 되돌려 받기 전까지 회초리를 말리지 않았습니다. 마침내 그동안 잃어버렸던 자신의 물건을 모두 되찾은 잭은 어깨에는 식탁을, 손에는 회초리를 든 채 나귀를 타고 집으로 달려갔습니다. 그런데 집에 도착해보니 아버지는 이미 돌아가신 후였습니다. 잭은 나귀를 마구간에 넣고, 여물통이 돈으로 꽉 찰 때까지 계속해서 나귀의 귀를 잡아당겼습니다.

잭이 벼락부자가 되어 돌아왔다는 소문이 삽시간에 마을로 퍼졌고, 동네의 모든 처녀가 잭에게 구애하러 벌떼같이 몰려들었습니다. 그러자 잭이 그들에게 말했습니다.

"나는 동네에서 제일 부유한 아가씨랑 결혼하겠소. 그러니 내일 여러분은 앞치마에 자신의 돈을 채워 내 집 앞으로 오시오."

다음 날 아침이 되자 거리는 앞치마에 금화와 은화를 담아 가져온 처녀들로 가득 찼습니다. 잭의 연인이었던 아가씨도 그 속에 끼어 있었지만 아가씨에게는 금화나 은화는커녕 고작 동전 두 닢밖에 없었습니다. 그것이 가진 재산의 전부였습니다. 잭은 아가씨에게 퉁명스럽게 말했습니다.

"당신은 금화나 은화가 하나도 없으니 다른 사람들로부터 떨어져 서시오."

아가씨는 잭의 말에 순종했지만 다이아몬드 같은 눈물이 볼을 타고 흘러내려 앞치마를 가득 채웠습니다.

그런데 예상치 못한 일이 벌어졌습니다. 갑자기 잭이 "어서 마구 쳐라!" 하고 외쳤기 때문입니다. 잭이 명령을 내리자마자 회초리는 죽 늘어선 처녀들을 따라다니며 머리를 마구 쳤습니다. 그 바람에 처녀들은 모두 실신해 길 위에 쓰러지고 말았지요. 잭은 처녀들의 돈을 전부 거둬들이더니 자신의 연인인 아가씨의 무릎에 쏟아부으며 외쳤습니다.

"자, 아가씨. 이제 당신이 제일 부유하니 당신과 결혼하겠소."

10

THE RED ETTIN

붉은 에틴

뛰는 놈 위에 나는 놈 있다

옛날, 어느 농부에게 조그만 땅덩이를 빌려 농사를 지으며 근근이 살아가던 과부가 있었습니다. 과부에게는 두 아들이 있었는데, 어느덧 출세를 위해 떠나보낼 때가 되었습니다. 어느 날 과부는 큰아들에게 빵을 만들어줄 테니 물통을 가지고 샘에 가서 물을 길어 오라고 했습니다. 아들이 길어 오는 물의 양에 따라 어머니가 만들 빵의 크기는 달라질 예정이었고, 그 빵은 길을 떠나는 아들에게 어머니가 줄 수 있는 전부였습니다.

큰아들은 샘으로 가서 물통을 채운 후 집으로 향했습니다. 그러나 집에 가는 길에 대부분의 물이 다 새어 나갔습니다. 물통이 깨져 있었기 때문이지요. 남은 물로 만든 빵은 아주 작았습니다. 어머니는 빵을 절반만 가져가더라도 덕담을 듣고 갈 것인지, 빵을 전부 가져가는 대신 악담을 듣고 갈 것인지 물었습니다. 큰아들은 빵의 전부를 챙기더니 어떤 저주가 되었든 악담을 듣고 가겠다고 대답했습니다. 먼 길을 가는 동안 먹을 것을 구하기 힘들 거라고 생각했기 때문이지요. 어머니는 빵을 전부 주면서 욕설을 퍼부었습니다.

큰아들은 동생을 한쪽으로 부르더니 칼을 한 자루 주었습니다. 매일 아침 그 칼을 잘 살피고, 자신이 돌아올 때까지 꼭 간직하라고 말했지요. 칼이 깨끗하다면 자신이 무사한 것이지만 점점 더러워져 녹이 슬면 자신에게 틀림없이 나쁜 일이 닥친 것으로 알라고 말해주었습니다.

큰아들은 곧 출세하러 길을 떠났습니다. 첫날은 하루 종일 걸었고, 다음 날도 계속 걸어갔습니다. 그리고 사흘째 되던 날, 양떼를 모는 어느 목동이 앉아 있는 곳에 이르렀습니다. 청년이 다가가 그 양이 누구의 것인지 물으니 목동이 대답해주었습니다.

멋진 스코틀랜드의 왕인
말콤 왕의 딸을 납치해 간,
발리간에 살던
아일랜드의 붉은 에틴이라네.
공주를 때리고 묶은 후
굴레를 씌워놓았네.
그리고 매일 밝은 은 지팡이로

공주를 때린다네.

로마의 율리아누스 황제처럼

에틴은 아무도 두려워하지 않는다네.

에틴의 치명적인 적수가 될

운명을 타고날 사람이 있다고 하네.

그러나 그는 아직 태어나지 않았고,

앞으로도 오랫동안 태어나지 않을 것이라네.

  목동은 또한 청년에게 앞으로 만나게 될 짐승들을 조심하라고 일러주었습니다. 이제껏 청년이 보아온 짐승들과는 매우 다른 종류의 것이었기 때문이지요.

  다시금 길을 떠난 청년의 앞에 머리가 둘 달리고 머리마다 네 개의 뿔이 나 있는 매우 무서운 짐승들이 계속 나타났습니다. 견딜 수 없는 두려움에 사로잡힌 청년은 걸음아 날 살려라 하고 도망쳤습니다. 정신없이 도망치던 청년은 언덕 위에 있는 한 성에 도착했습니다. 성문은 활짝 열려 있었고, 청년은 기쁜 마음으로 들어갔습니다. 부엌 불 옆에는 어떤 할머니가 앉아 있었습니다. 오랜 여행 끝에 몹시 지쳐버린 청년은 할머니에게 하룻밤 쉬었다 가도 되느냐고 물었습니다. 할머니는 쉬었다 가도 되기는 하지만, 이곳은 붉은 에틴의 성이기 때문에 쉬기에 그리 좋은 집은 아니라고 말해주었습니다. 에틴은 한 번 잡은 사람은 절대로 살려두지 않는 머리가 셋 달린 무시무시한 괴물이었지요. 청년은 이 곳을 떠나야 한다고 생각했지만, 성 밖에서 진을 치고 있는 짐승들이 무서웠습니다. 그래서 할머니에게 자신을 잘 숨겨달라고 말했습니다. 에틴에게 자신이 이곳에 있는 것을 말하지 말아달라고도 간청했지요. 그는 어떻게든 밤을 지내기만 하면 아침에 이 성을 빠져나가 무서운 짐승들과 마주치지 않고 도망칠 수 있을 것이라 생각했습니다. 하지만 청년이 숨은 지 얼마 되지 않아 무시무시한 에틴이 성으로 들어왔습니다. 에틴은 들어오자마자 고함을 쳤지요.

킁 킁 흠 흠
인간의 냄새가 나는구나.
살았든 죽었든
놈의 심장은 오늘 밤 나의 저녁거리가 될 것이다.

괴물은 이내 불쌍한 청년을 찾아 끌어냈습니다. 그리고 세 가지 물음에 대답하면 목숨을 살려주겠다고 했습니다. 에틴의 첫 번째 머리가 물었습니다.

"끝이 없는 것은 무엇이냐?"

청년은 물음에 대한 답을 알지 못했습니다. 이제 두 번째 머리가 물었습니다.

"작을수록 더 위험한 것은 무엇이냐?"

청년은 두 번째 답도 알지 못했습니다. 세 번째 머리가 물었습니다.

"죽은 것이 산 것을 품고 있다. 답이 무엇이냐?"

청년은 이번에도 포기할 수밖에 없었습니다. 붉은 에틴은 세 가지 질문 가운데 하나도 답하지 못한 청년의 머리를 방망이로 내리쳐 돌기둥으로 만들었습니다.

다음 날, 동생은 형이 주고 간 칼이 완전히 녹슬어 갈색으로 변한 것을 보고 몹시 슬퍼했습니다. 동생은 어머니에게 이제 자신도 길을 떠나야 할 때가 되었다고 말했습니다. 어머니는 빵을 만들어줄 테니 물통을 가지고 샘에 가서 물을 길어 오라고 말했지요. 물을 긷고 집으로 돌아오는데 머리 위의 갈까마귀 한 마리가 물통을 잘 보라고 말해주었습니다. 동생은 갈까마귀의 말 덕분에 물이 새고 있는 것을 알아챘고, 진흙으로 구멍을 막았습니다. 그러고는 많은 양의 물을 길어 집으로 돌아왔지요. 어머니는 물의 양만큼 큰 빵을 구워주었습니다. 그리고 큰 빵의 절반과 덕담을 원하는지, 큰 빵의 전부와 악담을 원하는지 물었습니다. 청년은 어머니의 덕담을 듣고 큰 빵의 절반을 가져가겠다고 말했습니다. 절반이었지만 형이 가져간 빵보다는 훨씬 컸지요.

드디어 길을 떠나게 된 동생은 한참을 걷다가 어떤 할머니를 만났습니다. 그 할머니는 빵을 조금 나누어줄 수 있느냐고 물었습니다.

"그야 물론이지요."

동생은 흔쾌히 대답하고는 할머니에게 빵 한 조각을 주었습니다. 할머니는 조심히 잘 사용하기만 하면 요긴하게 쓸 수 있는 마술 지팡이를 보답으로 주었지요. 사실 요정이었던 할머니는 동생에게 앞으로 닥칠 모든 상황에서 해야 할 일을 조목조목 일러주었습니다. 그러고 나서는 온데간데없이 사라져버렸습니다. 동생은 계속 걷다가 양을 돌보고 있는 한 노인을 만났습니다. 그 양이 누구의 것인지 묻자 노인이 대답해주었습니다.

멋진 스코틀랜드의 왕인

말콤 왕의 딸을 납치해 간,

발리간에 살던

아일랜드의 붉은 에틴이라네.

공주를 때리고 묶은 후

굴레를 씌워놓았네.

그리고 매일 밝은 은 지팡이로

공주를 때린다네.

로마의 율리아누스 황제처럼

에틴은 아무도 두려워하지 않는다네.

그러나 이제 그의 종말 가까워졌고

운명이 다한 것 같네.

바로 그대가 그의 모든 땅을

차지하게 될 것을 분명히 알겠네.

  동생은 기괴한 짐승들이 서 있는 곳에 이르렀으나 걸음을 멈추
거나 도망치지 않았습니다. 그 사이를 용감하게 뚫고 지나갔지
요. 짐승 한 마리가 입을 크게 벌리고 울부짖으며 동생에게 달려
들었지만, 할머니가 준 지팡이로 내리치니 그 자리에서 바로 죽
었습니다. 곧 에틴의 성에 도착한 동생은 문을 두드린 뒤 안으로
들어갔습니다. 불가에 앉아 있던 노파는 무시무시한 에틴에 대해
설명하며 형의 운명을 알려주었지요. 그러나 동생은 조금도 주눅
들지 않았습니다. 잠시 후 에틴이 소리를 지르며 들어왔습니다.

    킁 킁 흠 흠
    인간의 냄새가 나는구나.
    살았든 죽었든
    놈의 심장은 오늘 밤 내 저녁거리가 될 것이다.

  에틴은 곧 동생을 발견하고는 앞으로 나오라고 명령했습니다.
그리고 형에게 냈던 질문 세 가지를 똑같이 던졌습니다. 동생은
이미 착한 요정 할머니에게 모든 것을 들었기 때문에 질문에 쉽
게 대답할 수 있었습니다.
  첫 번째 머리가 '끝이 없는 것은 무엇'인지 묻자 '공'이라고 대답
했습니다.

두 번째 머리가 '작을수록 더 위험한 것은 무엇'인지 묻자 '다리'라고 대답했습니다.

마지막으로 세 번째 머리가 '산 것을 품고 있는 죽은 것'이 무엇인지 묻자 바로 대답했습니다.

"사람들을 안에 태우고 바다를 항해하고 있을 때의 배다."

동생이 세 가지 질문에 답하자 에틴의 힘은 모두 사라져버렸습니다. 동생은 기회를 놓치지 않고 도끼를 집어 에틴의 세 머리를 베어냈습니다. 그러고 나서 노파에게 공주가 누워 있는 곳으로 안내해달라고 부탁했습니다. 노파는 청년을 2층으로 데려가 수많은 큰 문을 열었습니다. 모든 문에서 에틴에게 잡혀 있던 아름다운 처녀들이 한 명씩 나왔고, 그 가운데 한 사람은 공주였습니다. 노파는 동생을 지하실로도 데려갔는데, 그곳에는 돌기둥 하나가 서 있었습니다. 동생이 마법의 지팡이로 살짝 건드리자 돌기둥은 형으로 변했습니다. 성에 갇혀 있던 사람들 모두 풀려나게 된 데 매우 기뻐하며 자신들을 구해준 동생에게 감사를 전했습니다. 다음 날 왕의 궁전을 향해 당당하게 걸어가는 그의 모습은 아주 멋있었지요. 왕은 공주를 구해낸 동생을 공주와 결혼시켰고, 형은 귀족의 딸과 결혼시켰습니다. 결혼 이후 그들은 모두 행복하게 잘 살았답니다!

+ 제2장 +

사랑

English Fairy Tales

CATSKIN

고양이 가죽

피는 물보다 진하다

옛날 옛적 근사한 집과 좋은 토지를 소유한 신사가 살았습니다. 신사는 재산을 물려줄 아들을 얻기를 몹시 기다렸지요. 그러던 어느 날, 아내가 딸을 낳았습니다. 아기는 더할 나위 없이 사랑스러웠지만, 신사는 자신의 딸이 전혀 마음에 들지 않았습니다. 그는 아기의 얼굴을 절대로 보지 않겠다고 했지요.

아기는 귀여운 소녀로 자랐지만 아버지는 딸이 15살이 되어 시집갈 때가 되도록 눈길 한 번 주지 않고 매정하게 말했습니다.

"누구든 제일 먼저 구혼하러 오는 사람에게 시집을 보내버리겠다."

이 소식을 듣고 제일 먼저 찾아온 사람은 바로 간악하고 사나운 노인이었습니다. 소녀는 어떻게 해야 좋을지 몰라 닭치는 여인을 찾아가 조언을 구했습니다.

"네게 은색 천으로 만든 드레스를 주면 시집가겠다고 말하렴."

소녀는 은색 천으로 만든 드레스를 받았지만, 노인에게 시집가고 싶지 않았습니다. 그래서 닭치는 여인을 다시 찾아갔습니다. 닭치는 여인은 금박 드레스를 받기 전에는 노인에게 시집가지 않겠다 말하라고 일러주었습니다. 이번에도 소녀는 금박 드레스를 받았지만, 여전히 뜻을 굽히지 않고 또 닭치는 여인을 찾아갔습니다. 닭치는 여인이 이번에는 하늘에 날아다니는 새의 깃털로 만든 드레스를 주면 시집가겠다 말하라고 조언해주었습니다. 노인은 한 남자에게 어마어마한 양의 완두콩을 주고는 깃털을 모아오게 했습니다. 남자는 하늘을 날아다니는 모든 새에게 외쳤습니다.

"새들아, 완두콩을 하나씩 가져가고 깃털을 하나씩 내놓거라."

새들은 각각 완두콩을 가져가는 대신 깃털을 내놓았습니다. 그 깃털들을 모두 모아 만든 드레스가 소녀에게 주어졌지요. 그러나 소녀는 이번에도 순순히 따르지 않고 다시 한번 닭치는 여인을 찾아가 물었습니다.

"고양이 가죽으로 외투를 만들어달라고 하렴."

소녀는 고양이 가죽으로 만든 외투를 받아서 걸친 후 숲속으로 도망쳤습니다. 물론 다른 드레스들도 챙겨서 말이지요.

소녀는 하염없이 걷고 또 걸었습니다. 그렇게 한참을 가다가 숲이 끝나는 곳에 이르니 근사한 성이 보였습니다. 소녀는 멋진

숲속으로 도망치는 고양이 가죽

옷들을 숨겨놓고 성으로 올라갔습니다. 그러고는 성에서 일하게 해달라고 간청했지요. 성의 안주인이 대답했습니다.

"더 나은 일자리가 없어 유감이로구나. 하지만 부엌의 허드렛일이라도 상관없다면 하게 해주마."

소녀는 부엌으로 내려가 일을 시작했고 사람들은 소녀를 '고양이 가죽'으로 불렀습니다. 부엌의 요리사는 소녀를 구박했고 소녀는 고달픈 나날을 보내야 했습니다.

소녀가 성에서 일을 시작한 지 얼마 되지 않았을 때 젊은 도련님이 집에 돌아왔습니다. 그 기념으로 성대한 무도회가 열렸지요. 하인들이 무도회에 대한 이야기를 나누자 고양이 가죽이 한마디 했습니다.

"아, 요리사님, 저도 갈 수 있다면 얼마나 좋을까요?"

"뭐라고! 더럽고 건방진 계집애, 그 더러운 고양이 가죽을 걸치고 훌륭하신 귀족들 틈에 끼겠다고? 그 꼬락서니로!"

그 말과 함께 요리사는 소녀의 얼굴에 물 한 바가지를 끼얹었습니다. 그러나 소녀는 씩씩하게 얼굴을 흔들어 물을 털어낸 후 아무 말도 하지 않았습니다.

무도회가 열리는 날이 되자 고양이 가죽은 집을 빠져나가 옷들을 숨겨두었던 숲 언저리로 갔습니다. 수정처럼 맑은 폭포수에서 목욕을 한 후 은색 천으로 만든 드레스를 걸치고는 서둘러 무도회장으로 갔습니다. 고양이 가죽이 들어서자마자 사람들은 모두 그 미모와 기품에 압도당했고, 성의 젊은 도련님은 단번에 마음을 빼앗겼습니다. 도련님은 소녀에게 처음으로 추는 춤의 파트너가 되어달라고 했고 다른 사람과는 춤을 추지 않았습니다. 헤어질 시간이 되자 도련님이 말했습니다.

"아름다운 아가씨여, 어디에 사는지 제발 말해주오."

고양이 가죽은 절을 하며 대답했습니다.

> 친절하신 도련님. 사실대로 말씀드리자면,
> 저는 '물바가지'라는 문패가 있는 곳에 살고 있답니다.

그렇게만 말하고 성에서 빠져나온 소녀는 다시 고양이 가죽 외투를 걸치고 요리사가 눈치채지 못하게 부엌으로 들어가 허드렛일을 시작했습니다.

바로 다음 날 젊은 도련님은 성의 안주인인 어머니에게 전날 밤에 무도회에서 만난, 은색 천으로 만든 드레스를 걸친 숙녀 외에 다른 사람과는 절대 결혼하지 않을 것이라고 말했습니다. 끝까지 그 아가씨를 찾겠다는 뜻을 단호하게 밝혔지요. 그러고는 그 아름다운 처녀가 다시 나타나리라는 희망을 품고 또다시 무도회를 준비했습니다. 그 소식을 들은 고양이 가죽이 이번에도 요리사에게 말했습니다.

"아, 저도 가고 싶어요!"

그 말에 요리사는 화가 나서 고함을 쳤습니다.

"뭐라고, 이 더럽고 건방진 계집애야! 훌륭한 귀족들과 귀부인들 틈에서 누구 망신을 시키려고."

요리사는 욕설을 퍼부으며 국자로 고양이 가죽의 등을 후려쳤습니다. 국자는 박살나버렸지요. 고양이 가죽은 눈물을 털어내고 숲으로 달려갔습니다. 그곳에서 목욕을 한 다음 금박 드레스를 걸치고 무도회장으로 향했습니다.

소녀가 들어서자 모든 사람의 시선이 쏟아졌습니다. 젊은 도련님도 그 숙녀가 '물바가지'에 산다고 말한 전날의 숙녀임을 금세 알아보고는 제일 먼저 춤을 청했습니다. 마지막 춤이 끝날 때까지 놓아주지 않았지요. 춤이 끝나자 도련님은 이번에도 어디에 사는지 물었지만 소녀는 다음과 같이 알쏭달쏭하기만 한 대답을 했습니다.

친절하신 도련님. 사실대로 말씀드리자면,
저는 '부러진 국자'라는 문패가 있는 곳에 산답니다.

그말과 함께 소녀는 절을 하고 무도회장을 빠져나왔습니다. 그 다음 금박 드레스를 벗고 고양이 가죽을 걸친 뒤 요리사에게 들키지 않게 부엌일을 시작했습니다.

'물바가지'나 '부러진 국자'라는 문패가 있는 곳이 어디인지 알아낼 수 없자, 젊은 도련님은 그 아름다운 아가씨를 다시 한번 만날 수 있게 또다시 성대한 무도회를 열어달라고 어머니께 간청했습니다.

그리고 전과 똑같은 일이 반복되었습니다. 고양이 가죽이 자신도 무도회에 가고 싶다고 하자 요리사는 '더러운 계집애'라고 욕을 퍼부으며 국자로 머리를 후려쳐 박살냈습니다. 소녀는 이번에도 눈물을 훔쳐내고 숲으로 달려가 수정처럼 맑은 샘에서 몸을 씻은 후 깃털 드레스를 걸치고 무도회장으로 갔습니다.

소녀가 들어서자 아름다운 얼굴과 우아한 자태를 보고 모든 사람이 놀랐습니다. 젊은 도련님은 그녀가 자신의 아름다운 숙녀임을 알아보고는 그날 밤 내내 오직 소녀하고만 춤을 추었습니다. 무도회가 끝나고 젊은 도련님은 그녀가 어디에 사는지 말해달라고 재촉했지만, 소녀는 이번에도 알 수 없는 말만 되풀이했습니다.

친절한 도련님. 사실대로 말씀드리자면,
저는 '부러진 국자'라는 문패가 있는 곳에 산답니다.

소녀는 그 말과 함께 절을 하고는 숲으로 달려갔습니다. 그러나 이번에는 도련님이 소녀의 뒤를 몰래 쫓아갔습니다. 소녀가 멋진 깃털 드레스를 벗고 고양이 가죽 외투로 갈아입는 것을 보고 그녀가 바로 자신의 집에서 허드렛일을 하는 하녀라는 사실을 알게 되었지요.

다음 날, 도련님은 어머니에게 허드렛일을 하는 고양이 가죽과 결혼하고 싶다고 말했습니다. 그러나 어머니는 단호하게 안 된다고 말하며 방에서 나가버렸습니다. 도련님은 몹시 상심해 앓아누웠고 병은 점점 심해졌습니다. 의사들이 열심히 치료하려 했지만 도련님은 고양이 가죽이 주지 않는 한 어떤 약도 먹으려 하지 않았습니다. 의사들은 고양이 가죽과 결혼하도록 허락하지 않으면 도련님이 죽을 것이라고 안주인에게 말해주었습니다. 귀부인은 하는 수 없이 자신의 뜻을 꺾고 고양이 가죽을 불렀습니다. 고양이 가죽은 금박 드레스를 입고 부인을 찾아갔고, 부인은 아들이 아름다운 처녀와 결혼하게 되어 기뻐했습니다.

두 사람은 결혼식을 올렸고, 얼마 후에 귀여운 아들이 태어나 사랑스러운 소년으로 자라났습니다. 아들이 네 살이 되던 해의 어느 날, 한 거지 여인이 문간에 찾아와 구걸했습니다. 도련님의 아내가 된 고양이 가죽은 아들에게 약간의 돈을 주며 그 돈을 거지 여인에게 가져다주라고 했습니다. 돈을 가지고 밖으로 나간 아들은 거지 여인이 아니라 여인의 아기 손에 돈을 쥐어주었습니다. 그러자 아기는 몸을 앞으로 내밀어 어린 아들에게 입을 맞추었습니다. 그런데 못된 늙은 요리사(왜 여태 안 쫓겨나고 있었는지 모르겠습니다)가 그 모습을 보고 있다가 이렇게 지껄였습니다.

"거지들의 애새끼라고 서로 끌리는 꼴 좀 보게."

이 욕을 들은 고양이 가죽은 마음이 아팠습니다. 그래서 남편에게 친정아버지에 대한 모든 것을 털어놓고 부모님이 어떻게 되었는지 알아봐달라고 간청했습니다. 두 사람은 으리으리한 마차를 타고 숲을 지나 고양이 가죽의 아버지 집 근처에 도착했습니다. 고양이 가죽은 인근 여인숙에서 기다리고 있었고, 그사이 남편은 고양이 가죽의 아버지가 자신의 딸을 인정할지 알아보러 갔습니다.

그런데 아버지는 고양이 가죽 외에 다른 자식은 얻지도 못한데다, 아내마저 이미 죽고 없었습니다. 세상에 홀로 남겨진 그는 울적하고 비참한 모습으로 앉아 있었습니다. 사위가 들어왔는데도 고양이 가죽의 아버지는 고개조차 거의 들지 않았습니다. 그 모습을 본 사위가 물었습니다.

"어르신, 절대로 보지 않겠다고 의절하신 젊은 딸이 있지 않으십니까?"

"맞소. 나는 무정한 죄인이오. 하지만 죽기 전에 그 아이를 만날 수만 있다면 내 모든 재산을 물려주고 싶소."

고양이 가죽의 남편은 노신사의 딸에게 일어난 일을 모두 말해준 후, 여인숙으로 안내해 딸을 만나게 해주었습니다. 그리고 자신의 성으로 모시고 가 모두 행복하게 살았답니다.

THE THREE FEATHERS
세 깃털

난리가 나도 얻어먹고 살겠다

옛날 옛적, 결혼은 했지만 한 번도 남편을 본 적 없는 새색시가 있었습니다. 어떻게 된 사연인고 하니, 남편이 밤에만 집에 들어오는 데다 집 안에 불을 밝히지 못하게 했습니다. 새색시는 그 점을 이상하게 여겼지요. 새색시의 친구들은 남편에게 뭔가 잘못된 점이 있거나 너무 못생겨서 그녀가 보기를 원치 않는다고 말했습니다.

어느 날 밤, 남편이 집에 오자 새색시는 갑자기 촛불을 켜 남편의 얼굴을 살펴보았습니다. 그런데 예상과 달리 남편은 온 세상의 여인들이 반할 만큼 잘생긴 얼굴이었습니다. 그러나 새색시가 얼굴을 보자마자 남편은 한 마리 새로 변하더니 이렇게 말하는 것이었습니다.

"내 얼굴을 보고 말았으니, 당신은 이제 내가 다시 사람이 될 수 있도록 7년 동안 일을 해야 하오. 그렇게 하지 않는다면 다시는 나를 볼 수 없을 거요."

그러더니 옆구리에서 깃털 세 개를 뽑아주며 그 깃털이 어떤 일이든 이루어줄 것이라고 했습니다. 그런 다음, 7년 동안 세탁부로 일할 수 있는 어느 큰 저택에 새색시를 남겨두고 떠났지요. 새색시는 남편이 주고 간 깃털을 꺼내 이렇게 말하곤 했습니다.

"세 깃털의 힘으로 냄비를 데우고, 마님 마음에 들도록 옷들을 세탁해 말린 후 잘 개어놓아라."

그러면 깃털이 일을 척척 해주었으므로 더 신경 쓸 필요가 없었습니다. 안주인은 새색시를 아꼈습니다. 그녀처럼 일을 잘하는 세탁부가 없었기 때문이지요. 그러던 어느 날, 예쁜 세탁부를 아내로 맞이하고 싶었던 집사는 이렇게 물었습니다.

"하고 싶은 말이 있는데, 혹시 제가 방해하는 건가요?"

"같은 하인끼리 못할 말이 뭐 있나요?"

마음이 편해진 집사는 새색시에게 물었습니다.

"저는 주인에게 70파운드를 맡겨놓았어요. 이 돈이면 우리가 부족하지 않게 살 수 있을 것 같은데, 혹시 신랑감으로 저는 어떠신가요?"

새색시가 돈을 가져오라고 하자 집사는 주인에게 돈을 달라고 해 그녀에게 가져다주었습니다. 새색시는 돈을 받은 뒤 집사와 함께 침실로 올라가는 도중에 갑자기 외쳤습니다.

"아, 존! 다시 내려갔다 와야겠어요. 덧문을 안 닫은 게 분명해요. 밤새 탕탕거리며 시끄럽게 울릴 거예요."

그 말에 집사가 대답했습니다.

"당신은 가만있구려. 내가 가서 닫고 오겠소."

집사가 문을 닫으러 간 사이 새색시는 깃털에 대고 부탁했습니다.

"세 깃털의 힘으로 덧문이 아침까지 계속 탕탕거려 존이 문을 닫지도 문에서 손을 떼지도 못하게 해주렴."

그러자 정말 그대로 이루어졌습니다. 아무리 애를 써도 집사는 덧문을 꽉 닫을 수도, 바람에 다시 열리는 것을 막을 수도 없었습니다. 몹시 화가 났지만 어찌할 도리가 없었습니다. 집사는 사람들에게 말했다가 괜히 비웃음만 살까 봐 입을 다물고 있었습니다. 아무도 그 사실을 알지 못했지요.

얼마 후에는 마부가 새색시에게 관심을 보였습니다.

"나에게는 주인에게 맡겨둔 40파운드가 있소. 이 돈을 모두 줄 테니 나와 함께 사는 게 어떻겠소?"

새색시는 이번에도 마부의 돈을 받아 앞치마에 넣은 뒤, 즐겁게 침실로 가다가 갑자기 멈춰 서서 외쳤습니다.

"빨래를 밖에 널어두고 안 걷어 왔어요. 가서 걷어 와야겠어요."
그 말에 마부 윌리엄이 대답했습니다.

"내가 다녀올 테니 잠시 기다려요. 쌀쌀한 밤에 당신이 감기라도 걸리면 안 되니까."

빨래를 걷지 못하는 윌리엄

새색시는 마부가 나가자마자 깃털을 꺼내들고 빌었습니다.

"세 깃털의 힘으로 빨래가 아침까지 펄럭여 윌리엄이 빨래를 걷지도 빨래에서 손을 떼지도 못하게 해주렴."

그러고 난 후, 새색시는 침대에 올라 잠이 들었습니다.

마부 역시 사람들의 조롱거리가 되고 싶지 않았으므로 그 일에 대해 입을 다물었습니다. 얼마 후 또 다른 하인이 새색시에게 다가와 말했습니다.

"나는 주인님 밑에서 여러 해 지내면서 꽤 많은 돈을 모았소. 그리고 당신도 이곳에 온 지 3년이 되었으니 그 정도는 모았겠지. 우리 서로 돈을 합쳐 집을 한 채 장만하든지 아니면 당신이 하고 싶은 일을 계속하든지 합시다."

새색시는 다른 남자들에게 했던 것처럼 그 하인에게도 저축한 돈을 가져오게 했습니다. 그리고 현기증이 나는 척하면서 말했지요.

"제임스, 땅이 솟아오르는 것처럼 너무 어지러워요. 가서 마실 것 한 잔만 좀 가져다주시겠어요?"

하인이 마실 것을 가지러 가자마자 새색시는 깃털에 대고 빌었습니다.

"세 깃털의 힘으로 브랜디가 계속 찰랑거리며 쏟아져 아침이 될 때까지 제임스가 브랜디를 똑바로 따르지도 컵에서 손을 떼지도 못하게 해주렴."

새색시의 말은 또 그대로 이루어졌습니다. 아무리 노력해도 술이 계속 찰랑거리며 흘러넘쳤고, 제임스는 제대로 잔을 채울 수 없었습니다. 술 따르는 일을 계속 반복하고 있는데, 주인이 어찌된 일인지 알아보러 아래층으로 내려왔습니다.

제임스는 세탁부의 부탁으로 브랜디를 따르고 있는데 손이 자꾸만 떨려 엎지르기만 한다고 대답했습니다. 한 방울도 따를 수 없는 데다 손마저 뗄 수가 없으니, 어찌 된 영문인지 모르겠다고 덧붙였지요. 제임스의 대답을 의아하게 생각한 주인이 아내에게 돌아가 물었습니다.

"도대체 하인들에게 무슨 일이 생긴 거지? 세탁부가 오기 전까지만 해도 아무 일 없었는데. 그들이 그동안 맡긴 돈을 전부 찾아갔소. 그런데도 떠날 생각들을 하지 않고 있으니 어찌 된 일인지 모르겠소."

안주인이 대답했습니다.

"세탁부는 나머지 하녀들을 다 합친 것보다도 일을 더 잘해요. 누군가 그녀를 욕하는 걸 한 번도 들은 적이 없는데요?"

그로부터 얼마 후, 새색시는 거실 문 앞에 서 있다가 마부와 하인이 주고받는 말을 듣게 되었습니다.

"저 처녀가 나를 어떻게 골탕 먹였는지 아나, 제임스?"

그러자 윌리엄도 빨래 사건에 대해 말해주었습니다. 그에 질세라 집사도 끼어들었습니다.

"그 정도는 내가 골탕 먹은 것에 비하면 아무것도 아니라네."

집사는 밤새 덜컹거리는 문을 잡고 있었던 이야기를 해주었습니다. 바로 그때 주인이 거실 밖으로 나오고 있었습니다. 새색시는 다급하게 빌었습니다.

"세 깃털의 힘으로, 저 사람들이 다투다가 연못에 빠지게 해주렴."

그러자 남자들은 자신이 제일 골탕을 먹었다고 우기며 다투기 시작했습니다. 주인이 다가왔을 때는 그 모든 소리가 한꺼번에 들려왔지요. 주인은 아랑곳하지 않은 채, 그들 사이에서 주먹이 오갔습니다. 그러다가 상대를 연못에 처넣었다는 사실을 깨달았지요.

그 정도면 되었다고 생각해 새색시는 주문을 풀었습니다. 주인은 혼란스러운 통에 남자들의 말을 제대로 듣지 못했으므로 야단법석이 시작된 이유를 새색시에게 물었습니다.

"저들 모두 아무에게나 시비를 걸려 했답니다. 주인님께서 지나가지 않으셨다면 저도 맞았을 거예요."

새색시는 그 일을 무마하며 잘 넘어갔고, 한동안은 잠잠했습니다. 그동안 깃털의 힘으로 어떤 세탁부보다도 야무지게 일을 해냈지요.

긴 사연은 생략하고 결과만 말하자면, 드디어 7년이 지나고 남편이 본래의 모습으로 아내를 찾아왔습니다. 그는 그동안 새색시가 한 일을 모두 알고 있었지요. 남편은 안주인에게 이제 아내를 데려갈 것이며, 이제는 아내가 하녀 노릇 대신 하인을 부리는 사람이 될 것이라고 이야기했습니다. 깃털에 대해서는 아무런 이야기도 하지 않았습니다. 그리고 아내에게 하인들의 돈을 돌려주라고 했습니다.

"당신이 그들에게 한 장난은 재미있었지만 이제 모든 것이 풍족한 곳으로 가게 될 테니 돈은 각자 주인에게 돌려주도록 하시오."

새색시는 남편의 말대로 했고, 두 사람은 그들의 성으로 가서 영원히 행복하게 살았답니다.

THE GOLDEN BALL

황금 공

꽃 본 나비 불을 헤아리랴

옛날에 한 어머니에게서 태어난 자매가 있었습니다. 어느 날 자매가 장에서 돌아오니 집 앞에 아주 멋지게 생긴 청년이 서 있었습니다. 이제껏 그렇게 잘생긴 청년은 보지 못했지요. 모자 위에 금장식, 손가락에 금반지, 목에 금목걸이, 손목에 붉은 금시계줄이 있었습니다. 아, 하지만 이 청년은 뻔뻔스러웠습니다. 청년은 양손에 들고 있던 황금 공을 처녀들에게 하나씩 주며 잘 보관하라고 했습니다. 만일 공을 잃어버리는 날에는 교수형을 당하게 될 것이라고 엄포를 놓았지요. 그런데 두 처녀 가운데 동생이 그만 공을 잃어버리고 말았습니다.

처녀가 어떻게 해서 공을 잃어버리게 되었는지 지금부터 이야기해드리죠. 처녀는 공원의 말뚝 옆에 서서 공을 던지며 놀고 있었는데, 던진 공이 자꾸자꾸 위로 올라가더니 말뚝 위로 넘어가 버렸습니다. 공을 찾으러 말뚝 위로 올라가보니, 공은 푸른 풀밭을 따라 어느 집 문을 향해 곧장 굴러갔습니다. 그러고는 집 안으로 들어가 더 이상 보이지 않았지요. 공을 잃어버린 처녀는 교수형을 당할 위기에 처했습니다.

처녀에게는 애인이 있었는데, 그는 자신이 직접 공을 찾아오겠다고 나섰습니다. 청년은 공원의 정문으로 갔지만, 문이 닫혀 있어 울타리로 기어올라갔습니다. 울타리 꼭대기에 이르자 앞에 있는 도랑에서 한 노파가 솟아오르더니 공을 되찾으려면 이 집에서 사흘 밤을 자야 한다고 했습니다. 청년은 그렇게 하겠다고 대답했습니다. 그러고는 집 안으로 들어가 공을 찾아보았지만 눈에 보이지 않았습니다.

밤이 되자 도깨비들이 안뜰로 몰려드는 소리가 들렸습니다. 창밖을 내다보니 안마당이 온통 도깨비 천지였지요.

이윽고 계단을 올라오는 발소리가 들렸습니다. 청년은 문 뒤에 몸을 숨기고 쥐 죽은 듯 조용히 있었습니다. 그때 청년보다 다섯 배나 큰 거인이 들어와 주위를 둘러보았습니다. 청년을 발견하지 못한 거인은 밖을 보려고 창문으로 다가가 허리를 굽혔습니다. 거인이 안마당에 있는 도깨비들을 보려고 팔꿈치를 대고 상체를 굽히자 청년은 거인의 뒤로 다가가 칼을 뽑아 들었습니다. 그리고 단칼에 거인을 내리쳐 둘로 베어버렸습니다. 거인의 상반신은 안마당으로 떨어지고 하반신은 여전히 창밖을 내다보는 자세로

서 있었습니다.

한편 갑자기 거인의 몸뚱이 절반이 뚝 떨어지자 도깨비들은 비명을 지르며 외쳤습니다.

"여기 우리 주인의 몸뚱이 절반이 있다. 나머지 절반도 내놔라!"

그러자 청년이 대답했습니다.

"창가에 홀로 서 있는 다리는 아무런 쓸모도 없군. 볼 눈도 없으니 네 짝을 찾아가라."

그러고는 거인의 하반신을 던져버렸습니다. 거인의 몸뚱이를 되찾은 도깨비들은 잠잠해졌습니다.

다음 날 밤 청년은 그 집에 다시 들어갔고 두 번째 거인이 나타났습니다. 이번에도 청년은 방으로 들어온 거인을 두 동강 냈지만 하반신의 다리가 계속 걸어가더니 굴뚝으로 올라가버렸습니다.

"가거라, 네 다리를 따라가버려!"

청년은 거인의 머리에게 외치며 상반신을 굴뚝으로 던졌습니다.

사흘째 되는 날 밤, 청년이 침대에 눕자 밑에서 도깨비들이 다투는 소리가 들려왔습니다. 도깨비들은 공을 이리저리 던지며 놀고 있었습니다.

도깨비 하나가 침대 밑에서 다리를 내밀자 청년은 기다렸다는 듯이 칼을 내리쳐 다리를 잘라버렸습니다. 잠시 후 다른 도깨비가 침대 옆으로 팔을 내밀자 그 팔도 잘라버렸습니다. 청년에게 팔이나 다리가 잘려 불구가 된 도깨비들은 가지고 놀던 공을 까

안마당을 가득 채운 도깨비들

맣게 잊고 울부짖으며 사라져버렸습니다. 청년은 침대 아래에서 공을 꺼내 진정한 사랑을 찾으러 달려갔습니다.

이 무렵 처녀는 요크(영국 잉글랜드 노스요크셔 카운티에 있는 도시 - 편집자)로 끌려가 교수형을 당하기 직전이었습니다. 처녀가 교수대에 끌려 나왔고 사형 집행인이 말했습니다.

"자, 처녀여. 이제 숨이 끊어질 때까지 목을 매달아야겠소."

하지만 처녀가 외쳤습니다.

잠깐만, 잠깐만요. 어머니가 오는 게 보이는 것 같아요!

아, 어머니 저를 풀어주시려고

제 황금 공을 찾아오셨나요?

그러자 어머니가 대답했습니다.

      아니, 네 황금 공을 갖고 온 것도
      너를 풀어주려고 온 것도 아니란다.
      네가 이 교수대 위에서
      교수형 당하는 것을 보러 왔단다.

그러자 사형 집행인이 말했습니다.
"자, 처녀여. 마지막 기도나 하시오, 이제 곧 죽을 테니."
하지만 처녀가 다시 외쳤습니다.

      잠깐만, 잠깐만 멈추세요. 아버지가 오는 게 보이는 것 같아요!
      아, 아버지 저를 풀어주시려고
      제 황금 공을 찾아오셨나요?

그러자 아버지가 대답했습니다.

      아니, 네 황금 공을 갖고 온 것도
      너를 풀어주려고 온 것도 아니란다.
      네가 이 교수대 위에서
      교수형 당하는 것을 보러 왔단다.

그러자 사형 집행인이 말했습니다.

"마지막 기도는 끝났소? 자, 처녀여 이제 올가미에 머리를 넣으시오."

하지만 처녀가 대답했습니다.

"잠깐만, 잠깐만 멈추세요. 제 오빠가 오는 게 보이는 것 같아요!"

처녀는 다시 읊조리기 시작했고, 그 뒤에는 언니가, 그다음엔 숙부가, 또 숙모가, 또 사촌이 오는 것 같다고 했습니다. 처녀의 모든 읊조림이 끝나자 사형 집행인이 말했습니다.

"이제 더 이상은 멈추지 않겠소. 나를 놀리고 있군. 이제 당장 목을 매달 테요."

하지만 바로 그 순간 처녀의 눈에 자신의 애인이 군중을 헤치고 다가오는 것이 보였습니다. 청년이 머리 위로 황금 공을 치켜들고 있었고, 처녀는 다시 외쳤습니다.

잠깐만, 잠깐만 멈추세요. 저기 제 애인이 오는 게 보여요!
아, 내 사랑 저를 풀어주시려고
제 황금 공을 찾아오셨나요?

그러자 청년이 대답했습니다.

그렇다오. 당신을 풀어주려고

당신의 황금 공을 찾아왔소.

당신이 이 교수대 위에서

교수형 당하는 것을 보러 온 것이 아니라오.

청년은 처녀를 집으로 데려갔고, 두 사람은 행복하게 살았답니다.

THE BLACK BULL OF NORWAY

노르웨이의 검은 황소

비 온 뒤에 땅이 굳는다

옛날 옛적에 세 딸을 둔 어느 부인이 있었습니다. 어느 날 맏딸이 어머니에게 말했습니다.

"어머니, 빵을 굽고 고기를 좀 볶아주세요. 성공의 길을 찾아 떠날 거예요."

어머니가 음식을 마련해주자 맏딸은 늙은 마녀인 세탁부를 찾아가 자신의 목적을 말했습니다. 그러자 마녀는 처녀에게 오늘은 이곳에 머물며 뒷문으로 무엇이 보이는지 살피라고 했습니다. 첫째 날에는 아무것도 볼 수 없었습니다. 둘째 날에도 아무것도 보이지 않았습니다. 사흘 째 되던 날 다시 내다보니, 말 여섯 필이 끄는 마차가 길을 따라 오는 것이 보였습니다. 처녀는 집 안으로 달려가 마녀에게 자신이 본 것을 그대로 말했습니다.

"그래, 그 마차는 너를 위해 마련된 것이다."

처녀는 마차를 타고 떠났습니다.

다음 날 둘째 딸이 어머니에게 말했습니다.

"어머니, 빵을 굽고 고기를 좀 볶아주세요. 성공의 길을 찾아 떠날 거예요."

어머니가 먹을 것을 준비해주자 둘째 딸도 늙은 마녀를 찾아갔습니다. 그리고 사흘 째 되던 날 뒷문 밖을 내다보니 말 네 필이 끄는 마차가 길을 따라 오는 것이 보였습니다.

"그래, 그 마차는 너를 위해 마련된 것이다."

둘째 딸도 마차를 타고 떠났습니다.

이제 막내딸도 어머니에게 말했습니다.

"어머니, 빵을 굽고 고기를 좀 볶아주세요. 성공의 길을 찾아 떠날 거예요."

어머니가 먹을 것을 마련해주자 두 언니가 그랬듯이 막내딸도 마녀를 찾아갔습니다. 마녀는 뒷문으로 나가 무엇이 보이는지 살피라고 했습니다. 막내딸은 밖으로 나갔지만 아무것도 보지 못했습니다. 둘째 날 역시 아무것도 보지 못했지요. 사흘 째 되던 날 다시 밖을 내다보고 집으로 들어간 막내딸은 길을 따라 웅얼거리며 오는 커다란 검은 황소 외에는 아무것도 보이지 않는다고 대답했습니다.

"그래, 그 황소는 바로 네가 타고 갈 것이다."

그 말을 들은 막내딸은 슬픔과 두려움으로 마음이 심란했지만

검은 황소를 타고 떠나는 처녀

결국 황소의 등에 올라타 길을 떠났습니다.

황소는 하염없이 길을 걸었고, 처녀는 허기져 어지러웠습니다. 그때 검은 황소가 말했습니다.

"내 오른쪽 귀에서 먹을 것을 꺼내 먹고, 왼쪽 귀에서 마실 것을 꺼내 마셔요. 그리고 남은 것은 다시 넣어둬요."

황소가 알려준 대로 한 처녀는 놀랍게도 힘을 되찾았습니다. 그들은 또 끝없이 걸었고, 마침내 매우 크고 멋진 성이 보이는 곳에 도착했습니다. 황소가 말했습니다.

"우리는 오늘 밤을 저 성에서 보내야 해요. 제 형이 저기에 살고 있거든요."

이윽고 그들은 성에 당도했습니다. 사람들은 처녀를 황소 등에서 내려 안으로 데려갔고, 황소는 정원으로 보내 푹 쉬게 했습니다. 아침이 되자 사람들이 황소를 데리고 왔고, 처녀를 휘황찬란

한 멋진 거실로 안내했습니다. 사람들은 처녀에게 아주 먹음직스러운 사과를 주며 목숨이 매우 위태로울 때 이 사과를 깨뜨리라고 했습니다. 그러면 사과가 그녀를 위험에서 구해줄 것이라 말했지요. 처녀는 다시 황소의 등에 실려 하염없이 달려갔고, 끝을 알 수 없이 한참을 간 후에 지난번 성보다 훨씬 근사한 성이 보이는 곳에 이르렀습니다. 성이 보이자 황소가 말했습니다.

"오늘 밤은 저 성에서 묵어야 해요. 둘째 형이 저기에 살고 있거든요."

그들은 바로 성에 도착했습니다. 사람들이 나와 처녀를 황소 등에서 내려 안으로 데리고 들어갔고, 황소는 들판으로 내보내 푹 자게 했습니다. 아침이 되자 사람들은 처녀를 호사스러운 멋진 방으로 안내했습니다. 그러더니 이제까지 본 적 없는 아주 맛있게 생긴 배를 주었습니다. 목숨이 위태로우면 배를 깨뜨려 위기에서 벗어나라고 알려주었지요. 처녀는 다시 황소 등에 올라타 길을 떠났습니다. 오랫동안 힘겹게 간 끝에 앞의 두 성보다도 훨씬 멀고 제일 큰 성이 보이는 곳에 도착했습니다. 황소가 처녀에게 말했습니다.

"오늘 밤은 저 성에서 묵어가야 해요. 동생이 살고 있거든요."

그들은 곧 성에 도착했습니다. 성에서 사람들이 나와 처녀를 황소 등에서 내려 데리고 들어갔고, 황소는 들판으로 보내져 푹 쉬었습니다. 아침이 되자 사람들은 가장 근사한 방으로 처녀를 안내했습니다. 그들은 목숨이 위태로운 상황이 오면 깨뜨리라며 자두를 주었습니다. 그러면 위험한 상황에서 벗어날 수 있을 거라고 덧붙였지요. 잠시 후 사람들은 황소를 데려와 처녀를 황소 등에 태웠습니다. 황소와 처녀는 다시 길을 떠났지요.

한참을 달리고 달려 어둡고 음침한 골짜기에 이르자 황소가 멈추었습니다. 처녀가 등에서 내리자 황소가 말했습니다.

"나는 저쪽으로 가서 오랜 적수와 싸우고 올 테니 당신은 여기서 기다려요. 저 바위에 앉아 내가 돌아올 때까지 꼼짝도 하지 말고 있어요. 조금이라도 움직이면 내가 당신을 찾을 수 없을 테니까요. 주위의 모든 것이 푸른색으로 변하면 내가 오랜 적수를 때려눕힌 거예요. 하지만 만일 모든 것이 붉은색으로 변하면 내가 진 거고요."

처녀는 황소의 말대로 바위에 앉아 기다렸습니다. 얼마 후 주위의 모든 것이 점차 푸른색으로 변했습니다. 처녀는 길벗인 황소가 이겼다는 사실에 너무 기쁜 나머지 자신도 모르게 팔짝 뛰었습니다. 황소는 적을 해치우고 바로 돌아왔지만 처녀를 찾을 수는 없었습니다. 처녀가 약속을 어기고 몸을 움직였기 때문이지요.

한참 동안 황소를 기다리던 처녀는 엉엉 울다 지쳐버렸습니다. 결국 자리에서 일어나 무작정 길을 떠났지요. 오랫동안 헤매다가 커다란 유리 언덕에 이른 처녀는 그곳을 올라가려 했지만 오를 수 없었습니다. 그녀는 계속 흐느끼며 건너갈 수 있는 길을 찾다가 어느 대장장이의 집에 이르렀습니다. 대장장이는 처녀에게

7년 동안 일을 해주면 그 유리 언덕을 올라갈 수 있는 뾰족한 쇠 구두를 만들어주겠다고 약속했습니다. 처녀는 대장장이의 집에서 7년 동안 일을 한 후 쇠 구두를 얻어 유리 언덕을 올라갔습니다. 그리고 늙은 세탁부의 집에 이르게 되었지요.

그곳에서 처녀는 어느 멋진 젊은 기사의 공언을 들었습니다. 그 기사는 자신의 피 묻은 옷을 빨 수 있는 사람을 아내로 맞이하겠다고 했지요. 늙은 세탁부는 지칠 때까지 기사의 옷을 빨았고, 딸에게도 빨라고 시켰습니다. 두 모녀는 젊은 기사를 얻고 싶은 생각에 열심히 빨고 또 빨았습니다. 그러나 아무리 열심히 빨아도 얼룩 한 점 뺄 수가 없었습니다. 결국 세탁부 모녀는 낯선 이방인 처녀에게 옷을 빨아보라고 했습니다. 그런데 처녀가 빨기 시작하자 놀랍게도 모든 얼룩이 빠져 옷이 말끔해졌습니다.

늙은 세탁부는 자신의 딸이 옷을 빨았다고 기사를 속였습니다. 기사는 세탁부의 맏딸과 결혼하게 되었고, 처녀는 그 소식에 마음이 심란해졌습니다. 그녀는 이미 기사를 깊이 사랑하게 되었기 때문이지요. 그때 갑자기 전에 들렀던 성의 사람들이 주었던 사과가 생각나 깨뜨려보았습니다. 깨진 사과 속을 들여다보니 놀랍게도 이제껏 보지 못한 금과 값비싼 보석으로 가득 차 있었습니다. 처녀는 궁리 끝에 세탁부의 맏딸에게 제안했습니다.

"당신의 결혼식을 하루만 미루고 오늘 밤 기사님 방에 저 혼자 들어가게 해준다면 이 보물들을 다 드릴게요."

세탁부의 맏딸은 그 제안에 동의했습니다. 그러나 그사이 세탁부는 기사에게 잠 오는 음료를 가져다주었습니다. 그것을 마신 기사는 아침이 될 때까지 일어나지 않았지요. 처녀는 밤새 울며 노래했습니다.

> 당신을 위해 7년 동안 일했고,
> 당신을 위해 유리 언덕을 올라왔고,
> 당신을 위해 피 묻은 옷을 빨았는데,
> 깨어나 저를 봐주지 않으실 건가요?

　다음 날, 슬픔에 잠긴 처녀는 어떻게 해야 할지 몰랐습니다. 그러다가 두 번째 성에서 받았던 배를 생각해내곤 바로 깨뜨렸습니다. 그 안은 사과 안에 있던 것보다 더 값진 보석들로 가득했습니다. 그 보석들로 처녀는 하룻밤 더 기사의 방에 들어갈 수 있게 해달라고 부탁했습니다. 그러나 늙은 세탁부가 또다시 기사에게 잠 오는 음료를 주었습니다. 기사는 이번에도 아침까지 깨어나지 않았지요. 처녀는 밤새 한탄하며 전처럼 노래했습니다.

> 당신을 위해 7년 동안 일했고,
> 당신을 위해 유리 언덕을 올라왔고,
> 당신을 위해 피 묻은 옷을 빨았는데,
> 깨어나 저를 봐주지 않으실 건가요?

기사는 깨어날 기미가 전혀 보이지 않았습니다. 처녀는 희망을 잃을 뻔했지요. 다음 날, 기사가 사냥을 나갔을 때 함께 있던 그의 친구가 물었습니다.

"어젯밤에 자네 침실에서 들려오던 여자의 음성과 울음소리는 대체 무엇이었는가?"

기사는 대답했습니다.

"무슨 소리를 말하는 건가? 나는 아무 소리도 듣지 못했네."

기사의 친구를 비롯한 나머지 사람들이 말했습니다.

"아니네, 분명히 무슨 소리가 났네. 여성의 울음소리 같았는데."

기사는 그 소리가 무엇인지 알아봐야겠다고 생각했습니다.

드디어 마지막 사흘째 되던 날, 처녀는 희망과 절망이 교차하는 마음으로 자두를 깼습니다. 자두 안에는 이전보다 훨씬 더 호화로운 보석들이 들어 있었지요. 처녀는 그 보석들로 전처럼 세탁부의 맏딸과 거래를 했고, 늙은 세탁부는 이번에도 젊은 기사의 방으로 잠 오는 음료를 가져갔습니다. 하지만 기사는 단 것을 타지 않아 마실 수 없다는 거짓말을 했습니다. 세탁부가 급히 꿀을 가지러 나간 사이 기사는 모든 음료를 쏟아버리곤 마신 척했습니다. 모든 사람이 잠자리에 들자 처녀가 기사의 방에 들어와 전처럼 노래를 부르기 시작했습니다.

당신을 위해 7년 동안 일했고,

당신을 위해 유리 언덕을 올라왔고,

당신을 위해 피 묻은 옷을 빨았는데,

깨어나 저를 봐주지 않으실 건가요?

　마침내 처녀의 한탄을 들은 기사가 처녀를 보았습니다. 두 사람은 그동안 각자 겪은 일을 상대방에게 말해주었습니다. 기사는 세탁부와 맏딸을 화형에 처하고 처녀와 결혼했습니다. 잘은 모르지만 두 사람은 오늘날까지도 행복하게 살고 있을 겁니다!

THE WELL OF THE WORLD'S END

세상 끝의 우물

제 복은 귀신도 못 물어 간다

옛날 옛적, 호랑이가 담배 피던 아주 까마득한 옛날에 한 소녀가 살았습니다. 소녀의 아버지는 어머니가 죽자마자 다른 사람과 재혼을 했지요. 계모는 자신보다 예쁜 의붓딸을 미워하며 못살게 굴었습니다. 하인이 하는 온갖 일을 소녀에게 시켰고 잠시도 쉴 틈을 주지 않았습니다. 그러나 이 정도로는 분이 풀리지 않았는지 계모는 소녀를 완전히 없애버리기로 마음먹었습니다. 계모는 소녀에게 체를 하나 주며 이야기했습니다.

"세상 끝의 우물을 찾아가 여기에 물을 가득 채워 집으로 가져오거라. 안 그랬다가는 가만두지 않을 줄 알아."

계모는 소녀가 절대로 세상 끝의 우물을 찾을 수 없을 것이라 생각했습니다. 설령 찾는다 하더라도 무슨 수로 체에 물을 채워

온단 말입니까?

  길을 떠난 소녀는 만나는 사람마다 붙들고 세상 끝의 우물이
어디에 있는지 알려달라고 물었습니다. 그러나 아는 사람이 아무
도 없었지요. 소녀가 어찌하면 좋을지 몰라 하던 중 등이 심하게
꼬부라진 괴상한 작은 할머니가 나타났습니다. 할머니는 그 우물
이 있는 곳과 그곳으로 가는 방법을 알려주었습니다. 소녀는 할
머니가 알려준 대로 길을 떠나 마침내 세상 끝의 우물에 도착했
습니다. 우물의 차디찬 물을 체로 계속 퍼냈지만 물은 금세 새버
렸습니다. 아무리 여러 번 반복해도 사정은 달라지지 않았지요.
맥이 풀린 소녀는 그 자리에 주저앉아 가슴이 터질 듯이 울었습
니다.

소녀와 개구리

그때 갑자기 개구리 우는 소리가 들렸습니다. 위를 올려다보니 커다란 개구리가 눈알을 굴리며 소녀에게 말을 걸었습니다.

"귀여운 아가씨, 무슨 일이죠?"

"아, 새어머니가 세상 끝의 우물에서 물을 길어 오라고 나를 이렇게 먼 곳으로 보냈는데, 이 체로는 아무리 해도 물을 채울 수 없어."

"그렇군요. 아가씨가 하룻밤 동안 내가 요구하는 것은 무엇이든 다 들어주겠다고 약속하면 그 체를 채우는 방법을 알려주겠어요."

소녀가 그렇게 하겠다고 대답하자 개구리가 방법을 알려주었습니다.

체를 이끼로 막고 진흙을 발라요.
그러면 물을 길어 갈 수 있답니다.

그러더니 개구리는 폴짝폴짝 뛰어가 세상 끝의 우물 속으로 퐁당 들어가버렸습니다. 소녀는 주위에서 찾아낸 이끼로 체의 바닥을 막고 그 위에 진흙을 발랐습니다. 그러고는 세상 끝의 우물에 체를 넣고 물을 길었지요. 체에 물을 가득 채운 소녀는 집으로 발걸음을 옮겼습니다.

바로 그때 개구리가 우물 밖으로 머리를 내밀더니 말했습니다.

"약속 잊지 말아요."

"그야 물론이지."

소녀는 그까짓 개구리가 무슨 해를 끼칠까 싶어 흔쾌히 대답했습니다.

계모에게 돌아간 소녀는 세상 끝의 우물에서 길은 물로 가득 찬 체를 건넸습니다. 계모는 머리끝까지 화가 치밀었지만 아무 말도 하지 않았습니다. 그런데 바로 그날 저녁 문 아래쪽에서 무엇인가 톡톡 두드리며 외치는 소리가 들려왔습니다.

> 문 열어요, 문 열어, 내 사랑.
> 문 열어줘요, 내 사랑.
> 세상 끝의 우물에 있는 풀밭에 앉아
> 나와 주고받았던 말을 잊지는 않았겠죠.

"저게 대체 무슨 소리냐?"

계모가 소리를 지르자 소녀는 개구리에게 한 약속을 비롯한 모든 사실을 털어놓을 수밖에 없었습니다.

"약속을 했으면 지켜야지. 당장 가서 문을 열어줘라."

소녀가 흉측한 개구리의 말에 따를 수밖에 없다는 것을 알고 신이 난 계모가 말했습니다. 하는 수 없이 문을 열었더니 세상 끝의 우물에서 온 개구리가 있었습니다. 개구리는 폴짝폴짝 뛰어나와 소녀 앞에 이르더니 말했습니다.

당신 무릎에 올려줘요, 내 사랑.

당신 무릎에 올려달라니까요, 내 사랑.

세상 끝의 우물에 있는 풀밭에 앉아

나와 주고받았던 말을 잊지는 않았겠죠.

소녀는 개구리가 요구하는 대로 하고 싶지 않았습니다. 그러자 계모가 재촉했습니다.

"이 못된 것아, 당장 개구리를 들어 올리지 못해! 약속을 했으면 당연히 지켜야지!"

결국 소녀는 개구리를 무릎에 올려놓았습니다. 개구리는 소녀의 무릎에 잠시 앉아 있다가 또다시 요구 사항을 말했습니다.

저녁을 줘요, 내 사랑.

저녁을 달라니까요, 내 사랑.

세상 끝의 우물에 있는 풀밭에 앉아

나와 주고받았던 말을 잊지는 않았겠죠.

이번 요구는 그다지 싫지 않았기 때문에 소녀는 우유 한 잔과 빵을 가져다주었습니다. 개구리는 빵과 우유를 맛있게 먹고 나서 또 요구했습니다.

함께 자러 가요, 내 사랑.

함께 자러 가자니까요, 내 사랑.

차가운 우물가에서 그렇게 지쳐

나와 주고받았던 말을 잊지는 않았겠죠.

소녀가 말을 들으려 하지 않자 계모가 재촉했습니다.

"어서 약속한 대로 해. 약속을 했으면 지켜야지. 어서 개구리가 시키는 대로 하라니까. 안 그러면 너하고 개구리 모두 내쫓을 줄 알아."

소녀는 개구리를 데리고 침대로 가 될 수 있는 한 개구리에게서 멀리 떨어져 누웠습니다. 그런데 날이 막 밝으려고 하자 이번에는 개구리가 놀라운 요구를 하는 것이 아닙니까.

내 머리를 베어버려요, 내 사랑.

내 머리를 베어버리라니까요, 내 사랑.

차가운 우물가에서 그렇게 지쳐

내게 했던 약속을 잊지 말아요.

처음에 소녀는 개구리의 말을 듣지 않으려고 했습니다. 세상 끝의 우물에서 개구리가 자신을 위해 해주었던 일이 떠올랐기 때문이지요. 하지만 개구리가 재차 요구하자 소녀는 하는 수 없이 도끼를 가져와 개구리의 머리를 베어버렸습니다. 아니, 그런데 이게 어찌된 일입니까! 개구리는 온데간데없이 사라지고 소녀

앞에는 젊고 잘생긴 왕자가 서 있는 것이 아니겠습니까.

왕자는 자신이 사악한 마법사의 마법에 걸려 어떤 소녀가 하룻밤 동안 자신의 모든 요구를 들어주고 마지막에는 머리를 베어야만 마법에서 풀려날 수 있는 상황이었다고 말해주었습니다.

흉측한 개구리 대신 젊은 왕자를 보게 된 계모는 정말로 놀랐습니다. 게다가 자신을 마법에서 풀어준 소녀와 결혼하겠다는 왕자의 말에 계모의 기분이 어땠을지 여러분도 아실 테죠. 소녀는 왕자와 결혼했고 왕자의 아버지인 왕의 성에서 살기 위해 떠났습니다. 계모는 어쨌든 자신의 의붓딸이 왕자와 결혼했다는 사실에 스스로 위안을 삼을 수밖에 없었답니다.

CAPORUSHES

밀짚모자

효자 노릇을 할래도 부모가 받아줘야 한다

옛날에 세 딸을 둔 아주 부유한 신사가 살았습니다. 어느 날 신사는 누가 자신을 제일 사랑하는지 알아봐야겠다고 생각해 첫째 딸에게 먼저 물었습니다.

"얘야, 이 아비를 얼마나 사랑하느냐?"

"그야, 물론 제 목숨처럼 사랑하지요."

"흠, 알았다."

신사는 이번에 둘째 딸에게 물었습니다.

"얘야, 너는 이 아비를 얼마나 사랑하지?"

"그야 물론, 온 세상보다도 더 사랑하지요."

"흠. 그러냐."

신사는 막내딸에게도 물었습니다.

"애야, 너는 아비를 얼마나 사랑하느냐?"

"저는 신선한 음식에 소금이 소중하듯이 아버지를 사랑한답니다."

아버지는 화가 난 목소리로 대답했습니다.

"뭐, 이제 보니 나를 전혀 사랑하지 않는 게로구나. 그러면 내 집에 같이 살 필요가 없다."

신사는 즉시 막내딸을 집에서 쫓아내고는 면전에서 문을 닫아 버렸습니다.

집에서 쫓겨난 막내딸은 길을 걷다가 늪에 다다랐습니다. 그곳에서 그녀는 갈대를 모아 두건 달린 외투를 만들었습니다. 그 외투를 뒤집어쓰고는 근사한 옷이 보이지 않게 감추었지요.

그녀는 계속 길을 가다가 커다란 저택에 이르러 물었습니다.

"하녀가 필요하지 않으세요?"

"아니, 필요 없단다."

"저는 오갈 데가 없답니다. 품삯은 안 주셔도 되고 시키는 일은 무엇이든 다 할 테니 제발 있게만 해주세요."

"좋다. 허드렛일과 설거지도 마다하지 않겠다면 있어도 좋다."

막내딸은 그곳에 머무르며 더러운 그릇들을 닦고 온갖 궂은 일을 했습니다. 그녀는 자신의 이름을 밝히지 않았으므로 사람들은 그냥 '밀짚모자'라고만 불렀습니다.

그러던 어느 날 저택에서 조금 떨어진 곳에서 무도회가 열렸습니다. 하녀들도 그곳에 가 지체 높은 사람들을 구경해도 좋다는

갈대를 모아 외투를 만드는 공주

허락이 떨어졌지요. 그런데 밀짚모자는 너무 피곤해서 갈 수 없다며 집에 남아 있겠다고 했습니다.

사람들이 모두 떠나자, 밀짚모자는 외투를 벗고 몸을 깨끗이 단장한 후 무도회에 갔습니다. 무도회장에는 밀짚모자만큼 멋지게 차려입은 사람이 아무도 없었습니다.

마침 밀짚모자가 일하고 있는 저택의 주인 아들도 그 무도회에 참석해 있었습니다. 그는 밀짚모자를 보자마자 첫눈에 반해 다른 누구와도 춤추려 하지 않았습니다.

무도회가 끝나기 전에 밀짚모자는 몰래 무도회장을 빠져나와 집으로 돌아갔습니다. 다른 하녀들이 돌아올 무렵, 밀짚외투를 뒤집어쓴 채 잠든 척했습니다. 다음 날 집 안 사람들이 밀짚모자에게 말해주었습니다.

"밀짚모자, 넌 어제 굉장한 구경거리를 놓쳤어."

"그게 뭔데요?"

"이제껏 본 가운데 제일 아름다운 아가씨가 무지무지 근사하게 차려입고 나타났단 말이야. 도련님도 그 아가씨한테서 눈길을 떼지 못했단다."

"아, 나도 그 아가씨를 보았더라면 좋았을 텐데."

밀짚모자는 시치미를 떼고 대꾸했습니다.

저녁이 되고, 밀짚모자는 이번에도 너무 피곤해서 못 가겠다고 둘러댔습니다. 그녀는 사람들이 모두 떠난 후 밀짚 외투를 벗어 던지고는 말끔히 단장한 후 다시 무도회장으로 갔습니다.

밀짚모자를 기다리고 있던 주인의 아들은 이번에도 다른 사람하고는 춤을 추지 않은 채 그녀에게서 눈을 떼지 못했습니다. 그러나 밀짚모자는 무도회가 끝나기 전에 몰래 무도회장을 빠져나와 집으로 돌아갔습니다. 그리고 하녀들이 집에 돌아올 무렵에는 밀짚 외투를 뒤집어쓴 채 잠들어 있는 척했습니다. 다음 날 사람들이 또 밀짚모자에게 말해주었습니다.

"아, 밀짚모자. 너도 어제 그 아가씨를 보러 갔어야 하는 건데. 이번에도 말할 수 없이 아름다웠거든. 그래서 도련님이 눈을 떼지 못했단다."

"아, 나도 거기서 그 아가씨를 봤어야 하는 건데."

"그야 뭐, 오늘 밤에도 무도회가 열릴 테니 우리랑 함께 가면 되지. 오늘도 그 아가씨가 분명히 올 거야."

하지만 이번에도 밀짚모자는 너무 피곤해서 갈 수 없다는 핑계를 대고 집에 남아 있겠다고 했습니다. 그리고 또다시 사람들이 모두 떠나자 밀짚 외투를 벗어버리고 말끔히 단장한 후 무도회장으로 향했습니다.

밀짚모자를 다시 본 주인의 아들은 몹시 반가워했습니다. 다른 사람과는 절대로 춤추지 않았으며 밀짚모자에게서 눈을 떼지 못했지요. 밀짚모자가 이름도, 출신도 전혀 밝히지 않자 주인의 아들은 반지를 주면서 그녀를 다시 보지 못하면 죽을지도 모른다고 했습니다.

어찌 되었든 이번에도 밀짚모자는 무도회가 끝나기 전에 몰래 무도회장을 빠져나와 집으로 돌아갔습니다. 하녀들이 집으로 돌아왔을 무렵에는 밀짚 외투를 뒤집어쓰고 잠들어 있는 척했지요. 다음 날 집 안 사람들이 밀짚모자에게 말해주었습니다.

"저기, 밀짚모자. 너는 어제 저녁 무도회에 안 갔으니 그 아가씨를 영영 못 볼 거야. 이제 무도회가 끝났으니까."

"아, 저도 정말로 그 아가씨를 꼭 보고 싶었는데요."

한편, 주인의 아들은 자신과 춤을 췄던 처녀가 어디로 사라졌는지 알아내려고 갖은 방법을 동원해 사방으로 다녔습니다. 만나는 사람마다 붙잡고 물어보았지만 아무런 소식도 알아낼 수 없었습니다. 주인의 아들은 상사병이 점점 심해져 드러눕게 되었습니다. 사람들이 요리사에게 명령했습니다.

"도련님에게 죽을 끓여드려라. 그 아가씨에 대한 사랑 때문에 몸져누웠다."

부름을 받은 요리사가 죽을 끓이려고 하는데 밀짚모자가 들어왔습니다.

"무엇을 하려고 그러세요?"

"도련님에게 드릴 죽을 쑤려고 그래. 아가씨에 대한 사랑 때문에 돌아가실 지경이래."

"그러면 제가 만들게요."

요리사는 몇 번 정도 안 된다고 하다가 결국 허락해주었습니다. 밀짚모자는 완성된 죽 안에 몰래 반지를 떨어뜨렸습니다.

요리사가 가져온 죽을 다 먹은 주인의 아들은 그릇 바닥에 반지가 있는 것을 보고 명령했습니다.

"요리사를 데려오너라."

요리사는 2층으로 불려 올라갔습니다.

"누가 이 죽을 끓였느냐?"

"제가 만들었는데요."

요리사는 겁에 질려 거짓말을 했습니다. 그러자 주인의 아들이 요리사를 뚫어지게 쳐다보며 말했습니다.

"아니야. 네가 아니야. 누가 만들었는지 어서 말해라, 아무런 해도 끼치지 않을 테니."

"그러면 사실대로 말씀드릴게요. 사실은 밀짚모자가 만들었답니다."

"밀짚모자를 불러오너라."

밀짚모자가 불려왔고, 왕자가 물었습니다.

"네가 내 죽을 끓였느냐?"

"네."

"이 반지는 어디서 났지?"

"제게 주신 분에게서 받은 것입니다."

주인의 아들이 화들짝 놀라며 물었습니다.

"그렇다면 너는 도대체 누구냐?"

"제 모습을 보여드리겠어요."

밀짚모자는 밀짚 외투를 벗어 던지고 원래의 아름다운 자태를 드러냈습니다.

꿈에 그리던 밀짚모자를 만나게 된 주인 아들은 그 즉시 병석에서 일어났고 얼마 있지 않아 두 사람은 결혼을 하게 되었습니다. 매우 성대한 결혼식을 치르기로 한 두 사람은 가까운 곳에 있는 사람이든 먼 곳에 있는 사람이든 모두 초대했습니다. 밀짚모자의 아버지도 초대되었지요. 한편 밀짚모자는 사람들에게 자신의 정체를 밝히지 않았습니다.

결혼식이 시작되기 전 밀짚모자는 요리사에게 일렀습니다.

"모든 음식에 소금을 넣지 말고 요리하도록 해요."

"그러면 역겨울 텐데요."

"상관없어요."

"그렇다면 시키는 대로 하죠, 뭐."

드디어 결혼식 날이 밝았고, 두 사람은 식을 올렸습니다. 결혼식이 끝나자 사람들이 식탁에 앉았습니다. 요리사들이 식사를 내오기 시작했지만, 음식에 간이 전혀 되어 있지 않아 아무런 맛이 나지 않았습니다. 사람들은 음식을 먹을 수 없었지요. 밀짚모자의 아버지는 첫 번째 음식을 맛보았고, 다음 음식을 맛보더니 갑자기 울음을 터뜨렸습니다.

"아니, 대체 왜 그러십니까?"

놀란 주인의 아들이 물었습니다.

"아, 제게는 딸이 하나 있었습니다. 예전에 그 아이에게 저를 얼마나 사랑하는지 물어본 적이 있었지요. 그랬더니 딸아이는 신선한 음식에 소금이 소중한 것처럼 저를 사랑한다고 대답했답니다.

그래서 전 딸아이가 저를 사랑하지 않는다고 생각해 집에서 쫓아
냈습니다. 그런데 이제야 그 아이가 진실로 저를 사랑했다는 사
실을 알겠군요. 잘은 모르겠지만 그 아이는 죽었을 겁니다."

"아니요, 아버지. 저 여기 있어요."

밀짚모자는 달려나가 아버지를 꼭 끌어안았습니다. 그곳에 있
던 모든 사람이 밀짚모자의 정체를 알게 되었지요. 그 후 밀짚모
자와 왕자는 그녀의 아버지와 함께 영원히 행복하게 살았답니다.

EARL MAR'S DAUGHTER

마르 백작의 딸

보금자리 사랑할 줄 모르는 새는 없다

어느 화창한 여름날, 마르 백작의 딸은 성의 정원에 나가 경쾌하게 춤을 추며 돌아다녔습니다. 즐겁게 놀다가 가끔씩 멈춰 서서 새들이 지저귀는 소리를 들었지요. 푸른 참나무 그늘에 앉아 쉬면서 위를 올려다본 백작의 딸은 높은 나뭇가지 위에 앉아 있는 쾌활한 비둘기를 발견했습니다.

소녀는 비둘기를 올려다보며 말했습니다.

"안녕, 귀여운 비둘기야. 나에게 내려오지 않을래? 황금 새장을 줄게. 너를 집으로 데려가 이 세상 어떤 새 못지않게 많이 귀여워해줄게."

그 말이 떨어지기 무섭게 비둘기는 나뭇가지에서 내려와 소녀의 어깨에 앉았습니다. 소녀가 깃털을 쓰다듬어주는 동안 비둘기는 소녀의 어깨에 편안히 자리를 잡았습니다.

　낮이 지나고 밤이 되어 잠자리에 들려고 몸을 돌린 순간, 마르 백작의 딸은 자신 옆에 누워 있는 잘생긴 청년을 발견했습니다. 몇 시간 동안 문이 열려 있던 적이 없었기 때문에 소녀는 깜짝 놀랐습니다. 하지만 용감한 마르 백작의 딸은 두려워하지 않고 물었습니다.

　"갑자기 나타나 저를 깜짝 놀라게 하다니, 여기서 뭐 하는 거죠? 몇 시간 전에 문이 잠겼을 텐데. 도대체 어떻게 들어왔어요?"

　"쉿! 조용히 해요. 나는 당신이 나무에서 내려오라고 구슬린 바로 그 비둘기라오."

　청년의 속삭이는 말에 소녀도 아주 조그만 소리로 다시 물었습니다.

　"대체 당신은 누구신가요? 그리고 어떻게 그렇게 귀여운 작은 새로 변하게 되었죠?"

　"내 이름은 플로렌틴이고, 우리 어머니는 여왕이라오. 아무렴 보통 여왕이 아니지. 어머니는 마법의 주문을 많이 알고 있는데, 내가 어머니의 명령을 따르지 않자 낮에는 비둘기로 변하게 만들었소. 하지만 밤에는 어머니의 주문이 효력을 잃기 때문에 다시 사람으로 되돌아오는 거라오. 오늘 나는 바다를 건넜다가 당신을 처음 보게 되었고, 새가 되어 당신 가까이 올 수 있어 무척 기뻤다오. 당신이 나를 사랑해주지 않는다면 내게 더 이상 행복은 없을 거요."

"제가 당신을 사랑한다면, 이렇게 좋은 날 나를 홀로 남겨두고 훌쩍 날아가버리진 않겠지요?"

"그렇소, 절대 그런 일은 없을 거요. 내 아내가 되어주오. 그러면 나도 영원히 당신의 사람이 되겠소. 낮에는 새로, 밤에는 왕자인 채로 늘 당신 곁에 있을 거요."

두 사람은 비밀리에 결혼했고 성에서 행복하게 살았습니다. 매일 밤 비둘기가 플로렌틴 왕자로 변한다는 사실을 아는 사람은 아무도 없었지요. 해마다 두 사람 사이에는 이 세상 어떤 아기보다도 사랑스러운 아들이 태어났습니다. 그러나 플로렌틴 왕자는 아기가 태어날 때마다 아기를 등에 업고 바다를 건너 어머니인 여왕이 살고 있는 곳으로 갔습니다. 거기서 아기를 여왕에게 맡겨두었습니다.

그렇게 7년이라는 세월이 흘렀을 무렵, 두 사람에게는 커다란 위기가 닥쳤습니다. 마르 백작이 딸에게 구혼하러 온 어느 고위 귀족에게 딸을 보내고 싶어 했기 때문입니다. 백작은 딸을 매우 심하게 다그쳤지만 그녀는 열심히 버텼습니다.

"아버지, 저는 결혼하고 싶지 않아요. 여기서 제 비둘기와 함께 충분히 행복할 수 있답니다."

그러자 백작은 몹시 격노해 단단히 맹세하며 말했습니다.

"내일 기필코 그 망할 새의 목을 비틀어버리고 말 테다."

그러고는 발을 쿵쿵 구르며 딸의 방에서 나갔습니다.

"아, 이제 떠날 때가 되었구나."

비둘기는 창문 턱 위로 뛰어오르더니 즉시 날아가버렸습니다. 깊고 깊은 바다 위에 도착할 때까지 쉬지 않고 날아갔고, 바다에서도 멈추지 않고 계속 날아 어머니의 성에 이르렀습니다. 그때 마침 밖에 나와 산책하고 있던 여왕은 아름다운 비둘기가 머리 위로 날아와 성벽 위에 내려앉는 것을 보았습니다.

"무희들아, 이리 와 춤을 추거라. 악사들도 나와서 연주를 하거라. 어린 아기를 데리고 오지 않은 것을 보니 이번에는 내 아들 플로렌틴이 나와 함께 살려고 돌아온 게로구나."

"아닙니다, 어머니. 무희들과 악사들을 부르지 마세요. 제 일곱 아이들의 어머니인 제 아내가 내일 다른 사람과 결혼하게 되었으니 오늘은 슬픈 날이랍니다."

"아들아, 내가 어떻게 해줄까? 말해보렴. 내 마법으로 행할 수 있는 것이 있다면 들어줄 테니."

"아, 그렇다면 어머니. 24명의 무희와 악사들은 24마리의 회색 왜가리로, 저의 일곱 아들들은 일곱 마리의 백조로, 저는 그들을 선도하는 매로 변신하게 해주세요."

"아, 이를 어쩌면 좋으냐 아들아! 그건 안 된다. 내 마법은 그렇게 멀리까지 미치지 못한단다. 하지만 나의 스승인 오스트리의 여예언자는 더 잘 알고 있을 거다."

여왕은 급하게 오스트리의 동굴을 찾아갔고, 잠시 후 하얗게 되어 나왔습니다. 동굴에서 가지고 나온 불타는 약초에 대고 주문을 외우자 갑자기 비둘기 왕자가 매로 변신했고 그의 주위에는

24마리의 회색 왜가리가, 위에는 일곱 마리의 새끼 백조가 날아 다녔습니다.

　한마디 작별 인사도 없이 그들은 무섭게 일렁이며 포효하는 깊고 푸른 바다 위를 날아갔습니다. 쉬지 않고 한없이 날아가 마르 백작의 성에 내려앉은 바로 그 순간, 결혼식을 거행할 일행이 교회를 향해 막 출발하고 있었습니다. 먼저 무장한 병사들이 출발했고, 그 뒤로 신랑의 친구들, 그다음에는 마르 백작의 친척들, 마지막으로 창백하고 아름다운 신부인 백작의 딸이 나타났습니다. 그들은 장엄한 음악에 맞춰 천천히 움직였고 새들이 앉아 있던 나무들을 지나게 되었습니다. 매로 변한 플로렌틴 왕자가 신호하자 나머지 새들이 매를 따라 모두 공중으로 날아올랐습니다. 제일 밑에는 왜가리들이, 그 위에는 백조들이, 제일 높은 곳에는 매가 솟아올라 맴돌았습니다.

신랑을 나무에 묶는 매

그 광경을 본 결혼식 하객들이 놀라는 동안 왜가리들이 홱 하고 인파 틈으로 내려와 무장한 병사들을 흩어놓았습니다. 백조들이 신부를 맡은 사이 매가 쏜살같이 달려들어 신랑을 나무에 묶어놓았습니다. 왜가리들이 한데 모여 하나의 깃털 침대를 이루었고 새끼 백조들은 자신들의 어머니를 그 침대에 태웠습니다. 그러고는 갑자기 하늘로 솟아올라 신부를 데리고 무사히 플로렌틴 왕자의 집으로 날아갔습니다. 그렇게 아수라장이 되어버린 결혼식은 이 세상에 없을 것입니다. 결혼식 하객들이 무엇을 할 수 있었겠습니까? 그들은 왜가리와 백조와 매가 사라질 때까지 아름다운 신부가 실려 가는 것을 지켜볼 수밖에 없었습니다. 플로렌틴 왕자는 마르 백작의 딸을 어머니의 성으로 데려갔고, 여왕은 왕자의 마법을 풀어주었습니다. 그 후 그들은 영원히 행복하게 살았답니다.

THE FUTURE
장래

원앙오리 한 쌍이라

옛날 옛적에 작은 농가에 존이라는 농부가 혼자 살고 있었습니다. 어느 날 존은 집 안에 온기를 돌게 할 아내를 맞이하고 싶다는 생각이 들었습니다. 존은 바로 참한 아가씨를 찾아가 청혼했습니다.

"나와 결혼해주겠습니까?"

"네, 그렇게 하겠어요."

두 사람은 교회에서 결혼식을 올렸습니다. 결혼식이 끝난 뒤 존은 신부를 집으로 데려갔지요. 두 사람은 행복하게 잘 지냈습니다. 그러던 어느 날 존이 아내에게 물었습니다.

"여보, 소젖 짤 줄 아오?"

"아, 네. 짤 줄 알아요. 친정에 살 때 어머니가 소젖을 짜곤 했거든요."

존은 시장에 가 아내에게 붉은 젖소 10마리를 사다주었습니다.

여기까지는 아무런 문제가 없었지요!

어느 날 존의 아내는 소들을 연못으로 끌고 갔습니다. 소들에게 물을 먹일 생각이었지요. 소들이 물을 빨리 마시지 않자, 존의 아내는 소들을 연못 한가운데까지 몰았습니다. 그 바람에 모든 소가 물에 빠져 죽고 말았습니다.

아내는 존이 집에 돌아오자마자 자신이 한 일을 모두 털어놓았습니다. 존은 아내를 나무라지 않았습니다.

"아, 여보. 괜찮으니 마음 쓰지 말구려. 운수가 사나워 그런 거니, 다음엔 괜찮겠지."

존과 아내

그럭저럭 며칠이 흘러가고, 어느 날 존이 또 아내에게 물었습니다.

"여보, 돼지 칠 줄 아오?"

"아, 네. 칠 줄 알아요. 친정에 살 때 어머니가 돼지를 쳤거든요."

존은 시장에 가 아내에게 돼지 몇 마리를 사다주었습니다.

여기까지는 아무런 문제가 없었지요!

어느 날 존의 아내는 여물통에 돼지 먹이를 넣어주었습니다. 그런데 돼지들이 너무 천천히 먹는 것 같다는 생각이 들었습니다. 아내는 먹이를 더 빨리 먹게 하려고 돼지의 머리를 여물통에 밀어넣었습니다. 그 바람에 모든 돼지가 질식해 죽고 말았습니다.

존이 집에 돌아오자 아내는 존에게 다가가 자신이 한 일을 털어놓았습니다. 이번에도 존은 아내를 나무라지 않았습니다.

"아, 괜찮으니 마음 쓰지 말구려. 운수가 사나워 그런 거니 다음엔 괜찮을 거요."

그 후 며칠이 지나고, 어느 날 존이 아내에게 물었습니다.

"여보, 빵 구울 줄 아오?"

"아, 네. 구울 줄 알아요. 친정에 살 때 어머니가 빵을 만들었거든요."

존은 아내가 빵을 구울 수 있도록 모든 재료를 사다주었습니다.

여기까지는 아무런 문제가 없었지요!

어느 날 아내는 존에게 하얀 빵을 만들어줘야겠다고 생각했습니다. 그래서 거칠게 간 밀가루를 높은 언덕으로 가져갔습니다.

바람에 밀기울(밀을 빻아 체로 쳐서 남은 찌꺼기 -편집자)을 날려 보낼 작정이었지만 실제로는 밀가루, 밀기울 가릴 것 없이 전부 날아가버렸습니다. 밀가루가 없어졌으니 빵이고 뭐고 그것으로 끝이었지요.

아내는 집에 돌아온 존에게 자신이 한 일을 털어놓았습니다. 이번에도 역시 존은 아내를 나무라지 않았습니다.

"아, 괜찮으니 마음 쓰지 말구려. 운수가 사나워 그런 거니 다음엔 괜찮을 테지."

이윽고 존이 또 아내에게 물었습니다.

"여보, 당신 술 빚을 줄 아오?"

"아, 네. 빚을 줄 알아요. 친정에 살 때 어머니가 술을 빚었거든요."

존은 아내가 술을 빚는 데 필요한 모든 것을 사다주었습니다.

여기까지는 아무 문제가 없었지요!

어느 날 존의 아내가 다 빚은 술을 술통에 붓고 있는데 커다란 검은 개 한 마리가 들어와 아내의 얼굴을 올려다보았습니다. 아내는 바로 개를 내쫓았지만 개는 문밖에 멈춰 서서 또 아내의 얼굴을 올려다보았습니다. 존의 아내는 몹시 화가 나 술통의 마개를 뽑아 개에게 던지며 외쳤습니다.

"왜 그렇게 빤히 쳐다보는 거지? 나는 존의 아내란 말이야."

개는 길을 따라 달려갔고 존의 아내는 개를 완전히 쫓아버리려고 뒤를 따라갔습니다. 아내가 집에 돌아와보니 술통에 담겨 있던 술이 모두 새버려 아무것도 남아 있지 않았습니다.

존이 집에 돌아오자 아내는 자신이 한 일을 모두 털어놓았습니다. 존은 아내를 나무라지 않았습니다.

"아, 괜찮으니 마음 쓰지 말구려. 운수가 사나워 그런 거니 다음엔 괜찮을 테지."

며칠이 지난 어느 날, 존의 아내는 혼자 생각했습니다.

"이번에는 집 청소를 해야겠어."

아내는 커다란 침대를 청소하다가 닫집(궁전 안의 옥좌 위나 법당의 불좌 위에 만들어 다는 집 모형 – 편집자) 위에 있는 은화 자루를 발견했습니다. 존이 집에 돌아오자마자 물어봤지요.

"존, 닫집 위에 있는 그 은화 자루는 무엇에 쓸 거예요?"

"그건 장래를 위한 거라오."

그때 하필 창문 밖에 있던 강도가 존이 하는 소리를 들었습니다. 다음 날, 기회를 엿보던 강도는 존이 집을 나가자마자 문을 두드렸습니다.

"무슨 일이시죠?"

존의 아내가 물었습니다.

"나는 장래라고 하오. 은화 자루를 가지러 왔소."

아내는 훌륭한 신사처럼 차려입고 직접 은화 자루를 가지러 온 강도를 매우 멋지고 친절하다고 생각했습니다. 그녀는 위로 올라가 은화 자루를 가져다주었고, 강도는 자루를 가지고 가버렸습니다. 존이 집에 오자 아내가 말했습니다.

"존, 장래 씨가 은화 자루를 가지러 왔었어요."

"대체 그게 무슨 소리요?"

그동안의 일을 모두 알게 된 존이 한탄했습니다.

"아이고, 이제 난 망했군. 그 돈으로 집세를 내려 했는데. 이제 우리는 그 돈 자루를 찾을 때까지 세상을 떠돌아다니는 수밖에 없소."

존은 돌쩌귀(문짝을 문설주에 달아 여닫는 데 쓰는 두 개의 쇠붙이 – 편집자)에서 문짝을 뜯어냈습니다.

"몸을 누일 수 있는 건 이게 전부요."

존은 문짝을 어깨에 짊어지고 아내와 함께 장래를 찾아 떠났습니다. 두 사람은 숱한 날을 돌아다녔고, 밤이 되면 나뭇가지 위에 문짝을 놓고 그 위에서 잠을 청했습니다. 그러던 어느 날 두 사람은 커다란 언덕에 도착했습니다. 존과 아내는 언덕 발치에 있는 큰 나무 위에 문짝을 올려놓고 잠이 들었지요. 그런데 얼마 후 존의 아내는 밑에서 들려오는 소리에 잠이 깼습니다. 무슨 일인지 알아보려고 주위를 돌아보니, 언덕 옆쪽에 있던 문이 열리는 소리였습니다. 안에서 긴 탁자를 든 두 신사가 나오더니, 자루를 든 근사한 신사와 숙녀가 따라 나왔습니다. 신사 중에는 자신을 장래라고 속이고 존의 은화 자루를 가져간 사람도 있었습니다. 그들은 탁자 주위에 둥그렇게 모여 앉더니 술을 마시고 잡담을 나누며 자루 안에 든 돈을 세기 시작했습니다. 아내는 존을 깨워 어떻게 하면 좋을지 물었습니다.

"이제 우리 차례요."

존은 나뭇가지에 걸쳐 있던 문짝을 집어 던졌습니다. 문짝은 탁자 한가운데에 정확히 떨어졌고, 혼비백산한 강도들은 모두 도망쳤습니다. 그제야 존과 아내는 나무에서 내려와 문짝으로 날라야 할 만큼의 많은 돈 자루를 가지고 집으로 돌아갔습니다. 존은 아내에게 더 많은 젖소와 돼지를 사다주었고 그 후로 두 사람은 행복하게 살았답니다.

19

RUSHEN COATIE

골풀 외투

계집 바뀐 건 모르고 젓가락 짝 바뀐 건 안다

옛날 옛적, 별로 본 적도 없고 앞으로도 보기 힘든 그런 왕과 왕비가 있었습니다. 안타깝게도 젊을 때 죽음을 맞이하게 된 왕비는 이 세상에 남기고 가야 하는 귀여운 외동딸에게 마지막 유언을 했습니다.

"애야, 내가 죽고 나면 붉은 송아지가 찾아올 테니 필요한 것이 있을 때마다 송아지에게 말하렴. 그러면 송아지가 네게 그것을 줄 것이다."

얼마 후, 왕은 못생긴 딸이 셋이나 딸린 성질 못된 여인과 재혼했습니다. 새 왕비와 그 딸들은 왕의 딸이 너무 예뻐 시샘하며 미워했습니다. 그래서 좋은 옷은 모두 빼앗고 골풀로 만든 외투만 주었습니다. 왕의 딸을 골풀 외투라고 부르며 부엌 구석의 난로 잿더미에 처박아두었지요. 저녁 식사 시간이 되면 심술궂은 계모는 묽은 수프 한 모금, 보리 한 알, 고기 한 점, 빵 한 부스러기만을 내주었습니다. 모두 먹어도 간에 기별조차 가지 않는 양이었지요. 소녀는 혼자 중얼거렸습니다.

"아! 먹을 것이 좀 더 있었으면!"

바로 그때 놀랍게도 붉은 송아지가 나타나더니 소녀에게 말을 걸었습니다.

"손가락을 내 왼쪽 귀에 넣으세요."

송아지가 시키는 대로 했더니 귓속에는 맛있는 빵이 있었습니다. 이번에는 손가락을 오른쪽 귀에 넣으라는 송아지 말을 따랐더니 치즈가 있었습니다. 소녀는 빵과 치즈로 아주 맛있게 식사를 했습니다. 그 후 매일 이런 일이 반복되었지요.

제대로 먹지 못한 골풀 외투가 곧 죽을 것이라고 생각했던 새왕비는 소녀가 여전히 생기 있고 건강한 데 놀랐습니다. 그래서 의붓딸이 굶주리지 않을 정도의 충분한 음식을 어떻게 얻고 있는지 알아내려고 했습니다. 그녀는 못생긴 자신의 딸에게 식사를 할 때마다 골풀 외투를 몰래 지켜보라고 했습니다. 새 왕비의 딸은 붉은 황소가 골풀 외투에게 먹을 것을 주고 있다는 사실을 알아내 어머니에게 일렀습니다. 새 왕비는 왕에게 붉은 송아지의 췌장으로 만든 요리를 먹고 싶다고 했습니다. 그러자 왕은 자신의 전속 백정을 보내 붉은 송아지를 죽였습니다. 한편 이 소식을 들은 골풀 외투는 죽은 송아지 옆에 주저앉아 울었습니다. 그러자 놀랍게도 죽은 송아지가 말을 했습니다.

> 뼈를 하나씩 모아, 나를 거두어,
> 저기 회색 돌 아래에 묻어줘요.
> 그리고 원하는 것이 있을 때마다 내게 말해요,
> 그러면 들어줄 테니.

소녀는 뼈를 열심히 모았지만 송아지의 정강이뼈를 찾지 못했습니다.

성탄절 주간에 사람들이 모두 제일 좋은 옷을 차려입고 교회에 가려고 하자 골풀 외투도 말했습니다.

"아! 나도 교회에 가고 싶어."

하지만 못생긴 세 이복 자매들이 면박을 주었습니다.

"너처럼 더러운 애가 교회에서 뭘 할 건데? 집에 남아 저녁이나 준비해."

새 왕비도 질세라 한마디 했습니다.

"그리고 너는 물 한 모금, 보리 한 알, 빵 한 부스러기로 수프나 끓여."

사람들이 모두 교회에 가고 난 뒤, 골풀 외투는 혼자 앉아 흐느껴 울었습니다. 그렇게 울고 있는데, 놀랍게도 저 멀리서 정강이뼈 하나가 없어 절뚝거리는 붉은 송아지가 다가오고 있는 것 아니겠어요?

절뚝거리는 붉은 송아지

송아지는 소녀에게 말을 걸었습니다.

"그렇게 울고만 있지 말고 이 옷을 입어요. 그리고 이 유리 구두를 신고 어서 교회로 가요."

"하지만 저녁 식사 준비는 어떻게 하고?"

"아, 그건 신경 쓰지 말아요. 그저 불에 대고 이렇게 말하기만 하면 되니까요.

이 좋은 성탄절에 내가 교회에서 돌아올 때까지

모든 토탄은 다른 것에 불을 붙이고,

모든 고기 꼬챙이는 다른 것을 뒤집고,

모든 냄비는 다른 것들이 끓게 만들어라.

당신은 교회로 가요. 하지만 꼭 다른 사람들보다 먼저 집에 돌아와야 해요.”

골풀 외투는 송아지가 시킨 대로 불에 대고 주문을 외운 뒤 교회로 갔습니다. 교회에 온 아가씨들 가운데 골풀 외투가 가장 당당하고 아름다웠습니다. 교회에 온 젊은 왕자는 골풀 외투를 보자마자 사랑에 빠졌지요. 골풀 외투는 다른 사람보다 먼저 집으로 돌아가야 했기 때문에 예배가 끝나기 전에 교회를 빠져나왔습니다. 빠르게 집으로 돌아와 근사한 옷을 벗고 다시 골풀 외투를 걸쳤지요. 송아지가 저녁 식사를 미리 차려놓았기 때문에 나머지 사람들이 집에 돌아왔을 때는 모든 것이 잘 정돈되어 있었습니다. 집에 들어선 세 이복 자매가 골풀 외투에게 자랑했습니다.

“아, 오늘 교회에 왔다가 젊은 왕자님이 한눈에 반한 그 아름다운 숙녀를 너도 봤어야 하는 건데!”

그러자 골풀 외투가 맞장구 쳤습니다.

“아! 나도 내일은 언니들을 따라 교회에 가고 싶어요!”

그러나 못생긴 자매들은 면박만 주었습니다.

“너처럼 더러운 아이가 교회에서 뭘 하려고? 너한테는 부엌 구석이 제격이지.”

다음 날에도 계모 모녀들은 골풀 외투에게 물 한 모금, 보리 한 알, 빵 부스러기, 고기 한 조각으로 저녁을 차리라고 한 뒤 모두 교회로 갔습니다. 그러나 이번에도 붉은 송아지가 소녀를 도우러 나타났습니다. 송아지는 전날보다 더 근사한 옷을 주었지요. 소

녀는 그 옷을 입고 교회로 갔습니다. 골풀 외투가 교회에 나타나
자 사람들은 모두 그녀를 쳐다보며 이렇게 대단한 숙녀가 어디에
서 왔는지 궁금해했습니다. 왕자는 전날보다 더욱 그녀를 사랑하
게 되어 그녀가 어디로 가는지 알아내려고 했습니다. 그러나 골
풀 외투는 서둘러 교회를 빠져나와 다른 사람들보다 먼저 집에
도착했습니다. 이번에도 역시 붉은 송아지가 저녁을 준비해놓았
지요.

다음 날에도 골풀 외투는 송아지가 준비해준 옷을 입고 교회로
갔습니다. 전날, 전전날의 옷보다 훨씬 더 아름다웠지요. 교회를
다시 찾아온 왕자는 골풀 외투를 지키려고 문앞에 보초까지 세워
두었습니다. 그러나 골풀 외투는 한 발로 깡충 뛰어 달려가며 문을
지키던 사람들 머리 위로 높이 뛰어올랐습니다. 그 와중에 그만 유
리 구두 한 짝을 떨어뜨리고 말았지요. 하지만 떨어진 구두를 주울
겨를이 없었으므로 그대로 황급히 집으로 달려갔습니다. 집에 도
착해 다시 골풀 외투를 뒤집어쓰니 송아지가 이미 저녁 준비를 다
해놓은 상태였습니다.

젊은 왕자는 유리 구두를 신을 수 있는 사람을 신부로 맞이하
겠다는 포고를 내렸습니다. 왕실에 있는 모든 숙녀가 구두를 신
어보려고 했지요. 그러나 아무리 애를 쓰고 또 써봐도 사람들에
게 그 구두는 너무 작았습니다. 왕자는 특사 한 사람에게 빠른 말
을 타고 온 왕국을 돌아다니며 그 유리 구두의 임자를 찾아오라
고 명령했습니다. 왕자의 명령을 받은 특사는 온 마을과 성을 돌

아다니며 모든 숙녀에게 그 구두를 신어보게 했습니다. 왕자의 신부가 되고 싶은 마음에 많은 사람이 구두를 신어보려고 했지만, 아무 소용이 없었습니다. 제가 장담하건대, 많은 처녀가 그 아름다운 구두를 신지 못해 울었을 것입니다. 특사는 계속 돌아다니다가 마침내 못생긴 세 자매가 살고 있는 바로 그곳까지 오게 되었습니다. 위의 두 언니가 먼저 구두를 신어보려고 했는데 발이 들어가지 않았습니다. 심술이 가득해져 거의 제정신이 아니었던 새 왕비는 셋째 딸의 발가락과 뒤꿈치를 잘라 유리 구두를 신을 수 있게 했습니다. 방법이야 어떻든 새 왕비의 셋째 딸이 신발을 신었으므로 약속에 따라 왕자를 데려왔습니다. 못생긴 처녀는 가장 좋은 옷을 차려입고 왕자의 말에 올라탔습니다. 두 사람은 매우 화려한 행렬을 이끌고 떠났지요. 그러나 여러분도 모두 아시다시피 오르막길이 있으면 내리막길이 있는 법이지요. 왕자 일행이 말을 타고 가는데 갈까마귀가 덤불 속에서 노래를 부르기 시작했습니다.

> 잘라낸 발뒤꿈치와 찍어낸 발가락,
> 젊은 왕자 뒤에 타고 있네.
> 하지만 작고 귀여운 발은
> 큰 냄비 뒤에 남아 있지.

"저 새가 뭐라고 노래하는 거지?"

궁금하게 여긴 왕자가 물었습니다.

"저런 못된 놈. 저놈이 하는 말은 신경 쓰지 마세요."

그러나 아래를 내려다본 왕자는 처녀의 구두에 묻은 피를 보았습니다. 왕자는 다시 말을 돌려 달려간 뒤, 처녀를 내려놓으며 말했습니다.

"아직 구두를 신어보지 않은 누군가가 틀림없이 있다."

"아닙니다. 골풀 외투를 걸치고 부엌 구석에 앉아 있는 더러운 것 빼고는 아무도 없습니다."

왕자는 골풀 외투에게도 구두를 신겨보기로 결심했습니다. 골풀 외투가 회색 돌이 있는 곳으로 달려가자 붉은 송아지가 가장 멋있는 옷을 입혀주었습니다. 그녀가 왕자에게로 갔더니 유리 구두가 저절로 왕자의 주머니에서 빠져나와 골풀 외투의 발에 신겨졌습니다. 구두는 크지도 작지도 않게 꼭 맞았습니다. 그날로 왕자는 골풀 외투와 결혼식을 올렸고 두 사람은 영원히 행복하게 살았답니다.

THE TRUE HISTORY OF SIR THOMAS THUMB
엄지둥이 톰 이야기

풀 끝의 이슬

위대한 아서왕 시절에 세상에서 가장 학식이 뛰어나고 재주가 좋은 마법사 멀린이 살았습니다.

어떤 모습이든 원하는 대로 변할 수 있었던 이 유명한 마법사는 가난한 거지로 변신해 여행하고 있었습니다. 긴 여행에 지친 멀린은 잠깐 쉬었다 가려고 어느 농부의 오두막에 들렀습니다. 그러고는 먹을 것을 달라고 부탁했지요.

농부는 멀린을 반갑게 맞이했고 친절한 농부의 아내는 나무 사발에 우유를, 쟁반에 거친 갈색 빵을 담아왔습니다.

멀린은 농부 부부가 보여준 호의에 마음이 흡족했지만, 이상하게도 부부는 불행해 보였습니다. 오두막 안의 모든 것이 정갈하고 아늑한데도 말이지요. 멀린은 왜 그렇게 우울한지 물어보고는 두 사람에게 자식이 없다는 사실을 알게 되었습니다.

가엾은 농부의 아내는 눈물을 글썽이며 말했습니다.

"아들만 하나 있다면 세상에서 더없이 행복할 텐데요. 남편의 손가락보다 작다고 하더라도 아들만 얻을 수 있다면 바랄 것이 없겠어요."

멀린은 어른의 엄지손가락보다도 작은 아이라는 생각에 재미를 느꼈습니다. 농부 아내의 소원을 들어주기로 결심했지요. 얼마 후 농부의 아내는 아들을 하나 얻게 되었는데, 놀랍게도 그 아이는 정말로 아버지의 엄지손가락만 했습니다.

그 어린아이를 보고 싶었던 요정의 여왕은 아이 어머니가 침대에 앉아 황홀하게 아기를 바라보고 있는 동안 창문으로 들어왔습니다. 요정의 여왕은 아이에게 입을 맞추며 엄지둥이 톰이라는 이름을 지어주었고, 다음과 같은 주문을 외워 어린 톰에게 옷을 만들어 입힐 요정들을 불러왔습니다.

머리에는 참나무 잎으로 만든 모자,

거미줄로 짠 셔츠,

엉겅퀴의 솜털로 만든 재킷,

바지는 순전히 깃털로 만들도록.

사과 껍질로 만든 긴 양말은

어머니의 속눈썹에 매어놓도록.

신발은 무두질한 생쥐 가죽에

안에 보드라운 털을 넣은 것으로.

    톰은 아버지의 엄지손가락 크기에서 더 자라지 않았습니다. 나이가 들수록 점점 영리해져 온갖 장난을 일삼았지요. 장난감을 가지고 놀 만한 나이가 되었을 때는 자신의 버찌씨가 다 사라지면 친구들의 가방 속에 들어가 버찌씨를 잔뜩 훔쳐 나오기도 했습니다. 그러고는 아무렇지도 않게 다시 친구들 사이에 끼어 놀았지요.

    그러던 어느 날, 톰은 평소처럼 친구의 버찌씨를 훔치다가 가방 주인에게 들키고 말았습니다.

    "아하 톰, 요 녀석. 내 버찌씨를 훔치고 있는 네 녀석을 드디어 잡았다. 못된 도둑질을 했으니 단단히 혼쭐을 내줄 테다."

    친구는 톰의 목에 가방끈을 졸라맨 후 가방을 있는 힘껏 흔들었습니다. 그 바람에 가엾은 톰은 다리와 허벅지를 비롯해 온몸에 심한 멍이 들었지요. 톰은 고통스러워 비명을 질렀고 다시는 도둑질을 하지 않겠다고 약속하며 꺼내달라고 애원했습니다.

    그 일이 있고 얼마 지나지 않아 톰의 어머니는 밀가루 반죽으로 푸딩을 만들고 있었습니다. 푸딩이 어떻게 만들어지는지 보고 싶었던 톰은 그릇의 가장자리로 기어 올라갔습니다. 하지만 발이 미끄러지는 바람에 그만 반죽 속에 거꾸로 처박히고 말았지요. 어머니는 반죽 속에 아들이 있는지 모르고 반죽을 휘저어 푸딩 자루에 집어넣은 후 냄비에 놓았습니다.

    톰은 입안이 밀가루 반죽으로 가득 차 소리를 지를 수 없었습니다. 물이 점점 뜨거워지는 것이 느껴지자 냄비 안에서 온몸을 뒤척이며 발버둥쳤지요. 어머니는 푸딩에 마법이 걸린 줄 알고 냄비 안에서 빼내 창문 밖으로 던졌습니다. 그때 마침 창문 옆을 지나가던 가난한 땜장이가 땅에 떨어진 푸딩을 주워 자루에 넣고는 사라졌습니다. 입안에 들어있던 밀가루 반죽을 전부 뱉어낸 톰은 큰 소리로 외치기 시작했고, 그 소리에 놀란 땜장이는 푸딩을 집어 던지고 도망쳤습니다. 떨어진 푸딩은 산산조각이 났고, 톰은 온몸에 밀가루를 뒤집어쓴 채 푸딩에서 기어 나와 집으로 돌아갔습니다. 어머니는 몹시 안타까워하며 톰을 찻잔에 넣고 몸에 묻은 밀가루 반죽을 씻겨주었습니다. 반죽을 깨끗이 씻어낸 뒤 어머니는 톰에게 입을 맞추고 침대에 눕혔습니다.

푸딩 사건이 있고 얼마 되지 않아 어머니는 톰을 데리고 풀밭에 풀어놓은 젖소의 젖을 짜려고 나갔습니다. 바람이 너무 세게 불어 톰이 날아갈까 걱정된 어머니는 질긴 실로 톰을 엉겅퀴에 매어놓았습니다. 얼마 후, 톰의 참나무 잎새 모자를 먹음직스럽게 생각한 젖소가 가엾은 톰과 엉겅퀴를 한입에 집어삼켰습니다. 엉겅퀴를 씹는 젖소의 커다란 이빨이 금방이라도 자신을 산산조각 낼 것 같아 무서웠던 톰은 있는 힘껏 소리를 질렀습니다.

"엄마! 엄마!"

"톰, 내 귀여운 톰 어디 있니?"

"여기요, 엄마! 붉은 젖소의 입안에 있어요!"

톰의 대답을 들은 어머니는 울부짖기 시작했습니다. 한편 자신의 입에서 나오는 이상한 소리에 놀란 젖소는 톰을 토해냈습니다. 다행히도 땅에 떨어지는 톰을 어머니가 앞치마로 받아냈습니다. 안 그랬더라면 아마 톰은 심하게 다쳤겠지요. 어머니는 톰을 가슴에 품고 집으로 급하게 돌아갔습니다.

한편 톰의 아버지는 톰이 소를 몰도록 보리 짚으로 채찍을 만들어주었습니다. 소를 몰기 위해 들판으로 나간 톰은 발이 미끄러지는 바람에 밭고랑으로 구르고 말았지요. 마침 그 위를 날아가고 있던 갈까마귀가 톰을 잡아채 바다 위로 날아가다가 떨어뜨렸습니다.

바다에 떨어지는 순간 커다란 물고기가 톰을 집어삼켰고, 곧 어부에게 잡힌 물고기는 아서왕의 식사를 준비하는 사람에게 팔렸습니다. 물고기를 요리하려고 배를 가른 사람들은 작은 소년을 보고 모두 놀랐습니다. 사람들은 톰을 왕에게 데려갔고 왕은 톰을 자신의 꼬마 광대로 삼았습니다. 다시 자유의 몸이 된 톰은 몹시 기뻤지요. 얼마 지나지 않아 톰은 궁정에서 대단한 사랑을 받게 되었습니다. 온갖 재주와 재롱으로 왕과 왕비는 물론 원탁의 기사들까지 모두 즐겁게 해주었기 때문이지요.

왕은 말을 타고 바깥으로 나갈 때도 톰을 자주 데려갔으며, 소나기라도 퍼붓는 날에는 톰이 왕의 조끼 주머니로 기어들어가 비가 그칠 때까지 잠을 자기도 했습니다.

아서왕은 어느 날 톰의 부모도 그처럼 작은지, 가정환경이 유복한지 알고 싶어 부모에 대해 물어보았습니다. 톰은 자신과 달리 부모님은 궁정에 있는 사람들처럼 몸집이 크고, 좀 가난한 처지라고 대답했습니다. 그 말을 들은 왕은 자신의 모든 재산을 보관하는 금고로 톰을 데리고 갔습니다. 그러고는 집에 계신 부모님에게 가지고 갈 수 있는 만큼 돈을 가져가라고 했지요. 왕의 호의에 들뜬 어린 톰은 깡충깡충 뛰었습니다. 그리고 물거품으로 만들어진 지갑을 구해 3페니짜리 은화를 넣었습니다.

우리의 꼬마 영웅은 짐을 짊어지는 데 애를 먹었습니다. 하지만 마침내 원하는 만큼의 짐을 지고 떠나는 데 성공했습니다. 약이틀 동안 아무런 사고도 겪지 않고, 백번도 더 쉬어가며 무사히 부모님 집에 도착했습니다.

등에 커다란 은화를 지고 이틀을 꼬박 걸어온 톰은 몹시 지쳐 있었습니다. 거의 죽기 직전이었지요. 톰을 맞으러 달려 나온 어머니는 급히 아들을 집 안으로 데리고 들어갔습니다. 그러나 톰은 집에 돌아온 지 얼마 지나지 않아 궁전으로 돌아갔습니다.

푸딩 반죽에 빠지고 물고기 속에도 들어가는 바람에 톰의 옷은 다 해져버렸습니다. 이를 본 왕은 톰에게 새 옷을 만들어주었고, 기사로 부릴 생쥐도 선물해주었습니다.

서츠는 나비 날개로,
신발은 병아리 가죽으로
재봉 솜씨 뛰어난
빈틈없는 요정이

생쥐의 등에 올라타는 톰

톰의 옷 만들어주었네.

옆구리에 찬 바늘 검,

타고 다니던 날렵한 생쥐,

톰은 아주 자랑스럽게 활보하고 다녔네.

　왕과 귀족들이 사냥을 나갈 때 멋지게 차려입은 채 생쥐를 타
고 있는 톰의 모습은 아주 재미있는 구경거리였습니다. 왕과 귀
족들은 모두 톰과, 톰을 태우고 근사하게 달려가는 생쥐를 보며
배꼽을 잡고 웃었지요.

　톰의 태도를 본 왕은 매우 기분이 좋아 톰이 앉을 수 있는 작은
의자와 들어가 살 수 있는 한 뼘 높이의 황금 궁전을 만들어주라고

명령했습니다. 여섯 마리의 생쥐가 끄는 마차도 마련해주었지요.

한편 토머스 경(톰)에게 내려진 영예에 몹시 화가 난 왕비는 톰을 파멸시키기로 작정했습니다. 왕을 찾아가 톰이 자신에게 불손하게 굴었다고 모함했지요.

왕은 급히 톰을 불러오게 했습니다. 왕이 화를 내면 위험해진다는 것을 잘 알고 있던 톰은 달팽이 껍질 속으로 기어 들어가 숨었고, 배가 고파 죽을 지경이 될 때까지 그곳에 누워 있었습니다. 오랜 시간이 지난 뒤 톰은 위험을 무릅쓰고 밖을 내다보았습니다. 그리고 자신이 숨어 있는 곳과 가까운 땅에 있는 멋진 큰 나비에게 조심스레 다가가 그 위에 올라탔습니다. 톰을 태운 나비는 하늘로 날아올랐습니다. 나비는 톰을 태운 채 이 나무에서 저 나무로, 이 들판에서 저 들판으로 날아다니다가 왕과 귀족들이 모두 톰을 잡으려고 혈안이 된 궁전으로 돌아갔습니다. 가엾은 톰은 나비 등에서 물뿌리개 속으로 떨어져 하마터면 익사할 뻔했습니다.

한편 톰을 발견한 왕비는 몹시 화가 나 톰을 교수형에 처해야 한다고 했습니다. 톰은 결국 사형이 집행될 때까지 쥐덫 속에 갇혀 있게 되었지요.

하지만 쥐덫에 무언가 살아 있는 것을 발견한 고양이가 쥐덫을 툭툭 치는 바람에 덫이 끊어졌고, 톰은 풀려나게 되었습니다.

톰은 다시 왕의 총애를 받게 되었지만 그 총애를 계속 누리지는 못했습니다. 어느 날 커다란 거미의 공격을 받았기 때문입니다. 톰은 칼을 뽑아 들고 열심히 싸웠지만, 결국 독기로 가득 찬

톰을 공격한 독거미

거미의 숨결에 쓰러지고 말았습니다.

> 톰은 서 있던 자리에서 쓰러져 죽었네.
> 거미는 톰의 피를 마지막 한 방울까지 모두 빨아먹었네.

아서왕과 온 궁정은 아끼던 총아를 잃은 데 매우 슬퍼하며 장례식을 치러주었습니다. 톰의 묘에는 다음과 같은 비문이 적힌 흰 대리석 묘비를 세웠습니다.

> 여기 거미에게 잔인하게 물려 죽은
> 아서왕의 기사, 엄지둥이 톰 누워 있나니.
> 많은 사람을 즐겁게 해주어,
> 아서왕의 궁정에서 그를 모르는 이 없었노라.
> 창 시합과 마상 시합도 했고,

생쥐를 타고 사냥에도 나섰노라.

살아서는 궁정을 환희로 가득 채우더니

죽고 나니 슬픔이 맴도네.

눈물을 훔쳐내고 머리를 흔들며 부르짖어라.

아! 엄지둥이 톰은 죽었다네!

✦ 제3장 ✦

욕망

English Fairy Tales

◇ 21 ◇

THE TWO SISTERS

닮지 않은 자매

~~~~

욕은 욕으로 갚고 은혜는 은혜로 갚는다

</div>

옛날 옛적에 어머니, 아버지와 함께 사는 자매가 있었습니다. 일거리가 없었던 아버지는 딸들이 집을 떠나 출세하기를 바랐습니다. 어머니는 큰딸에게 일자리를 구할 수만 있다면 원하는 대로 살아도 좋다고 말했습니다. 큰딸은 곧장 도시로 떠났지만 온 도시를 다 헤매고 다녀도 그녀를 원하는 사람이 없었습니다. 큰딸은 더 먼 시골로 가던 중에 우연히 많은 빵을 구워내고 있는 오븐을 발견했습니다. 그곳에 있던 빵 하나가 말을 걸었지요.

"어린 소녀야, 어린 소녀야. 우리를 좀 꺼내주렴, 우리를 좀 꺼내줘."

마음씨 착한 소녀는 빵을 꺼내 땅에 놓아주고 다시 길을 떠났습니다. 얼마 뒤 소녀는 젖소를 만났는데, 소녀를 본 젖소가 부탁했습니다.

"소녀야, 소녀야. 내 젖을 좀 짜주렴, 젖을 좀 짜줘! 7년이나 기다렸는데 아무도 젖을 짜러 오지 않았단다."

소녀는 옆에 있던 들통에 젖소의 젖을 짜주었습니다. 목이 말랐던 소녀는 우유를 조금 마신 뒤 나머지는 들통에 남겨두었습니다. 그러고 나서 조금 더 걷다 보니 사과나무 한 그루가 나타났습니다. 사과나무에는 줄기가 꺾일 정도로 많은 열매가 달려 있었습니다. 사과나무는 소녀에게 부탁했습니다.

"소녀야, 소녀야. 과일이 떨어지도록 나를 좀 흔들어주렴. 너무 무거워서 가지가 부러지고 있단다."

소녀가 대답했습니다.

"그래, 도와주고말고. 불쌍한 나무야."

소녀는 나무를 흔들어 열매를 모두 떨어뜨렸고, 나뭇가지를 똑바로 세워주었습니다. 떨어진 사과들을 그대로 둔 채 다시 길을 떠났지요. 이윽고 소녀는 어느 집에 도착했습니다. 이 집에는 마녀가 살고 있었는데, 소녀들을 집에 들여 하녀로 부리고 있었습니다. 일자리를 찾아 집을 떠나왔다는 소녀의 말에 마녀는 해야 할 일을 말해주었습니다.

"집 안을 깔끔하게 치우고 바닥과 벽난로를 쓸어놓아야 한다. 하지만 절대로 굴뚝을 올려다봐서는 안 된다. 만약 그랬다가는 뭔가 끔찍한 일이 닥칠 것이야!"

소녀는 마녀가 시키는 대로 하겠다고 약속했습니다. 하지만 어느 날 아침, 마녀가 나가고 없는 동안 청소를 하다가 마녀에게 들었던 말을 깜박 잊고 굴뚝을 올려다보고 말았습니다. 그런데 이게 웬일입니까. 끔찍한 일이 일어나기는커녕 커다란 돈 보따리가 소녀의 무릎에 뚝 떨어지는 것이 아닙니까! 놀랍게도 소녀가 굴뚝을 올려다볼 때마다 계속해서 돈 보따리가 떨어졌습니다. 돈 보따리를 챙긴 소녀는 집으로 돌아가려고 마녀의 집에서 나왔습니다.

출발한 지 얼마 되지 않았을 때, 소녀는 마녀가 뒤쫓아오는 소리를 들었습니다. 그녀는 사과나무로 달려가 소리쳤지요.

사과나무야, 사과나무야. 날 좀 숨겨주렴.
늙은 마녀가 찾지 못하도록 말이야.
마녀가 날 찾아내면 뼈를 비틀어
대리석 아래에 묻어버릴 거야.

사과나무는 소녀를 숨겨주었습니다. 얼마 후 마녀가 다가와 나무에게 물었습니다.

내 나무야, 내 나무야.
두둑하게 흔들리며 기다랗게 늘어진 보따리를 들고 가는
소녀를 본 적 있니?
내 돈을 몽땅 훔쳐 도망간 그 아이를 보았니?

소녀를 숨겨주는 사과나무

그러자 사과나무가 대답했습니다.

아니요, 주인님. 지난 7년간 아무것도 보지 못했답니다.

마녀가 다른 길로 내려가자 소녀는 다시 출발했습니다. 젖소가 있는 곳에 막 이르렀을 무렵 마녀가 쫓아오는 소리가 다시 들렸습니다. 소녀는 젖소에게 달려가 외쳤습니다.

젖소야, 젖소야. 날 좀 숨겨주렴.
늙은 마녀가 찾지 못하도록 말이야.
마녀가 날 찾아내면 뼈를 비틀어
대리석 아래에 묻어버릴 거야.

젖소는 소녀를 숨겨주었습니다. 얼마 후에 나타난 늙은 마녀가 주위를 둘러보며 젖소에게 물었습니다.

내 젖소야, 내 젖소야.
두둑하게 흔들리며 기다랗게 늘어진 보따리를 들고 가는
소녀를 본 적 있니?
내 돈을 몽땅 훔쳐 도망간 그 아이를 보았니?

그러자 젖소가 대답했습니다.

아니요, 주인님. 지난 7년 동안 아무것도 못 봤어요.

　마녀가 다른 길로 가자 소녀는 다시 도망쳤습니다. 그러나 오븐 가까이에 이르렀을 무렵 마녀가 쫓아오는 소리가 다시 들려왔습니다. 소녀는 오븐에게 달려가 외쳤습니다.

　　오븐아, 오븐아. 날 좀 숨겨주렴.
　　늙은 마녀가 찾지 못하도록 말이야.
　　마녀가 날 찾아내면 뼈를 비틀어
　　대리석 아래에 묻어버릴 거야.

　그러자 오븐이 대답했습니다.

　　제게는 빈 공간이 없으니 저 빵 굽는 아저씨에게 부탁하세요.

　빵 굽는 아저씨는 소녀를 오븐 뒤에 숨겨주었습니다. 잠시 후에 나타난 마녀는 이곳저곳을 두루 살피더니 빵 굽는 아저씨에게 물었습니다.

　　이보게, 이보게.
　　두둑하게 흔들리며 기다랗게 늘어진 보따리를 들고 가는
　　소녀를 본 적 있나?

내 돈을 몽땅 훔쳐 도망간 그 아이를 보았나?

그러자 빵 굽는 아저씨가 대답했습니다.

오븐 속을 들여다보세요.

늙은 마녀가 들여다보려 하자 오븐이 말했습니다.

안으로 더 들어와 저 구석 깊숙한 곳을 들여다보세요.

마녀는 오븐이 시키는 대로 깊숙이 들어갔습니다. 그때 오븐이 문을 닫아버렸고, 마녀는 아주 오랫동안 오븐 속에 갇히게 되었습니다. 소녀는 그제야 안심하고 길을 떠나 돈 보따리와 함께 무사히 집에 도착했습니다. 그녀는 부자와 결혼해 가정을 꾸린 뒤 행복하게 살았습니다.

어느 날, 소녀의 동생은 언니처럼 마녀를 찾아가 똑같은 일을 해야겠다고 생각했습니다. 그녀는 언니가 갔던 길로 곧장 떠났습니다. 오븐이 있는 곳에 도착한 동생에게 빵들이 부탁했습니다.

"소녀야, 소녀야. 우리를 좀 꺼내주렴. 아무도 우리를 꺼내러 오지 않아 7년 동안이나 구워지고 있단다."

동생은 바로 거절했습니다.

"아니, 싫어. 손가락을 데긴 싫어."

동생은 빵들의 부탁을 외면한 채 가던 길을 계속 갔고, 얼마 후 젖소를 만나게 되었습니다. 소녀를 보자 젖소가 부탁했습니다.

"소녀야, 소녀야. 내 젖을 좀 짜주렴, 젖을 좀 짜줘! 7년이나 기다렸는데 아무도 젖을 짜러 오지 않았단다."

하지만 동생은 이번에도 한마디로 딱 잘라 거절했습니다.

"아니, 난 젖을 짜줄 수 없어. 지금 무척 바쁘거든."

그러고는 더 급하게 갈 길을 재촉했습니다. 이번에는 사과나무가 있는 곳에 이르렀고, 사과나무는 열매들을 떨어뜨려달라고 부탁했습니다.

"아니, 그럴 수 없어. 나중이라면 몰라도."

동생은 이번에도 매몰차게 거절한 뒤 계속 걸어가 마녀의 집에 도착했습니다. 이번에도 과거에 언니가 겪었던 일과 똑같은 일이 일어났습니다. 어느 날 마녀가 나가고 없는 사이에 동생 역시 마녀가 했던 말을 깜박 잊고는 굴뚝을 올려다본 것입니다. 그랬더니 놀랍게도 돈 보따리가 뚝 떨어졌습니다. 동생은 당장 집으로 돌아가야겠다고 생각했습니다. 동생이 사과나무가 있는 곳에 이르렀을 무렵 마녀가 뒤쫓아오는 소리가 들렸습니다. 그녀는 사과나무에게 외쳤습니다.

사과나무야, 사과나무야. 날 좀 숨겨주렴.

늙은 마녀가 찾지 못하도록 말이야.

마녀가 날 찾아내면 뼈를 비틀어

대리석 아래에 묻어버릴 거야.

사과나무는 아무런 대답도 하지 않았습니다. 어쩔 수 없이 동생은 계속 달려갔지요. 얼마 있지 않아 마녀가 나타나 사과나무에게 물었습니다.

내 나무야, 내 나무야.
두둑하게 흔들리며 기다랗게 늘어진 보따리를 들고 가는
소녀를 본 적 있니?
내 돈을 몽땅 훔쳐 도망간 그 아이를 보았니?

그러자 나무가 재빨리 대답했습니다.

네, 주인님. 저 길로 내려갔어요.

결국 동생은 뒤쫓아온 늙은 마녀에게 붙잡히고 말았습니다. 그녀는 돈을 전부 빼앗기고 실컷 얻어맞은 뒤 빈털터리로 집으로 돌아갔답니다!

THE LADLY WORM

커다란 바위 위의 구렁이

뿌린 대로 거둔다

옛날 옛적 밤버러 성에 한 왕이 살았습니다. 그는 아름다운 아내와 딸 마거릿, 아들 윈드와 함께 살았지요. 막내 윈드는 출세하기 위해 집을 떠났는데, 애석하게도 아들이 떠나고 얼마 뒤 왕비가 세상을 떠났습니다. 왕은 오랫동안 진심을 다해 왕비의 죽음을 슬퍼했습니다.

그러던 어느 날, 사냥 중이던 왕은 엄청난 미인을 만나게 되었습니다. 그녀에게 첫눈에 반한 왕은 재혼을 결정했고, 밤버러 성에 새 왕비를 데리고 가겠다는 전갈을 보냈습니다.

마거릿 공주는 새로운 왕비가 들어온다는 말이 그다지 반갑지 않았지만 아무런 불평 없이 아버지의 뜻에 따랐습니다. 아버지가 도착하기로 한 날, 마거릿은 성안의 모든 열쇠를 준비해 성문으로 내려갔습니다. 곧 아버지의 행렬이 가까워졌고, 새 왕비가 자신을 향해 다가오자 마거릿은 공손히 인사한 뒤 열쇠를 내밀었습니다. 그러고는 시선을 땅에 고정시킨 채 얼굴을 붉히며 말했습니다.

"아버지, 어서 오세요. 집에 돌아오신 걸 환영합니다. 그리고 새 어머니도 오신 것을 환영합니다. 이제 어머니가 이곳의 주인이십니다."

그때 새 왕비를 호위하던 왕의 기사들 가운데 한 사람이 감탄하며 외쳤습니다.

"세상에서 가장 아름다운 사람은 북쪽 지방의 이 공주였군요!"

새 왕비는 얼굴을 붉히며 외쳤습니다.

"당신은 내게 예의를 차리지 않은 것 같군요."

그러고는 낮은 소리로 혼자 중얼거렸습니다.

"저 아이의 미모를 가만두지 않겠어."

바로 그날 밤, 새 왕비는 아무도 없는 지하 감옥으로 몰래 내려가 그곳에서 특별한 주문과 요술로 마거릿 공주에게 마법을 걸었습니다. 새 왕비는 사실 유명한 마녀였지요.

> 마법사인 내가 너를 징그러운 구렁이로 만드나니,
> 왕의 막내아들 윈드가
> 바위로 돌아와 네게 세 번 입 맞추기 전에는
> 결코 본래 모습으로 돌아오지 못할지니.

세상 끝날 때까지는

본 모습으로 돌아오지 못할지니.

새 왕비의 주문은 이루어졌고, 아름다운 처녀로 잠들었던 마거릿 공주는 흉측한 괴물로 변한 채 잠에서 깨어났습니다. 아침이 되어 공주의 몸단장을 위해 방에 들어온 하녀들은 침대 위에 똬리를 틀고 있는 무시무시한 구렁이를 발견했습니다. 구렁이는 똬리를 풀더니 하녀들을 향해 다가갔습니다. 하녀들이 비명을 지르며 도망치자 징그러운 구렁이는 슬금슬금 기어 밖으로 나갔지요. 구렁이는 계속 기어가 커다란 바위를 칭칭 감더니 끔찍한 주둥이를 내민 채로 누워 햇볕을 쬐었습니다.

얼마 뒤, 온 나라가 커다란 바위의 징그러운 구렁이를 알게 되었습니다. 배가 고파진 구렁이가 바위에서 벗어나, 마주치는 것이라면 닥치는 대로 다 먹어치웠기 때문이지요. 사람들은 뛰어난 마법사를 찾아가 어떻게 하면 좋을지 물었습니다. 마법사는 점을 친 뒤 이렇게 말했지요.

"징그러운 구렁이는 사실 마거릿 공주요. 공주가 그런 짓을 하는 이유는 오랫동안 굶주렸기 때문이지. 먼저 일곱 마리의 젖소를 구하시오. 그리고 매일 해가 지면 그 젖소들의 젖을 짜 바위 근처 여물통에 가져다놓으시오. 그러면 징그러운 구렁이가 더 이상 사람들을 괴롭히지 않을 거요. 만약 공주의 본모습을 되찾아 공주에게 마법을 건 사람을 응징하고 싶다면 바다 건너 멀리 있는 마거릿의 동생 윈드를 불러오시오."

사람들은 마법사의 말을 그대로 따랐습니다. 징그러운 구렁이는 일곱 마리 젖소의 젖을 먹고 살며 더 이상 사람들을 괴롭히지 않았지요. 한편, 이 소식을 들은 윈드는 누나를 구해낸 뒤 잔인한 계모에게 복수하겠다고 굳게 다짐했습니다. 윈드의 부하 33명도 함께 맹세했지요. 그들은 커다란 배를 만들었습니다. 마가목(장미과 여러해살이식물 – 편집자)으로 배의 용골(선체의 중심선을 따라 배 밑을 선수에서 선미까지 꿰뚫은 부재 – 편집자)도 만들었지요. 모든 준비를 마친 그들은 밤버러 성을 향해 노를 저었습니다.

그들이 성에 가까워지자 계모는 마법의 힘으로 자신에게 불리한 일이 일어나고 있다는 사실을 감지했습니다. 그녀는 친한 꼬마 도깨비들을 불러 명령했습니다.

"막내 윈드가 바다를 건너오고 있다. 절대로 상륙하게 놔두어서는 안 된다. 폭풍을 일으키든지 배에 구멍을 내든지 어떻게 해서든 해안에 닿지 못하게 하라."

꼬마 도깨비들은 막내 윈드의 배와 맞서기 위해 바다로 나갔지만, 배와 가까워지자마자 자신들이 아무런 힘도 발휘할 수 없다는 것을 깨달았습니다. 배의 용골이 도깨비들을 쫓아주는 마가목으로 만들어졌기 때문이지요. 도깨비들은 마녀 왕비에게 되돌아갔고 그 소식을 들은 왕비는 어쩔 줄 몰라 했습니다. 결국 왕비는 막내 윈드가 성 가까이에 상륙하면 그를 격퇴하라는 명령을 내렸습니다. 그러고는 징그러운 구렁이가 항구에서 기다리도록 마법을 썼지요.

배가 가까이 다가오자 구렁이는 똬리를 풀더니 바닷속으로 들어가 막내 윈드의 배를 세게 쳤습니다. 막내 윈드는 배가 나아가도록 세 번이나 부하들을 독려했지만 징그러운 구렁이는 계속 배가 해안에 닿지 못하게 했습니다.

막내 윈드는 배의 방향을 바꾸라는 명령을 내렸고, 마녀 왕비는 막내 윈드가 상륙을 포기한 것으로 생각했습니다. 그러나 막내 윈드는 단념한 것이 아니라 다른 지점으로 우회한 것뿐이었습니다. 결국 버들 만에 무사히 상륙한 윈드는 칼을 뽑아들고 활을 당긴 채 부하들을 이끌고 돌진해 무시무시한 구렁이와 싸우려 했습니다.

그러나 막내 윈드가 상륙한 순간 징그러운 구렁이에게 미치고 있던 마법의 힘이 사라져버렸고, 마녀 왕비에게는 이제 도와줄 도깨비나 병사가 하나도 없었습니다. 마녀는 최후가 멀지 않았다는 것을 알고는 홀로 자신의 은신처로 돌아갔습니다. 한편, 막내 윈드가 징그러운 구렁이에게 달려들었을 때 구렁이는 왕자를 막아서거나 해칠 생각을 전혀 하지 않았습니다. 왕자가 구렁이를 베어버리려고 칼을 치켜든 순간 구렁이의 입에서 누나 마거릿의 음성이 흘러나왔지요.

오, 칼을 내려놓고 활시위도 풀고
내게 세 번 입맞춤해다오.

> 나 비록 독사이긴 하지만
> 네게는 아무런 해도 끼치지 않을 테니.

 막내 윈드는 주춤했습니다. 구렁이가 마법에서 완전히 벗어났다고 믿어도 되는지 혼란스러웠지요. 그러자 징그러운 구렁이가 다시 말했습니다.

> 오, 칼을 내려놓고 활시위도 풀고
> 내게 세 번 입맞춤해다오.
> 해가 지기 전 본래 모습으로 돌아가지 못한다면
> 영원히 내 모습을 찾지 못할 거란다.

 그러자 막내 윈드는 징그러운 구렁이에게 다가가 입을 맞추었습니다. 그러나 아무런 변화도 일어나지 않았습니다. 그러자 다시 한번 입을 맞추었습니다. 이번에도 아무런 변화가 없었습니다. 윈드가 드디어 세 번째로 입을 맞추자 구역질 나는 구렁이는 쉭쉭 비명을 지르며 사라져버리고 윈드 앞에는 누나 마거릿이 서 있었습니다.
 윈드는 마거릿에게 자신의 외투를 둘러준 다음 함께 성으로 올라갔습니다. 윈드는 성에 도착하자마자 마녀 왕비의 은신처로 갔습니다. 그리고 마녀를 찾아내 마가목 가지로 쳤습니다. 마가목 가지가 닿자마자 왕비는 점점 쪼그라들기 시작하더니 결국 징그

마거릿을 구한 윈드

럽게 노려보고 무섭게 쉭쉭거리는 흉측한 두꺼비로 변했습니다.
두꺼비는 깩깩거리고 혀를 날름거리더니 성의 계단을 깡충깡충
뛰어 내려갔습니다.

막내 윈드는 아버지의 왕위를 물려받았고 그 후 그들은 모두
행복하게 살았습니다. 하지만 오늘날까지도 밤버러 성의 인근에
는 흉측한 두꺼비가 눈에 띄는데, 그 두꺼비는 바로 사악한 마녀
왕비랍니다.

THE ROSE TREE
장미 나무

남의 눈에 눈물 내면 제 눈에는 피눈물 난다

옛날에 두 아이를 둔 선량한 남자가 있었습니다. 한 아이는 첫 번째 아내에게서 얻은 딸이었고, 다른 한 아이는 두 번째 부인에게서 얻은 아들이었습니다. 딸은 피부가 우유처럼 희고, 입술은 앵두 같았으며, 비단처럼 매끄러운 머리카락은 바닥에 닿을 정도로 길었습니다. 남동생은 이복누나를 매우 사랑했지만 사악한 계모는 의붓딸을 미워했습니다. 어느 날, 계모가 딸에게 말했습니다.

"애야, 잡화점에 가서 양초 좀 사다주렴."

계모는 딸에게 돈을 주었고, 어린 소녀는 가게로 가서 양초를 샀습니다. 집으로 돌아가는 길에는 울타리 하나가 있었습니다. 소녀가 울타리를 건너려고 양초를 내려놓는데, 개 한 마리가 나타나더니 양초를 물고 도망쳤습니다.

소녀는 잡화점으로 돌아가 다시 양초를 한 다발 샀습니다. 그러고는 양초를 내려놓고 울타리를 넘으려고 했지요. 그런데 아까그 개가 다시 나타나 양초를 물고 도망쳤습니다.

소녀는 또다시 잡화점으로 갔고, 세 번째 양초를 샀습니다. 하지만 똑같은 일이 또 일어났습니다. 소녀는 결국 돈을 다 써버렸고 양초 세 다발도 모두 잃어버렸습니다. 소녀는 울면서 계모에게 돌아갔습니다. 계모는 화가 났지만 아무렇지 않은 척하면서의붓딸에게 말했습니다.

"얘야, 이리 오너라. 머리를 빗겨줄 테니 내 무릎을 베고 누우렴."

소녀가 계모의 무릎에 머리를 올려놓자 계모는 소녀의 비단 같은 금발 머리를 빗겨주기 시작했습니다. 소녀의 머리카락은 바닥까지 흘러내렸지요. 아름다운 머리카락을 보고 질투가 난 계모는의붓딸이 더욱 미워졌습니다.

"내 무릎에 올려놓고는 네 머리의 가르마를 탈 수 없으니 가서 통나무를 하나 가져오렴."

소녀는 어머니의 말대로 통나무를 가져왔습니다. 계모가 다시 말했습니다.

"빗으로는 가르마를 탈 수 없으니 도끼를 가져오너라."

소녀는 계모가 시키는 대로 도끼를 가져왔습니다. 그러자 사악한 계모가 의붓딸에게 말했습니다.

"자, 이제 가르마를 타줄 테니 머리를 통나무 위에 올려놓으렴."

소녀는 한 치의 의심도 없이 금발의 머리를 통나무 위에 올려 놓았습니다. 조용히 도끼가 내려왔고, 소녀의 머리는 잘리고 말았습니다. 계모는 도끼를 닦으며 함박웃음을 지었지요.

게다가 계모는 죽은 소녀의 심장과 간으로 만든 스튜를 집 안으로 들여 저녁 식사로 내놓았습니다. 스튜를 맛본 남편은 고개를 절레절레 흔들며 아주 이상한 맛이 난다고 했습니다. 죽은 소녀의 계모는 그 스튜를 어린 아들에게도 조금 주었지만 소년은 먹으려 하지 않았습니다. 소년은 강제로 스튜를 먹이려는 못된 계모를 피해 정원으로 달려갔습니다. 그러고는 누나의 시신을 거두어 상자에 담은 후 장미 나무 아래에 묻어주었습니다. 소년은 매일 그 나무를 찾아가 상자가 눈물로 젖을 때까지 울었습니다.

장미 나무 아래에 있는 소년

그러던 어느 날 장미 나무에 꽃이 피었습니다. 장미꽃 사이에는 하얀 새 한 마리가 있었지요. 그 새는 하늘에서 온 천사처럼 노래를 부르고 또 불렀습니다. 새는 구두 수선공의 가게로 날아가 옆에 있는 나무에 내려앉더니 노래를 불렀습니다.

사악한 계모 날 죽이고,

그리운 아버지 날 먹었네.

사랑하는 어린 동생은

아래에 앉아 있고, 나는 위에서 노래 부르네.

죽은 채로 가지, 그루터기, 돌 위에서.

그 소리를 들은 구두 수선공이 말했습니다.

"그 멋진 노래를 다시 한번 불러보렴."

"먼저 당신이 만들고 있는 그 작은 빨간 구두를 내게 준다면요."

구두 수선공이 구두를 내주자 새가 다시 노래를 불렀습니다. 그런 다음 시계방 앞에 있는 나무로 날아가 노래를 불렀습니다.

사악한 계모 날 죽이고,

그리운 아버지 날 먹었네.

사랑하는 어린 동생은

아래에 앉아 있고, 나는 위에서 노래 부르네.

죽은 채로 가지, 그루터기, 돌 위에서.

그 소리를 들은 시계방 주인이 말했습니다.

"오 귀여운 새야, 아름다운 노래로구나! 다시 한번 불러다오."

"먼저 당신 손에 있는 그 황금 시계와 시계 줄을 내게 준다면요."

시계방 주인이 시계와 시계 줄을 내주자 새는 한쪽 발로는 시계를, 다른 발로는 구두를 움켜쥐고 노래를 되풀이했습니다. 그러고는 세 명의 제분업자가 맷돌을 타고 있는 곳으로 날아갔지요. 새는 나무 위에 자리를 잡고 앉아 노래를 불렀습니다.

> 사악한 계모 날 죽이고,
> 그리운 아버지 날 먹었네.
> 사랑하는 어린 동생은
> 아래에 앉아 있고, 나는 위에서 노래 부르네.
> 가지!

한 사람이 연장을 내려놓더니 하던 일을 멈추고 위를 쳐다보았습니다.

> 그루터기!

이번에는 두 번째 제분업자가 연장을 놓고는 위를 올려다보았습니다.

돌 위에서!

세 번째 제분업자도 연장을 내려놓고 위를 바라보았습니다.

　죽은 채로!

세 사람은 모두 한 소리로 외쳤습니다.

"오 귀여운 새야, 아주 멋진 노래로구나! 다시 한번만 불러보렴."

"먼저 그 맷돌을 내 목에 걸어준다면요."

제분업자들이 원하는 대로 해주자 새는 목에는 맷돌을 걸고, 한쪽 발로는 빨간 구두를, 또 다른 발로는 황금 시계와 시계 줄을 움켜잡고 날아가버렸습니다. 새는 계속 노래를 부르며 집으로 날아갔습니다. 새의 목에 걸린 맷돌이 집의 처마에 부딪쳐 덜그럭거리자 계모가 말했습니다.

"천둥이 치나 보다."

그러자 소년이 천둥을 보려고 밖으로 달려 나갔습니다. 그랬더니 발치에 빨간 구두가 떨어졌습니다. 맷돌이 집의 처마에 부딪혀 덜그럭거리는 소리가 다시 들려오자 계모가 말했습니다.

"천둥이 치나 보네."

이번에는 소녀의 아버지가 밖으로 달려 나갔는데 목 언저리에 시계 줄이 떨어졌습니다.

소년과 아버지는 웃고 떠들며 집 안으로 뛰어 들어갔습니다.

"봐요, 천둥이 얼마나 근사한 것을 우리에게 가져다주었는지!"

처마에 맷돌을 부딪치며 덜그럭거리는 소리가 또 들려오자 계모가 말했습니다.

"또 천둥이 치네. 이번에는 내게 줄 멋진 것을 가져왔나 봐요."

계모가 기대하며 달려 나갔지만 문밖을 나서는 순간 머리 위로 맷돌이 떨어졌습니다. 결국 그 못된 계모는 죽고 말았답니다!

THE STORY OF THE THREE BEAR

곰 세 마리

말고기를 다 먹고 무슨 냄새 난다 한다

옛날 옛적 숲속에 있는 한 집에 곰 세 마리가 살고 있었습니다. 한 마리는 어리고 조그만 아기 곰이었습니다. 또 한 마리는 중간 크기의 엄마 곰이었고, 나머지 한 마리는 거대한 아빠 곰이었습니다. 아기 곰은 작은 그릇, 엄마 곰은 중간 그릇, 아빠 곰은 커다란 그릇을 가지고 있었습니다. 각각 작은 의자, 중간 의자, 커다란 의자도 있었습니다. 마찬가지로 아기 곰의 작은 침대, 엄마 곰의 중간 침대, 아빠 곰의 큰 침대가 있었습니다.

어느 날, 곰 가족은 아침 식사로 죽을 쒀 그릇에 담아놓은 후 숲으로 나갔습니다. 뜨거운 죽이 식을 때까지 산책을 다녀올 생각이었지요. 곰 가족이 집을 비운 사이 몸집이 작은 노파가 나타났습니다. 그 노파는 창문으로 집을 들여다보더니, 나중에는 열쇠

구멍으로 집 안을 엿보았습니다.

집에 아무도 없다는 사실을 알게 된 노파는 빗장을 올렸습니다. 착한 곰 세 마리는 그동안 아무에게도 해를 끼치지 않았고, 다른 사람도 자신들에게 해를 끼칠 것이라고 의심하지 않았기 때문에 문을 잠가두지 않았습니다. 그래서 노파는 손쉽게 문을 열고 집으로 들어갈 수 있었지요. 노파는 식탁 위에 놓인 죽 그릇을 보고 활짝 웃었습니다. 만약 노파가 곰 가족이 돌아올 때까지 기다렸다면 곰들은 아마 노파에게 죽을 나눠주었을 것입니다. 곰의 습성상 약간 거칠기는 해도 곰 가족은 모두 선량하고 친절했기 때문이지요. 그러나 염치도 없고 성격도 나빴던 노파는 제멋대로 곰들의 죽을 먹기 시작했습니다.

제일 먼저 아빠 곰의 커다란 그릇에 담긴 죽을 먹었는데 너무 뜨거웠습니다. 노파는 욕설을 퍼붓고는 엄마 곰의 중간 그릇에 담긴 죽을 맛보았습니다. 그 죽은 너무 식어 맛이 없었고 이번에도 노파는 욕을 내뱉었습니다. 그러고 나서 아기 곰의 작은 그릇에 담긴 죽을 맛보았는데, 너무 뜨겁지도 식지도 않은 것이 딱 좋았습니다. 노파는 아기 곰의 죽을 아주 맛있게 먹어치웠습니다. 그러나 못된 노파는 아기 곰의 죽을 먹고도 욕을 내뱉었습니다. 양이 충분치 않았기 때문이지요.

노파가 아빠 곰의 커다란 의자에 앉아보았는데 너무 딱딱했습니다. 그래서 엄마 곰의 중간 의자에 앉았는데 너무 푹신했습니다. 마지막으로 아기 곰의 작은 의자에 앉아보니 딱딱하지도 푹

곰 세 마리 가족

신하지도 않은 것이 아주 편해 한참 동안 앉아 있었습니다. 그런데 갑자기 의자가 쿵 하고 주저앉았고, 노파는 바닥에 떨어졌습니다. 못된 노파는 이번에도 욕설을 퍼부었지요.

다음으로 노파는 곰 가족의 침실로 올라갔습니다. 처음에는 아빠 곰의 커다란 침대에 누웠습니다. 노파에게는 머리 부분이 너무 높았습니다. 그래서 엄마 곰의 중간 침대에 누웠습니다. 하지만 이번에는 발치가 너무 높았습니다. 마지막으로 아기 곰의 작은 침대에 누웠더니 머리 부분과 발치 모두 알맞았습니다.

이 무렵 곰 세 마리는 죽이 먹기 좋게 식었을 것이라 기대하며 집으로 돌아왔습니다. 아빠 곰은 자신의 그릇에 숟가락이 꽂혀 있는 것을 보고 큰 소리로 말했습니다.

"누가 내 죽에 손을 댔어!"

아빠 곰은 화가 나서 거칠고 우렁차게 외쳤습니다. 엄마 곰이 자신의 그릇을 보니 역시나 숟가락이 꽂혀 있었습니다.

"누가 내 죽에 손을 댔어!"

중간 정도의 음성으로 엄마 곰이 외쳤습니다.

그러자 아기 곰도 자신의 그릇을 보았습니다. 아기 곰의 숟가락은 그대로 있었지만, 그릇에는 죽이 하나도 없었습니다.

죽 그릇을 확인하는 곰 가족

"누가 내 죽에 손을 댔고 다 먹어치웠어!"

어리고 조그만 아기 곰은 작고 여린 음성으로 조그맣게 외쳤습니다.

누군가가 집에 들어와 아기 곰의 죽을 모두 먹어치웠다는 것을 알게 된 곰들은 집 안을 둘러보기 시작했습니다. 아빠 곰은 자신의 의자에 있던 딱딱한 쿠션이 정리되지 않은 것을 보고 소리쳤습니다.

"누가 내 의자에 앉았었어!"

아빠 곰은 화가 나서 거칠고 우렁차게 외쳤습니다. 엄마 곰이 자신의 의자를 보니 역시나 부드러운 쿠션이 쭈그러져 있었습니다.

"누가 내 의자에 앉았었어!"

중간 정도의 음성으로 엄마 곰이 외쳤습니다.

노파가 아기 곰의 의자에 무슨 짓을 했는지는 여러분도 알고 계시죠?

"누가 내 의자에 앉았었고 의자를 망가뜨렸어!"

어리고 조그만 아기 곰은 작고 여린 음성으로 조그맣게 외쳤습니다.

곰 세 마리는 좀 더 조사해야 한다고 생각하며 2층의 침실로 올라갔습니다. 아빠 곰은 자신의 베개가 원래 있던 자리에 놓여 있지 않은 것을 보고 크게 소리 질렀습니다.

"누가 내 침대에 누웠었어!"

화가 난 아빠 곰은 거칠고 우렁차게 외쳤습니다. 엄마 곰이 자신의 침대를 보니 역시나 덧베개가 제자리에 놓여 있지 않았습니다.

"누가 내 침대에 누웠었어!"

엄마 곰이 중간 정도의 음성으로 외쳤습니다.

아기 곰이 자신의 침대를 보니 덧베개도 덧베개 위의 베개도 제자리에 있었습니다. 하지만 베개 위에는 몸집이 작은 노파의

추하고 더러운 머리가 있었습니다.

"누군가 내 침대에 누웠었는데, 바로 여기 있어요!"

어리고 조그만 아기 곰은 작고 여린 음성으로 조그맣게 외쳤습니다.

노파는 잠결에 크고 거칠게 울리는 아빠 곰의 소리를 들었습니다. 그러나 너무 깊이 잠들어 있던 나머지, 그저 바람이 윙윙 부는 소리나 천둥이 울리는 소리 정도로만 들렸습니다. 엄마 곰의 음성도 들었지만 꿈속에서 누가 말을 건네는 정도로만 들렸습니다. 그러나 아기 곰의 작고 가느다란 음성은 너무나도 날카롭고 새된 소리였으므로 금세 잠에서 깼습니다. 벌떡 일어난 노파는 자신을 내려다보고 있는 곰 세 마리를 발견하고는 침대의 반대쪽으로 황급히 내려와 창문으로 달려갔습니다.

곰 세 마리는 마음이 착한 만큼 성격도 깔끔했기 때문에 아침에 일어나면 늘 침실 창문을 열어두었습니다. 노파는 열려 있던 그 창문으로 뛰어내렸지요. 노파가 뛰어내리다가 목이 부러졌는지, 숲으로 달려가다가 길을 잃었는지, 숲을 빠져나가는 길을 찾다가 치안관에게 잡혀 노파와 같은 떠돌이를 위한 시설로 보내졌는지는 모르겠습니다. 하지만 그 후 노파는 곰 세 마리 근처에 얼씬도 하지 않았답니다.

25

THE PIPED PIPER

피리 부는 사나이

번갯불에 담배 붙이겠다

프랭크빌이라고 불리던 뉴타운은 솔렌트 해안에 있는 작은 마을입니다. 지금은 정적만 흐르는 마을이지만 과거에는 아주 시끄러울 때도 있었답니다. 그 소음의 주범은 바로 쥐였습니다. 그 마을에는 온통 쥐가 들끓어 사람들이 제대로 살 수 없을 지경이었습니다. 쥐들이 닥치는 대로 먹어치우는 바람에 헛간이고 옥수수 건초 더미고 음식 저장실이고 찬장이고 성하게 남아난 곳이 하나도 없었지요.

치즈란 치즈는 모조리 갉아먹어 온통 구멍을 내놓고, 커다란 설탕 통도 깨끗이 해치웠습니다. 커다란 나무통에 담긴 벌꿀 술과 맥주도 온전할 리 없었습니다. 술통 뚜껑에 구멍을 내 제일 큰 놈이 첨벙 들어가 꼬리에 술을 잔뜩 묻혀 오면 친구에 사촌, 사돈의 팔촌까지 몰려와 꼬리를 핥아먹었습니다.

그나마 이 정도에서 그쳤다면 그런대로 참을 수 있었을 겁니다. 쥐들의 찍찍거리는 소리, 새된 비명, 이리저리 쿵쾅대며 뛰어다니는 소리에 밤잠을 못 자는 건 물론이고 말하는 소리조차 들을 수 없었으니까 말이지요. 게다가 어머니들은 아기의 요람을 지키느라 밤을 꼬박 새우기 일쑤였습니다. 덩치 큰 들쥐 놈이 달려가다가 어린 아기의 얼굴을 밟기라도 하면 큰일이었으니까요.

그 마을에는 고양이도 없었냐고요? 왜요, 물론 있었죠. 한바탕 혈전을 치렀지만, 쥐가 워낙 많았기 때문에 고양이들은 점차 자취를 감추었답니다. 방금 쥐약이라고 하셨나요? 왜 안 썼겠어요? 쥐약을 하도 많이 써서 전염병이 돌 정도였답니다. 쥐덫은 안 놓았냐고요? 전국 방방곡곡에서 쥐덫 안 써본 집이 있었겠어요? 고양이에, 쥐약에, 쥐덫에 갖은 방법을 다 써봐도 쥐는 계속 늘어만 갔습니다. 매일 자고 일어나면 새로 태어난 쥐가 꼬리를 곧추세우고 수염을 곤두세웠습니다.

시장과 마을의 원로들은 어찌하면 좋을지 몰랐습니다. 어느 날 시장과 원로들이 마을의 공회당에 모여 앉아 슬픈 운명을 한탄하며 돌아가지 않는 머리를 쥐어짜고 있는데 한 하급 직원이 들렀습니다.

"시장님, 아주 괴짜같이 생긴 사람이 마을에 나타났습니다. 어떻게 처리해야 할지 모르겠는데요."

"그 사람을 들여보내시오."

그러자 묘령의 주인공이 들어섰습니다. 그는 정말 괴짜 그 자체였습니다. 그가 걸치고 있는 옷은 끝단까지도 알록달록한 색이 그려져 있었고, 키가 크고 야윈 데다 눈매는 사람을 꿰뚫을 듯이 날카로웠습니다.

그 남자가 먼저 입을 뗐습니다.

"저는 색동옷을 입은 피리 부는 사람입니다. 제가 이 프랭크빌에서 쥐를 모두 쓸어낸다면 보수로 얼마를 주시겠습니까?"

마을 사람들은 쥐를 무서워하는 것 못지않게 돈 쓰는 것도 무서워했으므로 보수를 깎고 또 깎았습니다. 그러나 피리 부는 사나이도 호락호락한 상대는 아니었습니다. 마을에서 쥐를 모조리 몰아내고 나면 당시에는 거금에 해당하는 50파운드를 사례금으로 주기로 합의했지요.

공회당 밖으로 나가며, 사나이는 피리를 입에 대고 날카로운 곡조를 불기 시작했습니다. 각 음조가 공기를 가르고 집과 거리에 울려 퍼지자 희한한 광경이 벌어졌습니다. 갑자기 쥐구멍에서 쥐들이 굴러 나오기 시작했지요. 나이 든 쥐, 새끼 쥐, 큰 쥐, 작은 쥐 할 것 없이 모두 사나이 뒤로 몰려와 고개를 치켜세우고 종종걸음으로 그를 따라 걸었습니다. 사나이는 뒤뚱거리며 쫓아오는 쥐에게 관심을 주지 않고, 50미터마다 멈춰서 새로운 곡조를 불었습니다.

사나이와 쥐들은 오르막길의 은빛 거리를 거쳐 내리막길의 골드 거리를 지나갔습니다. 금빛 거리의 끝에는 항구가 있고, 그 너머로는 광활한 솔렌트 해가 펼쳐져 있었습니다. 사나이가 느린 속도로 무거운 발걸음을 옮기는 동안 마을 사람들은 문이나 창문 앞에 모여 그의 머리에 축복을 빌어주었습니다.

사나이 주위로 더 많은 쥐가 모여들었습니다. 항구 끝에 다다른 사나이는 배를 타고 깊은 물속으로 나아가며 더 강렬하게 피리를 불었습니다. 쥐들 역시 기쁨에 겨워 꼬리를 흔들며 물속으로 텀벙텀벙 뛰어들었습니다. 물살이 높아질 때까지 사나이는 연주를 계속했고 쥐들은 항구의 질척질척한 늪지로 가라앉아 마침내 한 마리도 남김없이 빠져 죽었습니다.

피리 부는 사나이를 따라 바다로 뛰어드는 쥐들

물이 다시 차오르자 사나이는 뭍으로 나왔고, 그 뒤를 따라 나오는 쥐는 한 마리도 없었습니다. 이 광경을 본 마을 사람들은 일제히 모자를 벗어 던지고 환호했습니다. 쥐구멍을 모두 막아버리고 교회의 종을 울렸지요. 하지만 피리 부는 사나이가 뭍으로 나오고 찍찍거리는 소리가 전혀 들리지 않게 되자, 시장과 원로들을 포함한 마을 사람들은 모두 고개를 흔들며 말을 얼버무리기 시작했습니다. 안타깝게도 마을의 금고는 이미 예전에 바닥나버렸고, 50파운드라는 큰돈이 어디서 뚝 떨어질 리도 없었기 때문이지요. 게다가 그까짓 쉬운 일에 50파운드는 너무 큰돈이지요! 피리를 불고 배를 탄 것뿐인데요! 그 정도야 생각만 했다면 시장도 충분히 할 수 있는 일이었습니다. 결국 시장은 몇 번 헛기침을 한 후 사나이에게 말했습니다.

"이보게, 젊은이! 자네도 알다시피 우리 마을은 가난하다네. 우리가 어떻게 자네에게 50파운드씩이나 줄 수 있겠나? 20파운드 정도면 충분하지 않을까? 자네가 한 일에 비하면 20파운드도 잘 받는 걸세."

"내가 계약한 금액은 정확히 50파운드였소. 내가 당신이라면 지금 빨리 50파운드를 지불할 것이오. 나는 피리로 다양한 곡조를 불 수 있소. 내게 약속한 돈을 주지 않으면 당신들은 그 대가를 치르게 될 것이오."

"뭐라고! 지금 우리를 협박하는 거야? 떠돌이 부랑아 주제에?"

시장은 원로들에게 눈짓을 하며 중얼거렸습니다.

"쥐들은 이미 전부 빠져 죽었으니. 그래, 어디 한번 하려면 해보시지?"

그러고는 싹 돌아섰습니다.

"좋소."

사나이는 의미심장하게 씩 웃었습니다. 입에 다시 피리를 댄 사나이는 아까 쥐들을 모을 때처럼 날카롭게 째지는 음이 아니라 밝고 유쾌한 곡조를 불었습니다. 사나이가 피리를 불며 거리를 걸어 내려가는 동안 어른들은 모두 비웃었습니다.

그때 갑자기 교실에서, 운동장에서, 놀이방에서, 일터에서 아이들이 뛰쳐나와 즐겁게 환호하고 소리치며 사나이의 뒤를 쫓았습니다. 아이들은 손을 맞잡은 채 춤추고 웃으며 경쾌한 발걸음으로 금빛 거리를 올라갔다가 다시 은빛 거리로 내려갔습니다.

은빛 거리 너머에는 울창한 참나무 숲과 광활한 밤나무 숲이 펼쳐져 있었습니다. 참나무 사이로 사나이의 현란한 색동옷이 나타났다 사라지기를 반복했습니다. 사나이는 점점 울창한 숲으로 들어갔고, 아이들은 그 뒤를 따라갔습니다. 아이들의 웃음소리도 점차 사그라들어 들리지 않게 되었지요.

어른들은 기다리고 또 기다렸습니다. 이젠 아무도 사나이를 비웃지 못했지요. 아무리 기다려도 현란한 색동옷을 입은 피리 부는 사나이의 모습은 나타나지 않았습니다. 오래된 참나무 숲에서 들려오는 아이들의 노랫소리로 가슴이 뛸 일도 없었지요.

MR. FOX

폭스 씨

식혜 먹은 고양이 속

젊고 아름다운 숙녀 메리에게는 두 명의 오빠가 있었습니다. 메리는 자신이 헤아릴 수 있는 수보다 훨씬 더 많은 남자로부터 사랑을 받았습니다. 그 모든 사람 가운데 가장 용감하고 씩씩한 사람은 폭스 씨였지요. 메리는 아버지의 시골 별장에 내려갔을 때 폭스 씨를 만나게 되었습니다. 폭스 씨에 대해 아는 사람은 아무도 없었지만, 그는 분명히 용감하고 부유했으며 메리를 사랑하는 숱한 남자들 가운데 유일하게 메리의 사랑을 받았습니다. 두 사람은 마침내 결혼을 약속하게 되었습니다. 메리는 폭스 씨에게 결혼 후에 어디에서 살게 될지 물었습니다. 폭스 씨는 자신의 성을 묘사하며 위치를 설명해주었지요. 그러나 이상하게도 메리나 오빠들에게 성을 보러 오라고 말하지는 않았습니다.

결혼식이 얼마 남지 않은 어느 날, 오빠들은 모두 외출하고 폭스 씨도 일 때문에 하루 이틀 어디에 다녀오겠다고 말하며 떠났습니다. 메리는 폭스 씨의 성을 향해 출발했습니다. 여기저기 수소문하고 다닌 끝에 성에 도착할 수 있었지요. 그곳은 높은 담과 깊은 해자(성벽 주변에 인공으로 땅을 파서 고랑을 내거나 자연 하천을 이용해 적의 접근을 막는 성곽 시설 – 옮긴이)가 있는 튼튼하고 멋진 저택이었습니다. 성문으로 다가가니 다음과 같은 글귀가 적혀 있었습니다.

대담해져라, 대담해져라.

성문이 열려 있어 안으로 들어갔더니 아무도 없었습니다. 그래서 현관으로 올라갔더니 그 위에도 다음과 같은 글귀가 적혀 있었습니다.

대담해져라, 그러나 너무 대담해지지는 마라.

계속 앞으로 나아간 메리는 커다란 홀 안으로 들어갔습니다. 그리고 널찍한 계단을 올라가 복도에 있는 어느 문 앞에 이르렀습니다. 그 문 위에는 다음과 같이 적혀 있었습니다.

대담해져라, 대담해져라, 그러나 너무 대담해지지는 마라,

심장의 피가 싸늘하게 식지 않도록.

겁이 없는 메리는 문을 열어보았습니다. 아, 여러분은 메리가 무엇을 보았을 거라고 생각하나요? 놀랍게도 방 안에는 온통 피로 얼룩진 아름답고 젊은 숙녀들의 시신과 해골이 있었습니다. 어서 이 끔찍한 곳에서 나가야겠다고 생각한 메리는 문을 닫고 홀을 지나 막 계단을 내려가고 있었습니다. 그런데 그때, 폭스 씨가 아름답고 젊은 어느 숙녀를 끌고 현관에서 문으로 다가오고 있는 것이 보였습니다. 메리는 황급히 계단을 뛰어 내려가 큰 물통 뒤에 숨었습니다. 메리가 숨자마자 폭스 씨가 기절한 것으로 보이는 가엾은 젊은 숙녀를 데리고 들어왔습니다. 메리가 있는 곳으로 다가온 순간, 폭스 씨는 끌고 가던 젊은 숙녀의 손가락에서 반짝이는 다이아몬드 반지를 보았습니다. 폭스 씨는 그것을

젊은 숙녀를 끌고 가는 폭스 씨

빼내려 했지만 너무 꽉 끼워져 있어 잘 빠지지 않았습니다. 폭스 씨는 욕설을 퍼부으며 칼을 빼더니 가엾은 숙녀의 손목을 내리쳤습니다. 잘린 손은 허공으로 솟아오르더니 하고많은 곳 가운데 하필이면 메리의 무릎 위로 떨어졌습니다. 폭스 씨는 잠시 주위를 둘러보았지만 물통 뒤를 찾아볼 생각은 하지 못했습니다. 잘린 손을 찾지 못한 그는 젊은 숙녀를 끌고 2층으로 올라가 피비린내 나는 방으로 들어갔습니다.

폭스 씨가 2층 복도를 지나가는 소리를 듣자마자 메리는 문밖으로 살금살금 빠져나가 있는 힘껏 집을 향해 달려갔습니다. 하지만 공교롭게도 바로 다음 날은 메리와 폭스 씨가 결혼 서약서에 서명하기로 한 날이었습니다. 서명하기 전 성대한 조찬이 열렸고, 메리의 맞은편에 앉아 있던 폭스 씨는 메리를 쳐다보더니 물었습니다.

"오늘 아침 안색이 몹시 창백하군요, 메리."

"네, 지난밤에 잠을 설쳤거든요. 끔찍한 꿈을 꾸었어요."

"꿈은 반대라고 하지 않소. 그래도 꿈 이야기를 해봐요. 당신의 감미로운 음성을 듣다 보면 행복한 시간이 빨리 올 테니까."

"저는 어제 아침에 당신의 성에 찾아가는 꿈을 꾸었어요. 숲속에서 높은 성벽과 깊은 해자가 있는 당신의 성을 찾아냈는데, 성문에는 이렇게 쓰여 있었지요."

대담해져라, 대담해져라.

"하지만 그럴 리 없소. 전에도 그런 일이 없었고."

"그리고 현관에 이르니 이렇게 써 있었어요."

대담해져라, 그러나 너무 대담해지는 마라.

"그럴 리 없소. 전에도 그렇지 않았고."

"그러고 나서 계단을 올라가 위층 복도에 이르니 끝에 문이 하나 있었는데, 그 문에는 이렇게 적혀 있었지요"

대담해져라, 대담해져라, 그러나 너무 대담해지는 마라,

심장의 피가 싸늘하게 식지 않도록.

"그럴 리 없소. 그랬을 리 없다니까."

"그래서 문을 열어보았어요. 그랬더니 방은 온통 피로 얼룩져 있었고, 죽은 여인들의 시신과 해골로 가득 차 있었어요."

"그럴 리 없소. 절대 그렇지 않소! 천벌을 받을 일인데."

"꿈속에서 저는 복도를 달렸어요. 그리고 막 계단을 내려가고 있는데 당신을 보았지요. 당신이 부유하고 아름다운 불쌍한 젊은 숙녀를 질질 끌고 홀의 문으로 올라오고 있었어요."

"그럴 리가 없소. 그렇지 않소! 천벌을 받을 일인데."

"저는 계단을 달려 내려와 당신이 젊은 숙녀의 팔을 잡아끌고 들어온 바로 그 순간 물통 뒤에 몸을 숨겼어요. 그리고 당신이 내

죽은 숙녀의 손과 반지를 보여주는 메리

곁을 지나칠 때 숙녀의 손가락에서 다이아몬드 반지를 빼내려 하
는 것을 보았죠. 그런데 반지가 빠지지 않자 폭스 씨, 당신은 반지
를 손에 넣으려고 칼을 뽑아 가엾은 숙녀의 손목을 잘라버렸
어요.”

“그렇지 않소. 그랬을 리 없소! 천벌을 받을 일인데.”

폭스 씨는 자리에서 일어서며 무언가 더 말하려 했습니다. 그
러나 그 순간 메리가 큰 소리로 외쳤습니다.

“하지만 사실이에요. 그랬다니까요. 그 증거로 여기 보여줄 손
과 반지가 있어요.”

메리는 옷에서 죽은 숙녀의 손을 꺼내 폭스 씨에게 들이댔습니다.

메리의 오빠와 친구들은 그 자리에서 바로 칼을 뽑아 폭스 씨
를 산산조각 내버렸습니다.

THE BABIES IN THE WOOD

숲속의 아이들

돈에 대한 사랑은 돈이 자랄수록 커진다

친애하는 부모들이여,

이제부터 들려주는

말을 곰곰이 잘 생각해보길.

금세 밝혀지고 만

슬픈 이야기 듣게 될 테니.

최근 노퍽에

어느 훌륭한 신사가 살았는데,

그러한 신분에 속하는

대부분의 사람보다

도의적으로 훨씬 올바르게 살았다네.

그런데 병세가 심해 위독해졌네.

어떤 치료로도 목숨을 구할 수 없었네.

아내 역시 많이 아파 그 옆에 누워 있다가

두 사람 한데 묻혔네.

두 사람 한시도 사랑하지 않은 적 없이

서로에게 늘 다정했네.

사랑에 살고 사랑에 죽으니,

두 아이만 남았네.

한 아이는 세 살이 채 안 된

건강하고 귀여운 사내아이,

나머지 한 아이는 사내아이보다도 어리고

나면서부터 아름다운 계집아이.

아이들 아버지는 분명히

어린 아들이 성년이 되면

1년에 300파운드를 받도록 유산을 남겼네.

어린 딸 제인에게는

결혼식 날 기죽지 않게

금화 500파운드를 받도록 유산을 주었네.

그러나 성년이 되기 전에

아이들이 죽게 되면

삼촌이 아이들의 재산을 가지도록
유언장이 작성되었네.

죽어가던 신사 부탁했네.
"동생, 소중한 내 아이들을 돌봐주게.
내 아들과 딸에게 잘해주길.
그 아이들을 돌봐줄 사람이
자네 외에는 아무도 없으니.
오늘 나는 신과 자네에게
소중한 이 아이들을 맡기네.
우리가 이 세상에 머물 날도
이제 얼마 남지 않았네.
자네는 아이들에게
아버지이자 어머니, 삼촌이 되어주게.
내가 죽고 난 뒤
아이들이 어떻게 될지는 신만이 아시겠지."

옆에 있던 아내도 시동생에게 말을 걸었네.
"아, 인정 많은 서방님.
우리 아이들을 행복하게도 불행하게도
만들 수 있는 분은 당신 하나뿐입니다.
당신이 아이들을 잘 돌본다면

신께서 보답하실 것입니다.
그러나 아이들을 잘 돌보지 않는다면,
신께서 당신의 행위를 지켜보실 것입니다.”

부부는 핏기 가셔 돌처럼 싸늘해진 입술로
어린아이들에게 입 맞추었네.
“하느님께서 지켜주시길, 소중한 아기들아!”
그 말과 함께 눈물 흘러내렸네.

임종을 앞둔 이 부부에게
동생 약속해주었네.
“형수님, 아이들 부양
걱정일랑 마십시오.
두 분이 돌아가시고 난 후
제가 아이들에게 잘못한다면
신께서 저와 제가 가진 것들을
가만두지 않을 테니까요!”

부부가 죽어 사라지자,
삼촌은 곧장 집에서 아이들을 데리고 나와
손수 만든 자신의 집으로 데려갔네.
그런데 아이들을 맡은 지

1년이 채 안 되어,
재산이 탐난 삼촌은
아이들을 해치울 궁리를 했네.

흉악한 기질의 건장한 두 악당을 고용해,
어린아이들을 숲으로 데려가 없애버리라고 했네.
그리고 아내에게는 교활하게 둘러댔네,
아이들을 런던에서 키우도록
자신의 친구와 함께 보내겠다고.

귀여운 아이들은 좋은 계절에
말을 탄다는 생각에
즐거운 마음으로 반기며 따라나섰네.
말을 타고 가며 자신들의 생명을
노리고 있는 그 도살자들에게
즐겁게 떠들며 재잘거렸네.

아이들이 지껄이는 그 귀여운 종알거림에
살인자들의 마음 누그러졌네.
그런 일을 떠맡은 것이 몹시 후회되었네.
그러나 마음이 더 냉혹했던
한 사람은 일을 끝내기로 단언했네.

그를 고용한 비열한 삼촌이
두둑한 대가를 지불했으므로.

나머지 한 사람은 생각이 달랐으므로
두 사람은 다투기 시작했네.
아이들의 생명을 두고 서로 싸웠다네.
그리고 심성이 좀 더 유순했던 사람이
상대를 해치웠네, 인적 드문 숲속에서.
아이들은 두려움에 벌벌 떨었네!

이리저리 돌아다니는 오누이

남자는 눈물이 그렁그렁한

아이들의 손을 이끌며

울지 말고 어서 따라오라고 했네.

3킬로미터쯤 가니

아이들이 배고프다 보챘네.

그러자 남자가 말했네.

"이곳에서 기다리거라.

가서 먹을 것을 구해 오마."

오누이는 두 손을 꼭 잡고

이리저리 돌아다녔지만

마을로 간다던

남자와는 더 이상 만날 수 없었네.

산딸기를 따 먹은 아이들의 입술은

온통 붉게 물들었네.

음울한 밤이 오자 아이들은 주저앉아 울었네.

천진난만한 두 아이 가엾게도 그렇게 헤매다가

죽음에 덮여 슬픔도 끝이 났네.

위안 바랐듯이 서로의 품에 꼭 안겨 숨 거두었네.

귀여운 오누이,

보통 사람들과 달리 땅에 묻히지도 못한 채,
방울새가 경건하게 나무 잎새로 덮어주었네.

이제 신의 분노가
아이들의 삼촌 위로 떨어졌네.
당연히, 집에는 무서운 귀신 출몰하고
그의 양심은 지옥이 따로 없었네.
건물은 불타고, 재물은 사라지고,
하는 일마다 실패하고,
가축은 들판에서 죽어나가,
아무것도 남지 않았네.

포르투갈로 항해 나갔던
두 아들도 죽고,
결국에는 자신도
궁핍하고 비참해졌네.
7년이 못 되어
모든 토지 저당 잡혔네.
결국엔 이 사악한 행위
이렇게 결말이 났네.

어린아이들을 죽이는

일에 동조했던 악당은

강도 짓으로 사형 판결 받았네.

여기에서 보듯이

진실을 드러내는

거룩한 신의 뜻이 그러했네.

빚에 쫓겨 감옥에 간 아이들의 삼촌은

그곳에서 숨을 거두었네.

부모 없는 아이들과

유순하고 얌전한 어린아이들의

후견인이나 유언 집행인이 된다면

이 일 교훈 삼아

각자 아이들의 권리를 되찾아주길.

사악한 마음 품어 이와 같은 불행으로

신의 응징 받지 않도록.

THE THREE HEADS OF THE WELL

우물의 세 머리

가는 말이 고와야 오는 말이 곱다

아서왕과 원탁의 기사 시절 훨씬 이전에 콜체스터에 궁전을 갖고 있던 한 왕이 잉글랜드 동부 지역을 다스리고 있었습니다. 왕이 한창 전성기일 때 왕비는 15살 난 외동딸을 남겨둔 채 죽고 말았습니다. 공주를 아는 사람들은 모두 공주의 미모와 친절에 감탄했지요. 그러던 어느 날, 왕은 자신처럼 외동딸을 둔 과부에 대해 전해 들었습니다. 그 과부는 늙고 못생기고 매부리코를 가진 꼽추였지만 많은 재산이 있었습니다. 그 재산이 탐났던 왕은 그녀와 결혼하기로 작정했지요.

과부의 딸은 시기심과 심술로 가득 찬 의심 많고 상스러운 처녀였습니다. 한마디로 말해 어머니와 판박이였지요. 몇 주 지나지 않아, 귀족들과 신사들이 참석한 가운데 왕은 못생긴 신부를 궁전으로 데려와 결혼식을 올렸습니다. 궁전에 들어온 지 얼마 되지 않아 새 왕비는 아름다운 공주를 모함해 왕에게 거짓 소문을 일러바쳤습니다. 아버지의 사랑을 잃어버린 공주는 점차 궁중생활이 싫어졌고, 정원에서 아버지를 만나자마자 눈물을 글썽이며 차라리 성공의 길을 찾을 수 있게 떠나는 것을 허락해달라고 간청했습니다. 왕은 공주의 청을 승낙했습니다. 그리고 계모에게 딸이 원하는 것은 무엇이든 주라고 명령했지요. 공주가 왕비에게 갔더니 왕비는 갈색 빵과 딱딱한 치즈가 담긴 삼베 자루와 음료가 담긴 병을 하나 주었습니다. 비록 공주의 신분에는 어울리지 않는 수준이었지만 공주는 그거라도 고마워하며 길을 떠났습니다. 관목 숲을 지나 깊은 골짜기를 지난 공주는 어느 동굴 입구의 바위에 앉아 있는 노인을 만났습니다. 공주를 본 노인은 말을 걸어왔습니다.

"안녕, 아름다운 처녀여? 어디를 그렇게 부지런히 가는 길인가?"

"할아버지, 저는 성공의 길을 찾아 집을 나왔답니다."

"그런데 자루와 병에는 무엇이 들었는고?"

"자루에는 빵과 치즈가 들어있고, 병에는 맛있는 음료가 담겨 있지요. 좀 드시겠어요?"

"아, 그야 물론 좋고말고."

공주는 먹을 것을 꺼내놓고 마음껏 먹으라고 권했습니다. 할아버지는 공주가 준 음식을 먹고는 여러 번 고마워하며 말했습

우물 위로 떠오른 세 머리

니다.

"이 앞에는 빽빽한 가시덤불이 있는데 절대 그냥 지나갈 수 없단다. 하지만 이 지팡이를 손에 쥐고 세 번 치면서 '덤불아, 나를 지나가게 해다오'라고 말하면 덤불이 즉시 열릴 것이다. 그러고 나서 조금만 더 가면 우물이 나올 거야. 우물가에 앉으면 세 개의 황금 머리가 나타나 말을 걸어올 텐데, 그들이 무엇을 요구하든지 시키는 대로 하거라."

공주는 그렇게 하겠다고 약속하고 할아버지와 작별했습니다. 덤불이 나타나자 공주는 할아버지의 지팡이를 썼습니다. 그랬더니 정말 덤불이 갈라지며 그 사이로 지나갈 수 있게 되었습니다. 이윽고 우물가에 이르러 앉자마자 황금 머리가 하나 솟아오르더니 노래를 불렀습니다.

나를 씻겨주고 머리를 빗겨주고
부드럽게 뉘어주오.
누군가가 지나갈 때
예쁘게 보이도록
잘 마르게 언덕에 뉘어주오.

"그럴게요."

흔쾌히 대답한 공주는 머리를 자기 무릎에 누이고는 은 빗으로 빗긴 뒤 앵초 만발한 언덕에 뉘어주었습니다. 그러자 두 번째 머리와 세 번째 머리가 올라오더니 첫 번째 머리와 똑같은 말을 했습니다. 공주는 두 머리에게도 똑같이 해준 다음, 먹을 것을 꺼내 먹으려고 앉았습니다.

그러자 머리들이 서로 말을 주고받았습니다.

"우리에게 친절을 베푼 이 처녀에게 어떤 일을 해줄까?"

첫 번째 머리가 대답했습니다.

"나는 세상에서 가장 강한 왕자도 반할 정도로 이 처녀를 아름답게 만들어주겠어."

두 번째 머리가 대답했습니다.

"나는 나이팅게일의 새소리보다 훨씬 뛰어난 아주 감미로운 목소리를 주겠어."

세 번째 머리도 질세라 나섰습니다.

"내 선물은 그리 대단한 것은 아닐 거야, 이 처녀는 공주니까. 나는 가장 위대한 왕의 왕비가 될 행운을 주겠어."

공주는 머리들을 다시 우물에 넣어주었습니다. 우물의 세 머리는 공주에게 고맙다는 말을 전했고, 공주는 가던 길을 계속 갔습니다. 그런데 얼마 가지 않아 귀족들과 함께 공원에서 사냥을 하고 있는 어떤 왕을 보았습니다. 공주는 왕을 피하려고 했지만, 공주를 본 왕이 다가왔습니다. 그러고는 공주의 미모와 아름다운 목소리에 완전히 반했다며 당장 결혼하자고 졸랐습니다.

공주가 콜체스터 왕의 딸이라는 사실을 안 왕은 장인에게 인사하러 가기 위해 마차를 준비하라고 명령했습니다. 왕비가 된 공주와 왕이 탄 마차는 황금으로 화려하게 장식되어 있었습니다. 공주의 아버지는 자신의 딸이 그런 횡재를 한 데 깜짝 놀랐습니다. 젊은 왕은 그동안의 일을 모두 알려주었지요. 그 소리를 들은 궁정의 모든 사람은 매우 기뻐했는데, 왕비와 왕비의 딸은 예외였습니다. 두 모녀는 불같은 질투심에 사로잡혔습니다. 공주를 환영하는 축제와 무도회가 며칠 동안 이어진 후 공주 부부는 아버지가 준 지참금을 지니고 집으로 돌아갔습니다.

한편 이복 자매가 출세하려고 나갔다가 그렇게 횡재한 것을 본 꼽추 공주는 자신도 그렇게 하고 싶어졌습니다. 이를 어머니에게 말하자, 어머니는 화려한 의상, 설탕, 아몬드, 사탕, 과자 등을 많이 주었습니다. 커다란 병에 담긴 말라가산 백포도주도 주었지요. 꼽추 공주는 많은 짐을 들고 이복 자매가 갔던 길을 갔습니다. 동굴 근처에 이르자 노인이 말을 걸어왔습니다.

"젊은 아가씨, 어디를 그렇게 급히 가는 길이오?"

"당신이 알아서 뭐 하려고?"

"흠. 그러면 가방과 병에는 뭐가 들었지?"

"좋은 것이 들었지. 당신이 신경 쓸 바 아냐."

"내게도 좀 나누어주지 않겠소?"

"아니, 어림도 없지. 먹고 체한다면 또 모를까."

그러자 노인은 눈살을 찌푸리며 대답했습니다.

"에이, 못된 일만 생겨라!"

길을 계속 가던 꼽추 공주는 가시덤불에 이르렀습니다. 덤불에서 틈을 찾아낸 공주는 그곳으로 지나가려고 생각했습니다. 그러나 사방이 막힌 덤불을 헤치고 나가는 일은 쉽지 않았습니다. 가시가 살을 파고들어 온몸이 피투성이가 되었지요. 몸을 씻어낼 물을 찾으려고 주위를 둘러보던 꼽추 공주는 우물을 발견했습니다. 공주가 우물가에 앉으니 머리 하나가 올라와 전처럼 말했습니다.

"나를 씻겨주고 머리를 빗겨 부드럽게 뉘어주오."

그러나 꼽추 공주는 병으로 그 머리를 내리치며 말했습니다.

"흥, 씻겨주는 거 좋아하네."

두 번째 머리와 세 번째 머리도 차례로 나타났지만, 첫 번째 머리보다 더 나을 것이 없는 대우를 받았습니다. 꼽추 공주에게 얻어맞은 머리들은 공주가 한 못된 짓에 대해 어떤 벌로 괴롭히면 좋을지 의논했습니다.

첫 번째 머리가 제안했습니다.

"얼굴에 나병(나병균에 의해 감염되는 만성 전염병 – 편집자)이 걸리게 하자."

두 번째 머리가 제안했습니다.

"뜸부기('뜸북뜸북'하고 우는 뜸부깃과의 여름새 – 편집자)처럼 거친 소리가 나게 하자."

세 번째 머리도 질세라 대답했습니다.

"시골의 가난한 구두 수선공에게 시집가게 만들자."

우물을 떠난 공주는 한 마을에 이르렀습니다. 마침 장날이라 모여 있던 사람들은 공주의 그토록 추한 얼굴을 보고, 듣기 싫은 거친 음성을 들었습니다. 시골의 가난한 구두 수선공을 제외하고는 모두 도망쳐버렸지요. 한편, 얼마 전에 어느 늙은 은자의 신발을 고쳐준 구두 수선공은 돈이 없던 은자로부터 나병을 치료하는 연고 한 통과 거친 목소리를 낫게 하는 독한 술 한 병을 받았습니다. 선행을 베풀 마음이 있었던 구두 수선공은 꼽추 공주에게 다가가 그녀가 누구인지 물었습니다.

"나는 콜체스터 왕의 의붓딸이오."

"알았어요. 만일 내가 당신의 얼굴과 음성을 완전히 낫게 해 원래 모습을 되찾아준다면 그 보답으로 나와 결혼해주겠습니까?"

"그야 물론이죠. 그러고말고요!"

대답을 들은 구두 수선공은 공주를 치료해주었고, 몇 주 후 공주의 얼굴과 음성은 원래대로 돌아왔습니다. 본래 모습으로 돌아온 공주는 구두 수선공과 결혼했고, 콜체스터의 궁전을 향해 출발했습니다. 자신의 딸이 보잘것없는 가난뱅이 구두 수선공과 결혼한 것을 안 왕비는 격노해 스스로 목을 매달았습니다. 그런데 왕비가 죽자 왕은 몹시 기뻐했습니다.

늙고 못생기고 매부리코에 꼽추였던 왕비가 빨리 없어진 것에 기분이 좋아진 왕은 구두 수선공에게 100파운드를 주며 공주를 데리고 궁전을 떠나 아주 먼 곳에서 살라고 했습니다. 먼 곳으로 떠난 구두 수선공은 수년 동안 구두를 수선했고, 그의 아내가 된 공주는 남편을 위해 실을 자으며 행복하게 살았답니다.

THE THREE LITTLE PIGS

아기 돼지 삼 형제

온 바닷물을 다 켜야 맛이냐

옛날 옛적에 돼지들은 시를 읊고,

원숭이들은 담배를 피고,

암탉들은 거칠게 보이려고 코담배를 들이쉬고,

오리들은 꽥 꽥 꽥 시끄럽게 돌아다녔네. 오!

옛날 옛적에 늙은 엄마 돼지와 아기 돼지 삼 형제가 살고 있었습니다. 아기들을 키울 살림이 넉넉하지 않았던 엄마 돼지는 아기 돼지들이 스스로 행운을 찾길 바랐습니다. 그래서 아기 돼지들을 세상으로 떠나보냈지요. 길을 걷다가 밀짚 한 단을 지고 가던 사람을 만난 첫째 아기 돼지는 이렇게 부탁했습니다.

"아저씨, 제발 집을 짓게 그 짚단을 제게 주세요."

엄마 돼지와 아기 돼지 삼 형제

아저씨가 짚단을 주자 아기 돼지는 그것으로 집을 지었습니다. 얼마 지나지 않아 늑대가 와서 문을 두드리며 말했습니다.

"아기 돼지야, 아기 돼지야, 문 좀 열어주렴."

"안 돼요, 안 돼. 절대로 열어줄 수 없어요."

그 말에 늑대가 대꾸했습니다.

"그러면 훅훅 불어버릴 거야. 훅 하고 불어서 네 집을 날려버릴 테다."

늑대는 훅훅 입김을 불고 또 불어 집을 날려버린 후 아기 돼지를 잡아먹었습니다.

둘째 아기 돼지는 가시덤불을 안고 가던 사람을 만났습니다. 아기 돼지는 그 사람에게 이렇게 부탁했지요.

"아저씨, 제발 집을 지을 수 있게 그 덤불을 제게 주세요."

아저씨가 덤불을 주자 아기 돼지는 그것으로 집을 지었습니다.

조금 후에 늑대가 와서 말했습니다.

"아기 돼지야, 아기 돼지야, 좀 들어가자꾸나."

"안 돼요, 안 돼. 절대로 열어줄 수 없어요."

"그러면 훅훅 불어버릴 거야. 훅 하고 불어서 네 집을 날려버릴 테다."

늑대는 이번에도 훅훅 입김을 불었습니다. 늑대는 계속해서 입김을 불어 덤불로 지어진 집을 쓰러뜨린 후 아기 돼지를 잡아먹었습니다.

한편 막내 아기 돼지는 벽돌을 한 짐 지고 가는 사람을 만나자 이렇게 부탁했습니다.

"아저씨, 제발 집을 지을 수 있게 그 벽돌을 제게 주세요."

아저씨가 벽돌을 주자 아기 돼지는 그것으로 집을 지었습니다. 첫째 아기 돼지, 둘째 아기 돼지와 마찬가지로 늑대가 나타나 말했습니다.

"아기 돼지야, 아기 돼지야, 문 좀 열어주렴."

"안 돼요, 안 돼. 절대로 열어줄 수 없어요."

"그러면 훅훅 불어서 네 집을 전부 날려버릴 테다."

이번에도 늑대는 훅훅 입김을 불기 시작했습니다. 훅 훅 훅, 불고 또 불었습니다. 하지만 아무리 세게 불어도 집은 끄떡없었습니다. 늑대는 아무리 힘을 주어 훅훅 불어도 아기 돼지의 집을 쓰러뜨릴 수 없다는 것을 깨닫고는 아기 돼지를 꼬드겼습니다.

"아기 돼지야, 나는 아주 근사한 순무 밭을 알고 있단다."

"거기가 어딘데요?"

"어, 거긴 바로 스미스 씨의 텃밭인데, 내일 아침까지 준비하고 있으면 내가 데리러 올게. 함께 가서 저녁거리를 장만하자."

"네, 좋아요. 준비하고 있을게요. 몇 시에 갈 건데요?"

"음, 6시에 가자."

똑똑한 아기 돼지는 5시에 일어나 먼저 순무 밭에 다녀왔습니다. 늑대가 오기 전에 말이지요. 약속한 6시가 되자 늑대가 나타나 아기 돼지에게 물었습니다.

"아기 돼지야, 준비됐니?"

"준비됐냐고요? 전 벌써 순무 밭에 다녀왔어요. 항아리 하나 가득 순무를 가져왔지요."

그 말을 들은 늑대는 몹시 화가 났지만, 어떻게든 아기 돼지를 꾀어낼 작정으로 다시 말을 걸었습니다.

"아기 돼지야, 나는 아주 맛있는 사과나무가 어디 있는지 알고 있단다."

"거기가 어디인데요?"

"저 아래에 있는 근사한 과수원이란다. 만일 네가 날 속이지 않는다면 내일 5시에 데리러 올게. 우리 가서 맛있는 사과를 따 오자."

아기 돼지는 다음 날 새벽 4시부터 부지런을 떨며 사과를 따러 갔습니다. 늑대가 오기 전에 돌아올 생각으로 말이지요. 하지만 과수원까지는 꽤 멀었고, 사과를 따려면 나무에도 올라가야 했습니다. 아기 돼지가 나무에서 막 내려오려는데 다가오고 있는 늑대가 보였습니다. 저런, 아기 돼지가 얼마나 놀랐을지 여러분도 상상할 수 있겠지요? 이윽고 늑대가 가까이 다가와 말했습니다.

"아기 돼지, 뭐야! 나보다 먼저 온 거야? 사과는 맛있니?"

"네, 아주 맛있어요. 제가 하나 던져줄게요."

아기 돼지는 사과 한 개를 멀리 던졌고, 늑대가 사과를 주우러 간 틈을 타 나무에서 훌쩍 뛰어내려 집으로 도망쳤습니다. 다음 날 늑대가 다시 나타나 아기 돼지에게 말했습니다.

"아기 돼지야, 오늘 오후에 샹클린에 장이 선다는데 같이 가지 않을래?"

"아, 그래요? 저도 갈래요. 몇 시쯤 출발할 거예요?"

"3시에 갈 거야."

아기 돼지는 늘 그랬던 것처럼 약속 시간보다 먼저 출발했습니다. 장에 도착한 아기 돼지는 버터를 만드는 커다란 통 하나를 샀습니다. 그것을 가지고 집으로 돌아가던 아기 돼지는 저 멀리서 오고 있는 늑대를 보았습니다. 어찌해야 좋을지 몰라 당황하던 아기 돼지는 통 안에 들어가 몸을 숨겼습니다. 아기 돼지가 들어 가자마자 넘어져버린 통은 언덕 아래로 굴러 내려갔습니다. 무섭게 굴러 내려오는 통을 보고 깜짝 놀란 늑대는 장에 가보지도 못하고 집으로 줄행랑을 쳤습니다. 그리고 아기 돼지의 집에 가서 그 일을 말해주었습니다. 자신의 옆을 지나 언덕 아래로 굴러 떨어지던 커다란 둥근 물건 때문에 얼마나 놀랐는지 말이지요. 그러자 아기 돼지가 대꾸했습니다.

"아하, 그럼 저 때문에 놀라신 거군요. 제가 장에 갔다가 버터 만드는 통을 하나 샀거든요. 그런데 갑자기 당신이 보이길래 통 안으로 들어가 언덕을 굴러 내려갔어요."

그 소리를 듣고 무척 화가 난 늑대는 아기 돼지를 꼭 잡아먹고 말겠다며 이를 갈았습니다. 아기 돼지를 잡아먹으려면 굴뚝을 타고 아기 돼지 집으로 들어가는 수밖에 없겠다고 생각했지요.

한편, 굴뚝으로 올라가는 늑대를 본 아기 돼지는 솥에 물을 가득 채우고 불을 활활 땠습니다. 그리고 늑대가 굴뚝을 타고 막 내려오는 순간 재빨리 솥의 뚜껑을 열었습니다. 그 바람에 늑대는 솥 안으로 풍덩 빠졌고, 아기 돼지는 재빨리 솥뚜껑을 덮었습니다. 아기 돼지는 늑대를 팔팔 끓인 후 그것을 저녁으로 먹었습니다. 그 후 아기 돼지는 영원히 행복하게 살았답니다.

THE THREE WISHES

날아가버린 세 가지 소원

닳는 사슴을 보고 얻은 토끼를 잃는다

아주아주 오랜 옛날 커다란 숲속에 가난한 나무꾼이 살고 있었습니다. 나무꾼은 하루도 거르지 않고 나무를 베러 나갔습니다. 나무꾼의 착한 아내는 평소와 다름없이 남편의 점심을 싸서 물병과 함께 등에 매주었습니다. 나무꾼은 며칠 전부터 아주 큰 참나무를 베고 있었는데, 그 나무라면 아주 많은 널빤지를 만들 수 있을 거라 생각했습니다. 그날도 나무꾼은 그 나무를 베러 갔습니다. 그는 단번에 나무를 쓰러뜨리기라도 할 듯이 도끼를 잡고 머리 위로 높이 치켜들었습니다. 그러나 한 번 내려치기도 전에 애절하게 간청하는 소리를 들었습니다.

"안녕하세요, 나무꾼 아저씨. 저는 이 숲의 요정이에요. 혹시 이 나무를 베지 않고 살려주시면 안 될까요? 간곡히 부탁드릴게요."

놀란 나무꾼은 무섭고 당황스러운 마음에 한마디도 하지 못했습니다. 잠시 후 정신을 차리고 간신히 대답했지요.

"알았어. 원하는 대로 할게."

"당신은 오늘 생각보다 훨씬 좋은 일을 한 거예요. 고마움에 대한 표시로 당신의 소원 세 가지를 들어주겠어요. 당신이 원하는 대로 이루어질 거예요."

말을 마친 요정은 홀연히 사라져버렸습니다. 나무꾼은 점심 보따리를 어깨에 지고 물병은 옆구리에 찬 채 집을 향해 출발했습니다.

집으로 돌아가는 동안 나무꾼은 아까 있었던 이상한 일을 생각했습니다. 생각하면 할수록 혼란만 더해져 집에 도착하자마자 그냥 누워 쉬고 싶은 마음밖에 없었지요. 어쩌면 요정이 자신을 속인 건지도 모르고요. 요정의 마음을 누가 알겠어요? 아무튼 나무꾼은 활활 타고 있는 난로 옆에 앉았습니다. 아직 밥 먹을 시간이 멀었는데도 차츰 배가 고파졌지요.

"아직 밥 먹으려면 멀었소?"

"그럼요, 아직 두 시간이나 남았는 걸요."

배가 너무 고픈 나머지 나무꾼은 자기도 모르게 중얼거렸습니다.

"아! 거 맛있는 소세지 하나 먹으면 딱 좋겠다."

그런데 이게 웬일입니까? 나무꾼의 말이 끝나기 무섭게 굴뚝에서 무엇인가 덜그럭거리며 내려오더니 정말로 먹음직스러운 소세지가 앞에 떡 하니 나타나는 것 아니겠어요?

놀란 나무꾼의 눈이 동전 크기만큼 커졌다면, 아내의 눈은 황소 크기만큼 커졌습니다.

"아니, 여보! 어떻게 된 일이에요?"

갑자기 아침에 숲에서 있었던 일이 생각난 나무꾼은 아내에게 처음부터 끝까지 자세하게 이야기해주었습니다. 이야기하는 동안 아내는 얼굴이 점점 일그러지기 시작하더니 남편의 말이 끝나자 고함을 쳤습니다.

"아니, 당신 제정신이에요! 고작 소원이라고 빈 게 그거예요? 차라리 그놈의 소시지 당신 코에나 가서 붙어버렸으면 좋겠어!"

아이쿠, 그런데 이를 어쩌지요? 아내의 말이 떨어지기가 무섭게 소세지가 정말로 나무꾼의 코에 가서 턱 붙는 거예요!

코에 소세지가 붙어버린 남편

놀란 나무꾼이 소시지를 잡아당겼지만 착 달라붙어서 떨어지지 않았습니다. 아내가 잡아당겨도 소용없었지요. 이번엔 두 사람이 젖먹던 힘까지 내며 잡아당겼지만 소시지는 한사코 떨어지지 않았습니다.

"내 모습 어때?"

"그렇게 못 봐줄 정도는 아니에요."

아내가 남편을 뚫어져라 쳐다보며 대답했습니다.

나무꾼은 빨리 소원을 빌어야 한다는 것을 깨달았습니다. 그리고 소원으로 빌기만 하면 소시지가 코에서 떨어질 것이라는 사실도 알았습니다.

어쩌지요? 나무꾼 부부가 황금 마차와 비단옷을 포기한다면 저녁으로 정말 먹고 싶었던 맛있는 소시지는 먹을 수 있을 테니 말이죠. 나무꾼은 과연 어떻게 했을까요?

제4장

재미

English Fairy Tales

31

THE BOGEY-BEAST

천상의 말

꿈보다 해몽이다

같은 마을에 사는 농부의 아내들을 위해 잔심부름이나 하며 근근이 살아가던 가난한 할머니가 있었습니다. 그 일은 벌이가 영 신통치 않았지요. 그래도 한 집에서는 먹을 것 한 그릇, 또 다른 집에서는 차 한 잔을 얻어먹는 식으로 그럭저럭 입에 풀칠은 할 수 있었습니다. 그래서인지 할머니는 부족함이 전혀 없는 사람처럼 늘 쾌활해 보였지요.

그러던 어느 여름날 저녁, 집으로 터벅터벅 돌아오던 할머니는 길 한쪽에 놓여 있는 커다란 검은 단지를 발견했습니다. 할머니는 멈춰 서서 단지를 바라보며 중얼거렸습니다.

"내게 뭔가 넣을 것이 있다면 저게 아주 요긴할 텐데! 도대체 누가 이런 곳에 내버려두었지?"

할머니는 마치 그 물건의 임자가 멀지 않은 곳에 있기라도 한 것처럼 주위를 둘러보았습니다. 그러나 아무도 눈에 띄지 않았습니다.

"어쩌면 흠이 있는 것인지도 모르지."

할머니는 생각에 잠겨 혼잣말을 했습니다.

"아, 그러니까 저렇게 버렸을 거야. 하지만 창가에 두고 꽃병으로 쓰면 좋을 듯한데. 집으로 가져가는 게 좋겠어."

결론을 내린 할머니는 안을 들여다보려고 나이 먹어 뻣뻣해진 허리를 굽혀 단지의 뚜껑을 들어 올렸습니다.

"어머나, 세상에!"

할머니는 비명을 지르며 길옆에 털썩 주저앉았습니다.

"번쩍이는 금화로 가득 차 있잖아!"

한동안 할머니는 번쩍번쩍 빛나는 황금에 감탄하며 예상치 못한 횡재에 놀라 보물 주위를 맴돌기만 했습니다.

"아, 벌써 부자가 되어 호사하는 느낌이야!"

얼마 후, 할머니는 어떻게 해야 그 보물을 집으로 가져갈 수 있을지 궁리하기 시작했습니다. 하지만 숄의 한쪽 끝을 단지에 묶어 길을 따라 질질 끌고 가는 것 외에 다른 방법은 생각해낼 수 없었지요.

"이제 곧 어두워질 테니 내가 이걸 집으로 가져가는 것을 보는 사람은 없을 거야. 그러면 이 보물로 무엇을 할지 밤새 생각할 수 있겠지. 커다란 저택을 한 채 사서 하루 종일 손에 물 한 방울 안

묻히고 불가에 앉아 차나 마시며 여왕처럼 살 수도 있을 테고, 목사님께 맡겨놓고 원할 때마다 조금씩 얻어 써도 되고, 마당에 구멍을 파 그 안에 묻어놓고 굴뚝 위 찻주전자와 수저 사이에 장식처럼 조금 올려놓아도 괜찮겠어. 아! 너무 좋아서 정신을 차릴 수가 없네!"

상당히 무거운 것을 끌고 오느라 지쳐버린 할머니는 잠시 쉬기 위해 가던 길을 멈추었습니다. 그러고선 보물이 제대로 있는지 확인하러 몸을 돌렸지요.

그런데 글쎄, 할머니가 단지 안을 들여다보니 놀랍게도 금화가 아니라 은 덩어리가 있는 게 아니겠습니까!

할머니는 단지를 노려보다 눈을 비빈 후 다시 노려보았습니다. 하지만 아무리 보아도 단지는 커다란 은 덩어리로밖에는 보이지 않았습니다.

"분명 금 단지였다고 맹세라도 할 수 있는데."

하지만 할머니는 체념한 듯 중얼거렸습니다.

"내가 꿈을 꾸고 있었던 것이 분명해. 어쩌면 은이어서 더 좋은 점도 있지. 금덩어리는 눈에 잘 띄니 간수하기 힘들었을 거야. 차라리 금이 아니어서 다행이야. 이 은 덩어리만 있어도 충분히 부자인걸!"

할머니는 다시 집을 향해 출발하며 은으로 무엇을 할지 즐겁게 궁리했습니다. 그러나 얼마 가지 않아 잠시 쉬려고 다시 멈췄습니다.

보물이 제대로 있는지 확인하러 뒤를 돌아본 할머니는 눈길이 닿자마자 놀라 소리를 질렀습니다.

"아, 세상에! 이제는 쇳덩어리로 바뀌었네! 에이, 차라리 잘된 일이야. 정말로 편리하잖아! 아주 쉽게 팔 수 있는 데다, 그래도 많은 돈이 될 테니까. 그리고 밤에 잘 때 이웃들이 훔칠까 봐 걱정하지 않아도 되니 훨씬 더 마음 편하지. 집에 보관하기에도 정말 좋을 뿐더러 어차피 팔 거니까 어디에 써야 할지 고민할 필요도 없고. 이 정도면 엄청나게 많은 거지!"

자신의 횡재에 흡족해하며 다시 터벅터벅 걸어가던 할머니는 얼마 지나지 않아 보물이 그대로 있는지 확인하려고 어깨 뒤를 흘깃 쳐다보았습니다. 그리고 또 소리를 질렀습니다.

"아, 이럴 수가! 이번에는 커다란 돌덩이라니! 그저 문이나 닫히지 않게 쓰일 끔찍한 것을 끌고 오고 있었네. 아, 그래도 하는 수 없지! 그런 횡재를 한 것만으로도 다행이지."

할머니는 조급한 마음으로 언덕을 촘촘히 걸어 내려갔습니다. 자신의 집 작은 대문 옆에 돌덩이를 놓으면 어떤 모습일지 궁금했기 때문이지요.

대문의 빗장을 푼 후 돌에 맨 숄을 풀려고 돌아보았더니 끌고 온 것이 이번에는 변하지 않은 채 그대로 있었습니다. 숄의 끝자락을 풀려고 뻣뻣한 등을 구부린 할머니는 그것이 틀림없이 돌이라는 것을 알 수 있었지요. 어라, 그런데 이게 웬일이죠? 돌이 갑자기 펄쩍 뛰어오르며 비명을 지르는 것 같더니 순식간에 집채만

천상의 말을 본 할머니

한 말로 자라나는 것이었습니다. 먼저 늘씬한 네 다리가 튀어나오더니 기다란 두 귀를 흔들고 꼬리를 휘둘렀습니다. 그러고는 흉내 내기 좋아하는 장난꾸러기 사내아이처럼 웃으며 허공으로 발을 찼습니다. 할머니는 말이 눈에서 완전히 사라질 때까지 한없이 쳐다보았습니다.

"난 아주 운이 좋은 사람이야. 혼자 천상의 말을 보다니! 그것도 원 없이 공짜로 말이야. 그것만으로도 굉장한 일이라고!"

할머니는 오두막 안으로 들어가 불가에 앉아 자신의 행운에 대해 곰곰이 생각했습니다.

THE THREE SILLIES

세 바보

바보는 약으로 못 고친다

옛날 옛적에 한 농부 부부가 살았는데, 외동딸이 어느 신사로부터 청혼을 받았습니다. 신사는 아가씨를 만나기 위해 매일 저녁 농부의 집을 찾아와 저녁을 먹었고, 농부의 딸은 저녁 식사 때 마실 맥주를 가지러 지하실에 다녀오곤 했습니다. 어느 날 저녁, 그날도 농부의 딸은 맥주를 가지러 지하실로 내려갔습니다. 주전자에 맥주를 받던 처녀는 우연히 지하실 천장의 대들보 하나에 나무망치가 박혀 있는 것을 보게 되었습니다. 오래 전부터 박혀 있던 나무망치를 발견한 처녀는 생각에 잠겼습니다. 다음과 같이 중얼거린 걸 보면 처녀는 아마 대들보에 박혀 있는 나무망치가 매우 위험하다고 생각한 것 같네요.

"저 신사와 결혼하면 아들이 태어날 테고, 그 아이가 어른이 되면 지금의 나처럼 맥주를 가지러 지하실로 내려오겠지. 그랬다가 저 나무망치가 머리에 떨어져 아이가 죽기라도 하면. 아, 얼마나 끔찍할까!"

생각에 잠긴 처녀는 양초와 주전자를 내려놓고 쪼그려 앉아 울기 시작했습니다.

한편, 위층에서는 맥주를 가지러 간 처녀가 한참이 지나도 돌아오지 않자 무슨 일인지 궁금해하기 시작했습니다. 그래서 어머니가 딸을 찾으러 내려갔지요. 어머니는 나무 의자에 앉아 울고 있는 딸과 바닥으로 흘러넘치는 맥주를 보았습니다.

"아니, 애야. 도대체 무슨 일이냐?"

"아, 어머니. 저 끔찍한 나무망치 좀 보세요! 제가 저 신사와 결혼하면 아들을 낳을 텐데, 그 아이가 자라 맥주를 꺼내러 지하실로 내려왔다가 저 나무망치에 머리를 맞아 죽는다면 얼마나 끔찍한 일이겠어요!"

"어머, 정말! 너무 끔찍한 일이고말고!"

어머니는 딸의 말에 맞장구를 치더니 옆에 앉아 함께 울기 시작했습니다. 얼마 후, 딸을 데리러 간 아내 역시 돌아오지 않자 궁금해진 아버지가 직접 두 사람을 데리러 지하실로 내려갔습니다. 지하실에 가보니 두 모녀는 앉아 훌쩍이고 있었고 맥주는 온 바닥에 흘러넘치고 있었습니다.

"아니, 도대체 이게 어찌 된 일이오?"

"그게 말이죠. 저 끔찍한 나무망치를 좀 봐요. 우리 딸과 사윗감이 결혼을 하면 손자가 생길 텐데, 그 아이가 자라 맥주를 꺼내러 지하실에 왔다가 저 나무망치가 떨어져 죽는다면 얼마나 끔찍한 일이에요!"

"듣고 보니 정말 그렇군! 아무렴, 끔찍한 일이고말고!"

아버지 역시 맞장구를 치고는 아내와 딸 옆에 앉아 함께 울기 시작했습니다.

부엌에 홀로 앉아 있던 신사는 기다리다 지쳐 세 사람이 어찌되었는지 알아보러 지하실로 내려갔습니다. 그런데 이게 웬일입니까? 지하실에 가보니 세 사람이 나란히 앉아 울고 있고 맥주는 온 바닥에 흘러넘치고 있었습니다. 곧장 달려간 신사는 술통의 꼭지부터 잠그고 물었습니다.

"아니, 거기 앉아서 뭐하고 있는 겁니까? 맥주를 이렇게 온 사방으로 흘러넘치게 두고는 왜 울고 있는 거죠?"

그러자 아버지가 대답했습니다.

"아, 저 끔찍한 나무망치를 좀 보오! 당신과 내 딸이 결혼하게 되면 손자가 생길 테고, 그 아이가 자라 맥주를 가지러 지하실로 내려왔다가 저 나무망치가 떨어져 죽는다고 생각해보시오!"

그리고 세 사람은 전보다 더욱 서럽게 울기 시작했습니다. 신사는 한바탕 웃음을 터뜨리더니 천장으로 팔을 뻗어 나무망치를 빼낸 후 말했습니다.

"이제까지 수많은 곳을 돌아다녔지만 당신들처럼 어리석은 사람들은 보지 못했소. 나는 이제부터 여행을 시작하겠소. 당신들보다 더 멍청한 바보를 셋이나 발견한다면 그때 다시 돌아와 당신 딸과 결혼하겠소."

신사는 농부 가족에게 작별 인사를 하고는 여행길에 올랐습니다. 신사가 떠나고 가족들은 모두 엉엉 울었습니다. 딸의 구혼자를 잃은 것이나 마찬가지였으니까요.

한편, 길을 떠난 신사는 한참이 지난 후 지붕 위에 풀이 자란 어느 여인의 오두막에 도착했습니다. 그런데 여인은 풀이 난 지붕에 걸쳐놓은 사다리로 암소를 올려보내려고 애를 쓰고 있었습니다. 가엾은 암소는 올라갈 엄두를 내지 못하고 있었지요. 그 모습을 본 신사는 여인에게 지금 무엇을 하고 있냐고 물었습니다.

"그야 보면 모르세요. 저 멋진 풀을 보라고요. 암소를 지붕으로 끌고 올라가 저 풀을 먹이려는 거예요. 소는 아주 안전할 거예요.

지붕 위로 암소를 올려보내는 여인

소의 목에 끈을 매달아 그것을 굴뚝 아래로 늘어뜨린 후 집 안을 돌아다니는 동안에는 제 허리에 묶어놓을 생각이거든요. 소가 떨어지려 하면 금세 알아차릴 수 있을 거예요."

"오, 이런 멍청이! 그냥 풀을 베어 소에게 던져주면 간단한 것을 가지고!"

하지만 여인은 풀을 베어 던져주는 것보다는 소를 끌고 지붕으로 올라가는 편이 더 쉽다고 생각했습니다. 그래서 암소를 떠밀고 구슬려 지붕으로 올려 보냈습니다. 그리고 암소의 목에 끈을 묶은 후, 그것을 굴뚝 아래로 내려보내 자신의 허리에 꽉 졸라맸습니다.

신사는 하는 수 없이 가던 길을 떠났습니다. 하지만 얼마 가지 않아, 지붕에서 넘어진 암소는 목에 묶인 줄에 대롱대롱 매달리는 바람에 목이 졸렸습니다. 여인도 암소의 무게 때문에 순식간에 굴뚝으로 끌려 올라갔습니다. 애매하게 굴뚝에 끼어버린 여인은 굴뚝 연기에 숨이 막혀 캑캑거렸습니다.

그 여인이 바로 신사가 만난 첫 번째 바보였습니다.

계속해서 길을 가던 신사는 밤이 되자 하룻밤 묵어가려고 어느 여인숙에 들렀습니다. 여인숙에는 2인실만 남아 있었습니다. 배정받은 방으로 들어가니 같은 방을 쓰게 된 여행객이 잘 준비를 하고 있었습니다. 그 여행객은 성격이 매우 활달해 신사와 금방 친해졌습니다. 그러나 아침이 되어 두 사람 모두 자리에서 일어났을 때, 신사는 깜짝 놀랐습니다. 같은 방 친구가 옷장의 손잡이에 바지를 걸어놓고는 방을 가로질러 달려가 바지 속으로 뛰어드는 광경을 보았기 때문입니다. 그 남자는 같은 행동을 되풀이하며 계속 시도했지만 성공할 수 없었습니다. 그 모습을 지켜보던 신사는 왜 그런 행동을 하는지 궁금해졌습니다. 마침내 지쳐버린 남자는 멈춰 서서 손수건으로 얼굴의 땀을 닦으며 말했습니다.

"에구 원, 내 생각에 바지는 이제껏 입어본 옷 가운데 제일 귀찮은 종류요. 도대체 어느 작자가 이런 것을 만들어냈는지 모르겠단 말이오. 이놈의 옷을 입으려면 매일 아침 귀중한 시간을 한 시간이나 허비하게 되니, 정말 열불이 나는군요! 당신은 바지를 어떻게 입습니까?"

그러자 신사는 웃음을 터뜨리며 남자에게 바지 입는 방법을 알려주었습니다. 그러자 남자는 신사에게 무척이나 고마워하며 그런 방법은 생각조차 하지 못했다고 말했습니다.

신사가 만난 두 번째 바보였지요.

다시 여행을 시작한 신사는 어느 마을에 도착했습니다. 그 마을 외곽에는 연못이 하나 있었는데, 연못 주위에는 많은 사람이 모여 있었습니다. 그런데 희한하게도 사람들은 갈퀴, 빗자루, 쇠스랑을 연못 속에 넣으려고 했습니다. 신사는 무슨 일인지 물어보았습니다.

"왜라니요! 아주 큰일이지요! 달이 연못 속에 빠졌는데 아무리 해도 밖으로 건져낼 수가 없단 말이에요!"

그 말에 신사는 크게 웃음을 터뜨리고는 사람들에게 하늘을 쳐다보라고, 연못 속에 있는 달은 물에 비친 그림자일 뿐이라고 말해주었습니다. 하지만 사람들은 그 말을 믿지 않았습니다. 오히려 신사에게 심한 욕을 해댔지요. 신사는 되도록 빨리 그곳을 벗어날 수밖에 없었습니다.

신사는 어리석은 농부 가족보다도 더 어리석은 바보를 셋이나 만났으므로 집으로 돌아가 농부의 딸과 결혼했습니다. 그 후 그들이 행복하게 살지 못했다 해도 여러분이나 저와는 상관없는 일이지요.

THE HOBYAHS
호비야

무식한 도깨비 진언을 알랴

옛날에 대마 줄기로 만든 집에 노부부와 어린 소녀가 살고 있었습니다. 할아버지는 투피라는 강아지를 한 마리 키웠습니다. 어느 날 밤 도깨비의 일종인 호비야들이 몰려와 외쳤습니다.

"호비야! 호비야! 호비야! 오두막을 모두 허물어버리고 할아범과 할망구를 먹어치운 후 계집애를 데리고 가자!"

　그러나 강아지 투피가 시끄럽게 짖어대는 소리를 듣고 호비야
들은 모두 도망쳤습니다.

　할아버지는 그 사실도 모르고 투덜거렸습니다.

　"저놈의 강아지 투피가 시끄럽게 짖어대는 바람에 잠을 잘 수
가 없네. 내일 아침까지 내가 살아 있다면 저놈의 꼬리를 잘라버
릴 테야."

　다음 날 아침 할아버지는 강아지 투피의 꼬리를 잘라버렸습니다.

　그날 밤, 호비야들이 또다시 몰려와 떠들었습니다.

　"호비야! 호비야! 호비야! 오두막을 모두 허물어버리고 할아범
과 할망구를 먹어치운 후 계집애를 데려가자!"

그러나 이번에도 강아지 투피가 시끄럽게 짖어대는 소리를 듣고 호비야들은 모두 도망쳤습니다.

강아지 짖는 소리에 잠을 설친 할아버지가 또 투덜거렸습니다.

"저놈의 강아지 투피가 시끄럽게 짖어대는 바람에 잠을 잘 수가 없네. 내일 아침까지 내가 살아 있다면 저놈의 다리를 분질러 버려야지."

다음 날 아침 할아버지는 강아지 투피의 다리 하나를 잘라버렸습니다.

그날 밤, 호비야들이 또 몰려와 소리쳤습니다.

"호비야! 호비야! 호비야! 오두막을 모두 허물어버리고 할아범과 할망구를 먹어치운 후 계집애를 데려가자!"

　이번에도 역시 강아지 투피가 시끄럽게 짖어대는 소리에 호비야들은 모두 도망쳤습니다.

　강아지 짖는 소리에 잠을 설친 할아버지가 또 투덜거렸습니다.

　"저놈의 강아지 투피가 시끄럽게 짖어대는 바람에 잠을 잘 수가 없네. 내일 아침까지 내가 살아 있다면 저놈의 다리를 또 하나 분질러버려야지."

　다음 날 아침 할아버지는 강아지 투피의 다리 하나를 또 잘라버렸습니다.

　그날 밤, 호비야들이 또 몰려와 소리쳤습니다.

　"호비야! 호비야! 호비야! 오두막을 모두 허물어버리고 할아범과 할망구를 먹어치운 후 계집애를 끌고 가자!"

이번에도 강아지 투피가 시끄럽게 짖어댔고 이 소리에 겁을 먹은 호비야들은 모두 도망쳤습니다.

투피가 짖는 소리에 화가 난 할아버지는 또 투덜거렸습니다.

"저놈의 강아지가 시끄럽게 짖어대는 바람에 잠을 잘 수가 없네. 내일 아침까지 내가 살아 있다면 저놈의 다리를 또 하나 분질러버려야지."

다음 날 아침 할아버지는 강아지 투피의 다리 하나를 또 잘라버렸습니다.

그날 밤, 호비야들이 또 몰려와 소리쳤습니다.

"호비야! 호비야! 호비야! 오두막을 모두 허물어버리고 할아범과 할망구를 먹어치운 후 계집애를 데려가자!"

이번에도 강아지 투피는 시끄럽게 짖어댔고 호비야들은 모두
겁을 먹은 채로 도망쳤습니다.

강아지 짖는 소리에 잠을 설친 할아버지가 투덜거렸습니다.

"저놈의 강아지 투피가 시끄럽게 짖어대는 바람에 잠을 잘 수
가 없네. 내일 아침까지 내가 살아 있다면 저놈의 하나 남은 다리
마저 분질러버려야지."

다음 날 아침 할아버지는 강아지 투피의 마지막 남은 다리마저
잘라버렸습니다.

그날 밤, 호비야들이 또 몰려와 소리쳤습니다.

"호비야! 호비야! 호비야! 오두막을 모두 허물어버리고 할아범
과 할망구를 먹어치운 후 계집애를 데려가자!"

　이번에도 강아지 투피가 시끄럽게 짖어대는 소리에 호비야들은 모두 도망쳤습니다.

　강아지 짖는 소리에 잠을 설친 할아버지가 또 투덜거렸습니다.

　"저놈의 강아지 투피가 시끄럽게 짖어대는 바람에 잠을 잘 수가 없네. 내일 아침까지 내가 살아 있다면 저놈의 머리를 베어버려야지."

　다음 날 아침 할아버지는 강아지 투피의 머리를 베어버렸습니다.

　그날 밤, 호비야들이 다시 몰려왔습니다.

　"호비야! 호비야! 호비야! 오두막을 모두 허물어버리고 할아범과 할망구를 먹어치운 후 계집애를 끌고 가자!"

　강아지 투피의 머리가 잘렸다는 것을 알게 된 호비야들은 오두

막을 쓰러뜨린 후 할아버지와 할머니를 먹어치우고 어린 소녀를
자루에 넣어 데려갔습니다.

　집으로 돌아간 호비야들은 어린 소녀가 들어 있는 자루를 매달
아두고는 돌아가며 차례로 자루 꼭대기를 치면서 외쳤습니다.

　"나를 봐! 나를 보라니까!"

　그러고 나서 그날 밤까지 잠을 자러 갔습니다. 호비야들은 낮
에 잠을 자기 때문이었지요.

　한편, 커다란 개를 데리고 그쪽 길로 지나던 한 남자가 어린 소
녀의 울음소리를 들었습니다. 남자는 소녀에게 어떻게 해서 그곳

에 갇히게 되었는지 물었습니다. 소녀의 대답을 들은 남자는 자신의 개를 자루에 대신 넣어놓고 어린 소녀를 자신의 집으로 데려갔습니다.

그날 밤, 호비야들은 자루를 내려놓고 또다시 자루 꼭대기를 치며 놀렸습니다.

"나를 봐, 나를 보라니까!"

그러고는 자루를 열었는데 남자의 개가 튀어나와 호비야들을 모두 잡아먹었습니다. 그래서 지금은 호비야가 하나도 없답니다!

THE OLD WOMAN AND HER PIG
할머니와 돼지

산 넘어 산이다

옛날에 어떤 할머니가 집을 청소하다가 찌그러진 6펜스짜리 동전 한 닢을 발견했습니다. 기분이 좋아진 할머니는 돈을 어떻게 쓸지 궁리했습니다.

"이 6펜스로 무엇을 할까? 시장에 가서 새끼 돼지를 한 마리 사야지."

돼지를 사서 집으로 돌아오는데 돼지가 울타리를 넘으려 하지 않았습니다.

길을 조금 더 내려간 할머니는 개를 만나 부탁했습니다.

"개야! 개야! 돼지를 물으렴. 저놈의 돼지가 울타리를 넘어가려 하질 않는구나. 그래서 오늘 밤 안으로 집에 못 갈 것 같아."

하지만 개는 새끼 돼지를 물려 하지 않았습니다. 길을 조금 더

울타리를 넘어가지 않는 돼지

가다가 막대기를 만난 할머니는 말을 걸었습니다.

"막대기야! 막대기야! 개를 때려주렴! 저 개가 돼지를 물려 하지 않아. 돼지는 울타리를 넘으려 하지 않고. 그래서 오늘 밤 안으로 집에 못 갈 것 같아."

하지만 막대기는 개를 때리려 하지 않았습니다. 길을 조금 더 가다가 이번에는 불을 만났습니다. 할머니가 불에게 말했습니다.

"불아! 불아! 저 막대기를 태워버리렴. 막대기가 개를 때리려 하지 않아. 개는 돼지를 물려 하지 않고. 돼지는 울타리를 넘으려 하지 않아. 그래서 오늘 밤 안으로 집에 못 갈 것 같아."

하지만 불은 막대기를 태우려 하지 않았습니다. 그래서 할머니는 길을 조금 더 갔고, 이번에는 물을 만났습니다. 할머니는 물에게 부탁했습니다.

"물아! 물아! 저 불을 꺼버리렴. 불이 막대기를 태우려 하지 않아. 막대기는 개를 때리려 하지 않고, 개는 돼지를 물려 하지 않

아. 돼지는 울타리를 넘으려 하지 않으니 오늘 밤 안으로 집에 가기는 글렀단다.”

하지만 물은 불을 끄려 하지 않았습니다. 하는 수 없이 다시 길을 나선 할머니는 잠시 후 황소를 만나 부탁했습니다.

“황소야! 황소야! 저 물을 마셔버리렴. 물이 불을 끄려 하지 않아. 불은 막대기를 태워버리려 하지 않고 막대기는 개를 때리려 하지 않아. 개는 돼지를 물려 하지 않고 돼지는 울타리를 넘으려 하지 않으니 오늘 밤 안으로 집에 가기는 힘들 것 같구나.”

하지만 황소는 할머니의 말을 들으려 하지 않았습니다. 다시 길을 조금 더 간 할머니는 푸줏간 주인을 만나 부탁했습니다.

“푸줏간 주인! 푸줏간 주인! 저 황소를 죽이구려. 황소가 물을 먹으려 하지 않소. 물은 불을 끄려 하지 않고. 불은 막대기를 태우려 하지 않고 막대기는 개를 때리려 하지 않소. 개는 돼지를 물려 하지 않고 돼지는 울타리를 넘으려 하지 않고. 그러니 오늘 밤 안으로 집에 가기는 글렀구려.”

하지만 푸줏간 주인은 황소를 죽이려 하지 않았습니다. 다시 길을 나선 할머니는 잠시 후 밧줄을 만나자 부탁했습니다.

“밧줄아! 밧줄아! 저 푸줏간 주인을 매달아주렴. 푸줏간 주인이 황소를 죽이려 하지 않으니까. 황소는 물을 마시려 하지 않고, 물은 불을 끄려 하지 않아. 불은 막대기를 태워버리려 하지 않고, 막대기는 개를 때리려 하지 않아. 개는 돼지를 물려 하지 않고 돼지는 울타리를 넘으려 하지 않아. 그러니 오늘 밤 안으로 집에 가기는 글렀어."

하지만 밧줄은 푸줏간 주인을 매달
려 하지 않았습니다. 다시 길을 따라
내려간 할머니는 쥐를 만나자 부탁했
습니다.

"쥐야! 쥐야! 밧줄을 갉아먹으렴. 밧
줄이 푸줏간 주인을 매달려 하지 않
으니까. 푸줏간 주인은 황소를 죽이
려 하지 않고, 황소는 물을 마시려 하
지 않아. 물은 불을 끄려 하지 않고, 불은 막대기를 태워버리려 하
지 않아. 막대기는 개를 때리려 하지 않고, 개는 돼지를 물려 하지
않아. 돼지는 울타리를 넘으려 하지 않으니 오늘 밤 안으로 집에
가기는 글렀단다."

하지만 쥐는 밧줄을 갉아먹으려 하지 않았습니다. 하는 수 없
이 다시 길을 나선 할머니는 고양이를 만나자 부탁했습니다.

"고양이야! 고양이야! 쥐를 죽이렴. 쥐가 밧줄을 갉아먹으려 하
지 않으니까. 밧줄은 푸줏간 주인을 매달려 하지 않고 푸줏간 주
인은 황소를 죽이려 하지 않아. 황소는 물을 마시려 하지 않고, 물
은 불을 끄려 하지 않아. 불은 막대기를 태워버리려 하지 않고, 막
대기는 개를 때리려 하지 않아. 개는 돼지를 물려 하지 않고 돼지
는 울타리를 넘으려 하지 않아. 그러니 오늘 밤 안으로 집에 가기
는 틀린 것 같아."

고양이는 할머니에게 조건을 말했습니다.

"저기 저 암소에게 가서 우유 한 접시만 얻어다주면 쥐를 죽이겠어요."

할머니는 암소에게로 갔습니다. 하지만 암소도 할머니에게 조건을 내걸었습니다.

"저기 저 건초 한 움큼만 얻어다주면 우유를 드리겠어요."

그래서 할머니는 암소에게 건초를 가져다주었습니다. 암소가 건초를 먹자마자 할머니에게 우유를 주었고, 할머니는 그 우유를 접시에 담아 고양이에게 가져갔습니다.

우유를 핥아 먹자마자 고양이는 쥐를 죽이려 했습니다. 그러자 쥐는 밧줄을 갉으려 했습니다. 밧줄은 푸줏간 주인을 목매달려 했습니다. 그러자 푸줏간 주인이 황소를 죽이려 했습니다. 황소는 놀라 물을 마시려 했습니다. 물이 불을 끄려 하자 불은 막대기를 태워버리려 했습니다. 그러자 막대기가 개를 때리기 시작했고, 개는 돼지를 물어뜯기 시작했습니다. 새끼 돼지는 겁에 질려 울타리를 펄쩍 뛰어넘었습니다. 덕분에 할머니는 그날 밤 안으로 집에 돌아갈 수 있었습니다.

◇ 35 ◇

THE WISE MEN OF GOTHAM

고담의 잘난 척하는 사람들

너 난 날 내 났다

♦ 없는 양으로 싸우기

옛날에 고담 주민 두 사람이 노팅엄 다리에서 마주쳤습니다. 한 사람은 양을 사러 노팅엄 장에 가는 길이었고, 다른 한 사람은 장에서 돌아오는 길이었습니다.

"어디 가는 길입니까?"

노팅엄에서 돌아오던 사람이 먼저 물었습니다.

"그야, 양을 사러 가는 길이죠."

노팅엄으로 가던 사람이 대답했습니다.

"양을 살 거라고요? 그럼 양을 집으로 데려올 때 어느 길로 올 건가요?"

"음. 이 다리로 데려와야지요."

"세상에, 그러면 안 됩니다."

"아니 왜요? 그럴 겁니다."

"그러면 안 된다니까."

"싫소."

두 사람은 마치 둘 사이에 100마리의 양이라도 있는 것처럼 막대기를 휘두르며 싸웠습니다. 실제로는 한 마리의 양도 없었는데 말이지요.

"멈춰요. 내 양들이 다리에서 떨어지지 않게 조심하란 말이오."

"싫소. 그것들이 이 길로 못 오게 할 거요."

"이리로 데리고 온다지 않소."

"계속 고집을 피우면 그 주둥아리를 가만두지 않겠어."

"하, 어디 해보시지?"

그렇게 두 사람이 말다툼을 벌이고 있을 때, 곡식 가루 한 자루를 싣고 시장에서 돌아오던 또 다른 고담 주민이 그들을 발견했습니다. 그는 존재하지도 않는 양을 가지고 싸우는 두 사람의 모습이 답답해 끼어들며 말했습니다.

"아, 답답한 양반들! 언제 철이 들려 그러오? 곡식 자루를 내 어깨에 얹을 수 있도록 좀 도와주구려."

두 사람의 도움을 받아 곡식 자루를 어깨에 얹은 남자는 다리 난간으로 가서 자루를 풀더니 그 안에 든 곡식 가루를 모두 강물에 쏟아부었습니다. 그러고는 물었지요.

"이웃 양반들, 자 이제 내 자루 안에 곡식 가루가 얼마나 남았소?"

"그야, 이제는 하나도 없지요."

"그렇지. 아마 가지고 있지도 않은 것을 두고 다툼을 일삼는 당신들 머리에 든 지혜만큼은 남았을 게요."

이 세 사람 가운데 누가 가장 어리석은지는 여러분 스스로 판단해보세요!

❀ 뻐꾸기 가두기

옛날 고담 주민들은 뻐꾸기가 1년 내내 노래하게 하려고 마을 한가운데에 둥그런 울타리를 만들었습니다. 그러고는 뻐꾸기를 잡아 그 안에 넣은 뒤 말했지요.

"거기서 일 년 내내 노래를 불러라. 안 그러면 먹이도 물도 주지 않을 테다."

그러나 뻐꾸기는 울타리 안에 들어가자마자 날아가버렸습니다.

"저런 망할 것! 울타리가 너무 낮았나 보네."

✤ 치즈 팔기

한 고담 주민이 치즈를 팔러 시장에 가던 중이었습니다. 노팅엄 다리로 이어지는 언덕을 내려가고 있는데 자루에서 치즈 하나가 떨어져 언덕 아래로 굴러갔습니다.

"아, 너희들은 혼자서도 시장에 갈 수 있는 모양이구나? 그렇다면 하나씩 차례대로 내보내주마."

남자는 자루를 내려놓더니 치즈를 전부 꺼내 언덕 아래로 굴렸습

치즈를 언덕 아래로 굴리는 고담 주민

니다. 어떤 것은 이쪽 덤불로, 어떤 것은 저쪽 덤불로 굴러갔지요.

"너희들 모두 이따 시장 근처에서 만나자."

남자는 치즈를 만나기 위해 시장으로 갔습니다. 그러고는 장이 거의 파할 때까지 기다렸습니다. 아무리 기다려도 치즈가 나타나지 않자, 남자는 여기저기 돌아다니며 이웃과 친구를 비롯한 다른 사람들에게 시장으로 오고 있는 자신의 치즈를 보았는지 물었습니다.

그러자 어떤 시장 사람이 물었습니다.

"그것을 누가 가져오기로 했소?"

"그야, 치즈가 스스로 오고 있죠. 치즈는 오는 길을 잘 알고 있거든요."

"저런 망할 치즈. 아무래도 그 녀석이 너무 빨리 달리다가 시장을 지나친 게 아닌가 싶소. 내 생각에는 치즈가 지금쯤 거의 요크에 다다랐을 것 같소."

그 말을 들은 치즈 주인은 말을 한 필 빌려 요크로 달려가 자신의 치즈를 찾아보았습니다. 하지만 오늘날까지도 그의 치즈에 대해 알고 있는 사람은 아무도 없답니다.

✤ 장어 익사시키기

부활절 직전의 금요일이 되자 고담 주민들은 하얀 청어, 붉은 청어, 새끼 청어, 다른 절인 생선들을 어떻게 처리할지 머리를 맞대고 고민했습니다. 곰곰이 상의한 끝에 주민들은 그 고기들을 전부 마을 한가운데에 있던 연못에 던졌습니다. 다음 해가 되면 연못에 들어간 고기들이 새끼를 칠 것이라 생각했기 때문이지요.

"나는 흰 청어가 너무 많아."

"나는 새끼 청어가 많아."

"나는 붉은 청어가 너무 많아."

"나는 절인 생선이 너무 많아. 이것들을 전부 연못이나 웅덩이에 풀어놓으면 내년에는 귀족처럼 살 수 있겠지."

다음 해가 되고, 사람들은 생선을 건지러 모였지만 연못에는 커다란 뱀장어 한 마리 말고는 아무것도 없었습니다.

"아, 이런 못된 뱀장어. 우리의 생선들을 모조리 먹어치우다니."

"이 녀석을 어떻게 할까?"

"죽여버립시다."

"조각조각 난도질합시다."

"그러지 말고 물에 빠뜨려 죽입시다."

"그래, 그러는 게 좋겠소."

사람들은 모두 다른 연못으로 달려가 뱀장어를 그 안으로 던졌습니다.

"어디 거기 누워서 혼자 애써봐라. 그런다고 우리한테서는 아무런 도움도 받을 수 없을 테니."

그러고는 장어가 물에 빠져 죽도록 내버려두었답니다.

❖ 소작료 보내기

옛날 옛적 어느 날, 고담 주민들이 소작료 내는 것을 깜빡 잊고 있었습니다. 주민 한 사람이 다른 사람에게 말했습니다.

"내일이 소작료 내는 날이야. 어떻게 돈을 전달하는 게 좋을까?"

"오늘 내가 산토끼 한 마리를 잡았다네. 산토끼는 잽싸게 잘 달리니까 소작료를 전해줄 수 있지 않을까?"

"그렇게 하는 것이 좋겠군. 토끼에게 편지와 돈을 넣은 주머니를 주고 길을 잘 알려주면 되겠군."

주민들은 편지와 돈을 넣은 주머니를 토끼의 목에 매달며 말했습니다.

"먼저 랭커스터로 가거라. 그런 다음 러프버러로 가야 한다. 뉴어크가 우리의 지주니 우리의 안부를 전하며 소작료를 가져왔다고 해라."

토끼는 사람들의 손에서 벗어나자마자 시골길을 따라 달렸습니다. 그러자 몇몇 사람이 외쳤습니다.

"랭커스터로 먼저 가야 한다니까."

"그냥 두게. 토끼는 우리 가운데 제일 뛰어난 사람보다도 지름

길을 잘 알고 있으니까.”

“그래. 저 토끼는 영리하니까 그냥 두자고. 개가 무서워 큰길로
는 가지 않을 테니까.”

❖ 사람 머릿수 세기

언젠가 고담 주민 12명이 낚시를 하러 갔는데 몇 사람은 물속
으로 들어갔고 몇 사람은 물에 들어가지 않고 마른 땅에 있었습
니다. 돌아오는 길에 한 사람이 말했습니다.

“오늘은 물에 들어가느라 많이 위험했어. 나는 우리 모두 익사
하지 않고 무사하게 해달라고 하느님께 기도를 드렸다네.”

“그러게, 말이 나온 김에 살펴보자고. 오늘 나온 사람이 전부
12명이지.”

사람들은 모두 11명까지만 세고 12번째가 되는 자기 자신은 세
지 않았습니다.

그러고는 똑같이 떠들었습니다.

“아! 한 사람이 물에 빠진 게야.”

12명의 사람은 낚시를 했던 개천으로 돌아가 물에 빠진 사람을
찾으며 몹시 슬퍼했습니다. 그때 궁정 신하 한 사람이 말을 타고 지
나가다가 그들에게 무엇을 찾고 있으며 왜 그렇게 슬퍼하는지 물
었습니다.

"아, 우리는 오늘 이 개천으로 낚시를 왔습니다. 전부 12명이 왔는데 한 사람이 그만 물에 빠졌답니다."

"그렇다면, 지금 자네들이 몇 명인지 내 앞에서 세어보게."

사람들은 11명까지만 세고 자신은 세지 않았습니다.

"12번째 사람을 찾아주면 내게 무엇을 주겠는가?"

"우리가 가진 돈을 모두 드리지요."

"그럼 내게 돈을 주게."

궁정 신하는 제일 첫 사람에게 다가가 어깨를 힘껏 후려쳤습니다. 어깨를 맞은 사람이 아파서 신음하자 궁정 신하가 말했습니다.

"자, 한 사람이네."

궁정 신하가 한 사람씩 어깨를 후려치자 고담 주민들은 신음 소리를 냈습니다. 궁정 신하는 제일 마지막 사람에게 센 주먹을 날리며 말했습니다.

"자, 여기 12번째 사람 있네."

그러자 일행은 이구동성으로 외쳤습니다.

"아이고 감사합니다, 나리. 인자하기도 하셔라. 우리 이웃을 찾아주셨군요."

◇ 36 ◇

MR. AND MRS. VINEGAR

식초 부부

~~~~

말 타면 경마 잡히고 싶다

</div>

옛날 옛적 식초 부부가 식초병에 살고 있었습니다. 아내는 매우 야무진 주부였지요. 운수가 사나웠던 어느 날, 남편이 외출한 후 아내는 바쁘게 집을 청소했습니다. 그런데 그만! 비질을 잘못하는 바람에 온 집 안이 덜거덕 소리와 함께 무너져 내렸습니다.

몹시 상심한 아내는 남편에게 달려가 외쳤습니다.

"아, 여보, 여보! 우리는 망했어요. 망했다고요. 내가 비질을 잘못하는 바람에 집이 산산조각이 났지 뭐예요."

남편은 침착하게 대답했습

식초병에 사는 식초 부부

니다.

"여보, 뭐 건질 만한 것이 있나 봅시다. 여기 문짝이 있군. 이것을 등에 지고 성공의 길을 찾아 떠납시다."

하루 종일 걸어다니던 부부는 해질 녘에 울창한 숲속으로 들어갔습니다. 두 사람 모두 매우 지쳐 있었지요. 남편이 아내에게 제안했습니다.

"여보, 나무로 올라가 문짝을 끌어 올릴 테니 당신도 뒤따라 올라오구려."

남편이 문짝을 끌어 올렸고, 두 사람은 문짝 위에 지친 사지를 뻗고 잠이 들었습니다. 한밤중이 되자 남편은 아래에서 들려오는 소리에 잠이 깼는데, 놀랍게도 그 소리는 도둑 일당이 훔친 장물을 나누기 위해 떠드는 소리였습니다.

"이봐, 잭. 여기 자네 몫 5파운드야 받아. 빌, 자네 것은 10파운드일세. 밥, 자네 몫은 3파운드야."

식초 남편은 더 이상 도둑들의 소리를 듣고 있을 수 없었습니다. 어찌나 무서워 덜덜 떨었던지 도둑들 머리 위로 문짝을 떨어뜨리고 말았지요. 그 바람에 놀란 도둑들이 혼비백산해 달아나버렸습니다. 하지만 식초 남편은 날이 훤히 밝을 때까지도 숨어 있던 곳에서 내려올 엄두를 내지 못했습니다. 날이 밝자 겨우 나무에서 기어 내려와 문을 들어 올렸지요. 놀랍게도 문짝 밑에는 많은 금화가 있었습니다. 남편은 소리를 질렀습니다.

"여보, 내려와봐요. 우리 횡재했어! 횡재했다고! 어서 내려오구려."

황급히 내려와 돈을 본 아내 역시 기뻐서 펄쩍 뛰었습니다.

"아, 여보 이제부터 해야 할 일을 일러줄 테니 잘 들어요. 옆 마을에 장이 서 있으니까 이 금화 40닢을 가지고 가서 암소를 한 마리 사도록 해요. 그러면 내가 버터와 치즈를 만들게요. 당신이 그것을 장에 내다 팔면 우리는 아주 편안하게 살 수 있을 거예요."

남편은 아내의 말에 흔쾌히 동의하며 돈을 들고 장으로 갔습니다. 장에 도착한 남편은 이리저리 돌아다니다 마침내 근사한 붉은 암소를 찾아냈습니다. 그 암소는 젖도 많이 나오고 모든 점이 완벽했습니다. 남편은 속으로 생각했습니다.

"아, 저 암소를 사면 최고의 행운아가 될 거야."

그는 암소 값으로 금화 40닢을 제시했습니다. 마침 소 임자는 식초 남편의 친구였으므로 거래가 성사되었습니다. 암소를 구매한 식초 남편은 자랑하고 싶은 마음에 암소를 이리저리 몰고 다녔습니다. 그러다가 백파이프를 불고 있는 한 남자를 만나게 되었지요.

피리리~ 피리리 ~

아이들은 그 남자를 따라다녔고, 남자는 온 사방에서 돈을 긁어모으는 것 같아 보였습니다. 그 모습을 본 식초 남편은 혼자 중얼거렸습니다.

"저 근사한 악기를 손에 넣을 수만 있다면 최고의 행운일 텐데. 복이 넝쿨째 굴러들어올 거야."

식초 남편은 남자에게 다가가 말을 걸었습니다.

"이보시오. 그 악기 참 멋지군요. 돈도 많이 벌겠어요."

"그야 물론이죠. 정말로 훌륭한 악기죠."

"아, 그 악기를 손에 넣을 수만 있다면!"

"흠. 당신은 좋은 분이니 이 악기를 드려도 좋을 것 같습니다. 그 붉은 암소를 주시면 바꿔드리지요."

"정말인가요? 좋습니다!"

식초 남편은 기뻐서 외쳤습니다. 그러고는 근사한 붉은 암소와 백파이프를 바꿔버렸습니다. 남편은 자신이 산 파이프를 들고 이리저리 다녔습니다. 그러나 아무리 피리 소리를 내려 해도 소리가 나지 않았습니다. 돈을 모으기는커녕 아이들에게 야유와 비웃음, 돌팔매질을 당했지요.

불쌍한 식초 남편은 손가락도 점점 시려왔습니다. 그가 마을을 막 떠나려는 참에 두툼하고 좋은 장갑을 가진 한 남자를 만났습니다.

"어휴, 손이 너무 시리구나. 저 근사한 장갑만 얻을 수 있다면 더 이상 바랄 것이 없을 텐데."

속으로 중얼거린 남편은 장갑을 가진 사람에게 다가가 말을 걸었습니다.

"여보세요. 아주 좋은 장갑을 갖고 계신 것 같네요."

"그야 물론이죠. 그래서 이 추운 11월 날씨에도 제 손은 이렇게 따뜻하답니다."

"좋아요. 저는 그 장갑이 갖고 싶답니다. 얼마면 파실 건가요?"

"당신은 좋은 분이니 그 피리를 주면 그냥 드리죠."

"좋습니다!"

남편은 그 자리에서 피리를 주고 장갑을 받았습니다. 장갑을 손에 끼고 집으로 터덜거리며 오는 동안 말할 수 없이 기분이 좋아졌지요.

꽤 오래 걸어 지쳤을 무렵, 손에 좋은 지팡이를 들고 자신을 향해 다가오는 한 남자를 만났습니다.

"아, 저 지팡이를 손에 넣을 수만 있다면 이 세상에서 더 바랄 것이 없을 텐데!"

남편은 그 남자에게 말했습니다.

"정말 훌륭한 지팡이를 갖고 계시는군요!"

"그야 물론이죠. 오랫동안 이것을 사용해왔는데 정말 요긴하게 써먹었죠. 하지만 당신이 몹시 마음에 들어 하고 착한 분인 것 같으니 그 장갑을 주면 이 지팡이를 드리겠소."

식초 남편의 손은 이미 따뜻해져 있었고, 다리가 너무 피곤했으므로 그는 흔쾌히 장갑과 지팡이를 바꾸었습니다. 그런데 아내가 있는 숲 가까이에 이르렀을 때, 나무에 앉아 있던 앵무새가 자신의 이름을 부르는 소리가 들려왔습니다.

"식초 남편, 이 멍청한 양반아, 바보, 얼간이. 장에 가서 암소를

아내에게 맞는 식초 씨

사는 데 돈을 몽땅 써버렸지. 그런데 거기에 만족하지 못하고 암소를 백파이프로 바꿔버렸지. 하지만 그것을 불 줄 모르니 산 돈의 10분의 1 가치도 없지, 이 멍청이. 그러고는 얼마 안 되어 그 백파이프를 4분의 1 값도 안 되는 장갑으로 바꿔버렸지. 그 장갑은 하찮은 지팡이로 바꿔버리고. 그러니 이제 금화 40닢도, 암소도, 백파이프도, 장갑도 아무것도 없고 그저 보여줄 거라고는 어느 덤불에서도 꺾어낼 수 있는 쓸모없는 지팡이 하나밖에 없구나."

새의 비웃는 소리에 격노한 식초 남편은 새의 머리에 지팡이를 던져버렸습니다. 하지만 지팡이는 나뭇가지에 걸리고 말았지요. 남편은 돈도, 암소도, 백파이프도, 장갑도, 심지어 지팡이도 없이 무일푼으로 아내에게 돌아갔습니다. 몹시 화가 난 아내는 남편에게 몽둥이 찜질을 해댔습니다. 결국 남편은 성한 뼈가 하나도 없을 지경이 되어버렸답니다.

LAWKAMERCYME

아이고 이름 어째

낫 놓고 기역 자도 모른다

제가 들은 바에 따르면 한 할머니가 있었답니다.

할머니는 달걀을 팔러 시장에 갔습니다.

할머니는 장날에만 시장에 갔습니다.

그런데 그만, 왕의 대로에서 잠이 들고 말았습니다.

뚱보라는 이름의 봇짐장수가 그곳을 지나게 되었습니다.

봇짐장수는 할머니의 치마를 둥그렇게 잘라냈습니다.

할머니의 치마를 무릎까지 잘라냈습니다.

그래서 할머니는 오들오들 떨게 되었습니다.

잠에서 깨자마자

할머니는 오들오들, 부들부들 떨기 시작했습니다.
어찌 된 영문인지 모르는 할머니는 울기 시작했습니다.

"아이고 이를 어째, 이건 내가 아니야!
하지만 나의 바람대로 지금 이것이 나라면,
집에 있는 강아지는 나를 알아볼 거야.
내가 맞다면 강아지가 작은 꼬리를 흔들 테고,
내가 아니라면 마구 짖어대겠지."

할머니는 완전히 어두워진 후에야 집으로 갔습니다.
강아지가 뛰어나오더니 할머니를 보고 짖기 시작했습니다.
강아지가 짖자 할머니는 울기 시작했습니다.

"아이고 이를 어째, 이건 내가 아니야!"

◈ 38 ◈

MASTER OF ALL MASTER

주인 중의 왕주인

❧❧❧

없는 놈이 있는 체 못난 놈이 잘난 체

옛날에 어느 소녀가 남의 집 하녀 일을 구하러 장에 갔습니다. 우스꽝스러워 보이는 한 노신사가 소녀를 쓰겠다고 집으로 데려 갔지요. 노신사는 집에 도착하자마자 소녀에 게 알려줄 것이 있다고 했습니다. 노신사의 집에는 자신만 부르는 사물의 고유한 명칭이 있다는 것이었지요.

"자, 우선 너는 나를 뭐라고 부를 테냐?"

"주인님, 선생님, 아니면 무엇이든지 원하 시는 대로요."

"넌 나를 '주인 중의 왕주인'이라고 불러야 한다. 그럼 이건 뭐라고 부를 거니?"

침대를 가리키며 말했습니다.

"침대, 긴 의자, 아니면 주인님 좋으실 대로요."

"아니다. 그건 내 '껍데기'다. 그럼 이건 뭐라고 할 거지?"

자신의 바지를 가리키며 물었습니다.

"바지, 긴 바지, 아니면 원하시는 대로요."

"틀렸다. '도화선과 폭죽'이라고 불러야 해. 그럼 이건 뭐라고 부를 거지?"

고양이를 가리키며 물었습니다.

"고양이, 야옹이, 아니면 좋으실 대로요."

"이건 '흰 얼굴을 한 깍쟁이'라고 불러라. 이건 뭐냐?"

불을 가리키며 물었습니다.

"불꽃, 화염, 아니면 뭐 좋으실 대로요."

"이건 '잘난 체하는 뜨거운 놈'이라고 불러야 해. 이건 뭐냐?"

이번엔 물을 가리키며 물었습니다.

"물, 수분, 아니면 좋으실 대로요."

"아니. 이건 '연못 줄기'라고 부르거라. 그럼 이것 전체는 뭐라고 할 거니?"

집을 가리키며 물었습니다.

"집, 저택, 아니면 원하시는 대로요."

"이건 '높은 산꼭대기'라고 불러야 해."

바로 그날 밤 하녀는 겁에 질린 목소리로 주인을 막 깨웠습니다.

주인 중의 왕주인님, 어서 '껍데기'에서 일어나 '도화선과 폭죽'을 입으세요. 왜냐하면 '흰 얼굴의 깍쟁이' 꼬리에 '잘난 체하는 뜨거운 놈'의 불꽃이 붙었어요. 빨리 '연못 줄기'를 길어 오지 않으면 '높은 산꼭대기'는 '잘난 체하는 뜨거운 놈'으로 휩싸일 거예요.

39

TITTY MOUSE AND TATTY MOUSE

생쥐와 들쥐

갈수록 태산이다

생쥐와 들쥐가 한집에 살았습니다.

생쥐가 곡식을 빌리러 갔고 들쥐도 곡식을 빌리러 갔습니다.

그래서 둘 다 곡식을 빌리러 갔습니다.

생쥐가 곡식 한 알을 빌렸고, 들쥐도 곡식 한 알을 빌렸습니다.

그래서 둘은 모두 곡식 한 알을 빌렸습니다.

생쥐는 푸딩을 만들었고, 들

쥐도 푸딩을 만들었습니다.

그래서 둘은 모두 푸딩을 만

들었습니다.

들쥐는 자신이 만든 푸딩을

끓이려고 냄비에 넣었습니다.

생쥐도 푸딩을 끓이려고 냄비에 넣다가 냄비가 뒤집어지는 바람에 데어 죽었습니다.

들쥐가 주저앉아 울기 시작하자 삼발이 의자가 물었습니다.

"들쥐야, 왜 우는 거니?"

"생쥐가 죽었어. 그래서 우는 거야."

"그렇다면 내가 깡충 뛸게."

그렇게 말하고 의자가 깡충 뛰었습니다.

그러자 방구석에 있던 빗자루가 물었습니다.

"의자야, 왜 뛰는 거야?"

"아, 그야 생쥐가 죽어서 들쥐가 울고 있잖아. 그래서 내가 뛰는 거야."

"그러면 나는 청소를 할게."

그렇게 말하고 빗자루는 청소를 시작했습니다.

그러자 문이 물었습니다.

"빗자루야, 왜 청소를 하는 거야?"

"아, 그야 생쥐가 죽어서 들쥐가 울고 있어. 그래서 의자는 뛰고 나는 청소를 하는 거지."

"그러면 나는 삐걱거릴게."

그렇게 말하고 문은 삐걱거리기 시작했습니다.

그러자 창이 물었습니다.

"문아, 왜 그렇게 삐걱거리고 있어?"

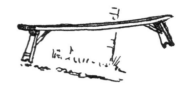

"아, 그야 생쥐가 죽어서 들쥐가 울고 있어. 그래서 의자는 뛰고 빗자루는 청소를 하고 나는 삐걱거리고 있는 거야."

"그렇다면 나는 덜거덕거릴게."

그렇게 말하고 창문이 덜거덕거리기 시작했습니다.

그런데 집 밖에는 오래된 동상이 있었습니다. 창문이 덜거덕거리자 낡은 동상이 물었습니다.

"창문아, 왜 덜거덕거리는 거니?"

"아, 그야 생쥐가 죽어서 들쥐가 울고 있어. 그래서 의자는 뛰고 빗자루는 청소를 하고 문은 삐걱거리고 나는 덜거덕거리고 있는 거야."

"그렇다면 나는 집 주위를 달릴게."

낡은 동상은 그렇게 말하고 집 주위를 달리기 시작했습니다.

오두막 옆에는 커다랗고 근사한 호두나무가 자라고 있었는데 이번에는 호두나무가 동상에게 물었습니다.

"동상아, 왜 집 주위를 달리고 있니?"

"아, 그야 생쥐가 죽어서 들쥐가 울고 있어. 그래서 의자는 뛰고 빗자루는 청소를 하고 문은 삐걱거리고 창문은 덜거덕거리고 나는 집 주위를 달리고 있는 거야."

"그렇다면 나는 나의 잎을 떨어뜨릴게."

호두나무는 아름다운 초록 잎을 모두 떨어뜨렸습니다.

호두나무의 가지에 앉아 있다가 잎이 모두 떨어지는 것을 본 작은 새가 물었습니다.

"호두나무야, 왜 잎을 모두 떨구고 있니?"

"아, 그야 생쥐가 죽어서 들쥐가 울고 있어. 그래서 의자는 뛰고 빗자루는 청소를 하고 문은 삐걱거리고 창문은 덜거덕거리고 동상은 집 주위를 달리고 나는 잎들을 떨구고 있는 거야."

"그러면 나는 털갈이를 할게."

작은 새는 자기의 깃털을 모두 털갈이했습니다.

그때 언니와 오빠의 저녁으로 줄 우유 단지를 든 어린 소녀가 나무 밑을 지나고 있었습니다. 새가 털갈이하는 것을 본 소녀가 물었습니다.

"새야, 왜 털을 모두 뽑아버렸니?"

"아, 그야 생쥐가 죽어서 들쥐가 울고 있어. 그래서 의자는 뛰고 빗자루는 청소를 하고 문은 삐걱거리고 창문은 덜거덕거리고 동상은 집 주위를 달리고 나무는 잎들을 모두 떨구고 나는 털갈이를 하고 있는 거야."

"그러면 나는 우유를 엎지를게."

소녀는 그렇게 말하고는 단지를 기울여 우유를 모두 쏟아버렸습니다.

한 노인이 사다리 꼭대기에서 지붕의 이엉을 엮고 있다가 소녀가 우유를 쏟는 것을 보고 물었습니다.

"애야, 도대체 왜 우유를 쏟아버렸니? 언니와 오빠가 저녁을 굶어야 하잖니."

그러자 어린 소녀가 대답했습니다.

"아, 생쥐가 죽어서 들쥐가 울고 있어요. 그래서 의자는 뛰고 빗자루는 청소를 하고 문은 삐걱거리고 창문은 덜거덕거리고 동상은 집 주위를 달리고 나무는 잎들을 모두 떨구고 새는 털갈이를 하고 저는 우유를 쏟아버린 거예요."

"저런! 그렇다면 나는 사다리를 넘어뜨려 내 목을 부러뜨려야겠다."

할아버지는 사다리를 넘어뜨려 자기 목을 부러뜨렸습니다.

할아버지가 목을 부러뜨리자 커다란 호두나무도 뿌지직 소리를 내며 넘어졌습니다. 그 바람에 오래된 동상과 집도 뒤집어졌고, 무너져 내리는 집은 창문을 박살냈습니다. 창문은 문을 쓰러뜨렸고 문은 빗자루를 뒤집어버렸습니다. 그 바람에 가엾은 작은 들쥐도 폐허 더미 속에 묻히고 말았답니다.

MAGPIE AND NEST

까치와 둥지

한 귀로 듣고 한 귀로 흘린다

옛날 옛적에 돼지들은 시를 읊고,

원숭이들은 담배를 피고,

암탉들은 거칠게 보이려고 코담배를 들이쉬고,

오리들은 꽥 꽥 꽥 시끄럽게 돌아다녔네. 오!

공중의 모든 새가 까치를 찾아가 둥지 짓는 방법을 가르쳐달라고 부탁했습니다. 모든 새 가운데 까치가 가장 영리하게 둥지를 짓기 때문이었지요. 까치는 모든 새를 주위에 둥글게 앉힌 후 둥지 짓는 방법을 알려주기 시작했습니다. 제일 먼저 진흙을 가져와 둥근 케이크처럼 만들었습니다.

"아, 그게 그렇게 만드는 거였구나."

개똥지빠귀가 중얼거리더니 날아가버렸습니다. 그래서 개똥지빠귀는 둥지를 그렇게 만들게 되었습니다.

까치는 계속해서 나뭇가지를 가져와 진흙 반죽 안에 둥그렇게 찔러 넣었습니다.

"아, 이제 다 알았어."

이번에는 검은지빠귀가 지껄이더니 날아가버렸습니다. 그래서 검은지빠귀는 오늘날까지도 그렇게 둥지를 짓는답니다.

까치는 나뭇가지 위에 진흙을 또 한 층 쌓았습니다.

"아, 이제 확실히 알았어."

이번에는 약삭빠른 올빼미가 지껄이더니 날아가버렸습니다. 그래서 올빼미는 둥지를 더 잘 만들지 못하게 된 것입니다.

올빼미가 날아간 후 까치는 다시 나뭇가지를 더 가져다 바깥쪽으로 둥글게 엮었습니다.

"바로 저거였군!"

이번에는 참새가 지껄이더니 날아가버렸습니다. 그래서 참새는 오늘날까지도 좀 엉성하게 둥지를 만든답니다.

이제 까치는 깃털과 솜털을 가져다 아주 안락하게 둥지 안을 만들었습니다.

"바로 저거였군."

이번에는 찌르레기가 소리를 지르더니 날아가버렸습니다. 그래서 찌르레기는 아주 안락한 둥지를 짓는답니다.

찌르레기마저 그렇게 가버리면서, 거의 모든 새가 둥지 짓는

법을 완전히 알지 못한 채 사라졌습니다. 까치가 고개도 들지 않은 채 열심히 둥지 짓는 법을 알려주는 동안 유일하게 남아 있던 새는 호도애(비둘깃과의 새–편집자)였지만 까치의 가르침에 전혀 주의를 기울이지 않고 계속해서 어리석게 부르짖기만 했습니다.

"태피, 두 개를 가져와. 태피, 두 개를 가져와."

가지를 가로질러 꽂고 있던 까치는 호도애의 소리에 대꾸했습니다.

"하나면 충분해."

그러나 호도애는 같은 말을 계속 되풀이했습니다.

"태피, 두 개를 가져와. 태피, 두 개를 가져와."

그러자 화가 난 까치가 대꾸했습니다.

"하나면 충분하다고 했잖아."

하지만 호도애는 여전히 요지부동이었습니다.

"태피, 두 개를 가져와. 태피, 두 개를 가져와."

마침내 고개를 쳐든 까치는 어리석은 호도애 외에는 아무도 남아 있지 않다는 사실을 알고 매우 분통을 터트리며 날아가버렸습니다. 그리고 다시는 새들에게 둥지 짓는 법을 알려주지 않았습니다. 바로 이런 이유로 새들이 각기 다른 모양의 둥지를 짓게 된 것이랍니다!

까치와 호도애

제5장

운명

English Fairy Tales

TATTERCOATS

넝마 외투

한번 엎지른 물은 다시 주워 담지 못한다

옛날 옛적 바닷가의 커다란 성에 매우 늙은 영주가 살고 있었습니다. 영주에게는 아내가 없었고, 이제까지 한 번도 얼굴을 본 적 없는 어린 손녀딸을 제외하고는 살아 있는 자식도 없었습니다. 영주가 제일 예뻐하던 딸이 손녀딸을 낳다가 죽은 이후로 그는 손녀딸을 몹시 미워했습니다. 늙은 산파가 아기를 데려왔지만, 영주는 아기가 죽든 살든 신경 쓰지 않겠다고 했습니다. 살아 있는 동안은 절대로 손녀딸의 얼굴을 보지 않겠다며 맹세까지 했지요.

영주는 등을 돌리고 창가에 서서 바다를 내다보았습니다. 일찍 죽어버린 딸을 생각하며 하염없이 눈물을 흘렸지요. 그의 백발과 흰 수염은 어깨 너머로 자라나 의자 주위를 감돈 후 바닥의 틈새로 뻗어나갔고, 창문 턱 위로 방울방울 떨어지던 눈물은 바위에 물줄기를 내 작은 강으로 흘러든 후 큰 바다로 흘러갔습니다. 그동안 영주의 손녀딸은 돌봐주거나 제대로 옷을 입혀주는 이 하나 없이 자라났습니다. 가끔 늙은 산파만이 부엌에서 나오는 음식 부스러기와 잡동사니로 만든 누덕누덕한 옷을 가져다줄 뿐이었지요. 궁전의 다른 하인들은 소녀에게 주먹질을 했고, 소녀의 맨발과 어깨를 가리키며 '넝마 외투'라고 놀렸습니다. 그들이 소녀를 집에서 내쫓을 때면 소녀는 울면서 도망쳐 덤불 속에 숨곤 했습니다.

소녀는 먹을 것이나 입을 것이 거의 없는 채로 자랐고, 들판이나 골목길에서 주로 시간을 보냈습니다. 소녀에게 친구라고는 거위치기가 유일했는데, 거위치기는 소녀가 굶주리거나 춥거나 지칠 때면 작은 피리로 즐겁게 연주해주었습니다. 그러면 소녀는 거위치기의 시끄러운 거위 떼와 한데 어울려 신나게 춤을 추었습니다. 모든 근심을 잊은 채로 말이지요.

그러던 어느 날 사람들 사이에서 왕이 이 지역을 여행 중이라는 소문이 돌았습니다. 왕이 가까운 읍에서 그 지방의 모든 영주와 귀부인을 초청해 성대한 무도회를 열 텐데, 바로 그 무도회에서 왕의 하나밖에 없는 아들이 자신의 신붓감을 선택할 것이라고 했습니다.

왕의 무도회 초청장은 바닷가 성에도 전달되었습니다. 하인들은 창가에 앉아 기다란 백발에 휘감긴 채 눈물로 작은 강을 이루

신나게 춤추는 넝마 외투

던 늙은 영주에게 초청장을 가져갔지요.

영주는 왕의 명령을 듣자마자 눈물을 거두었습니다. 그러고는 하인들에게 자신의 몸을 칭칭 감아 꼼짝도 할 수 없게 만들던 백발을 가위로 자르게 했습니다. 또, 값비싼 옷과 보석으로 자신의 몸을 치장하게 했습니다. 왕을 만나러 갈 때 타고 갈 하얀 말에 황금과 비단 안장을 얹으라는 명령도 내렸습니다.

한편 넝마 외투는 읍에서 벌어지는 굉장한 일들을 전해 들었지만, 구경하러 갈 수는 없었던 노릇이라 부엌문 옆에 앉아 훌쩍였습니다. 넝마 외투가 우는 소리를 들은 늙은 산파는 성의 영주에게 손녀딸을 왕의 무도회에 데려가달라고 애원했습니다.

그러나 영주는 눈살을 찌푸린 채 입을 다물라고 했습니다. 하인들은 웃으며 수군댔지요.

"넝마 외투는 누더기를 걸치고 거위치기와 노는 데 만족하니 그대로 두라지. 그 아이에게는 그편이 제일 잘 어울리니까."

산파는 소녀도 무도회에 함께 데려가달라고 거듭 애원했지만, 냉랭한 표정과 심한 말만 돌아왔습니다. 결국 조롱하는 하인들에게 주먹질을 당하고 비웃음을 들으며 방에서 쫓겨났지요.

아무런 성과도 거두지 못한 것을 한탄하며 늙은 산파는 넝마 외투를 돌보러 갔습니다. 그러나 이미 요리사에게 쫓겨난 소녀는 유일한 친구인 거위치기에게 달려가 왕의 무도회에 갈 수 없어 얼마나 슬픈지 하소연했습니다.

넝마 외투의 이야기를 들은 거위치기는 그녀를 위로하며 왕의 일행과 근사한 구경거리를 보러 가자고 제안했습니다. 넝마 외투가 자신의 누더기 옷과 맨발을 서글픈 눈으로 바라보자 거위치기가 피리로 아주 즐겁고 경쾌한 곡조를 한두 곡 불었습니다. 피리소리를 들은 넝마 외투는 모든 슬픔과 근심을 잊었습니다. 슬픈 생각이 다시 피어나기 전에 거위치기는 넝마 외투의 손을 잡아끌었습니다. 두 사람은 거위 떼를 앞세우고 춤을 추며 읍을 향해 걸어갔습니다.

얼마 가지 않아 두 사람은 화려한 옷을 차려입은 멋진 청년과 마주쳤습니다. 말을 타고 달려가던 청년은 왕이 머물고 있는 성으로 가는 길을 물었습니다. 거위치기와 넝마 외투도 마침 그곳으로 가는 중이라는 것을 알게 된 청년은 말에서 내려 그들과 함께 걸어갔습니다.

거위치기가 피리를 꺼내 낮고 달콤한 곡조를 연주하자, 그 낯선 청년은 넝마 외투의 귀여운 얼굴을 자꾸만 바라보다가 마침내 그녀를 깊이 사랑하게 되었습니다. 심지어는 결혼해달라고 애원까지 했지요. 그러나 넝마 외투는 웃기만 할 뿐, 금발 머리를 가로저었습니다.

"거위 치는 소녀를 아내로 맞는다면 굉장한 웃음거리가 될 거예요! 오늘 밤 왕의 무도회에서 보게 될 지체 높은 귀부인들 가운데 한 사람을 고르세요. 불쌍한 넝마 외투를 모욕하지 마시고요."

넝마 외투가 청혼을 거절하면 할수록 피리 소리는 더욱 감미로워졌고, 청년의 사랑은 더욱 깊어만 갔습니다. 결국 청년은 자신의 진심을 보여주겠다며 거위 떼, 거위치기와 함께 지금 모습 그대로 그날 밤 자정에 왕의 무도회에 오라고 했습니다. 그러면 왕과 영주들과 귀부인들 앞에서 넝마 외투와 춤을 춘 후, 그들에게 넝마 외투를 자신이 사랑하고 자랑스러워하는 신붓감으로 소개하겠다고 했습니다.

이윽고 밤이 되자 성의 무도회장은 불빛과 음악으로 가득 찼고, 영주들과 귀부인들은 춤을 추고 있었습니다. 시계가 12시를 가리키는 순간, 넝마 외투와 거위치기는 시끄럽게 꽥꽥거리는 거위 떼를 이끌고 무도회장 안으로 들어갔습니다. 그사이 양쪽에서는 귀부인들이 수군거렸고, 영주들은 웃음을 터뜨렸으며, 제일 끝에 앉아 있던 왕은 놀란 얼굴로 그들을 빤히 쳐다보았습니다.

두 사람이 왕의 옥좌 앞으로 다가오자, 왕 옆에 앉아 있던 청년이 자리에서 일어나 넝마 외투를 맞이하러 나왔습니다. 청년은 모든 사람 앞에서 넝마 외투의 손에 입을 세 번 맞추고는 왕을 향해 돌아섰습니다.

"아버지! 저는 이미 선택했습니다. 여기 이 처녀가 바로 저의 신붓감입니다. 세상에서 가장 사랑스럽고 아름다운 처녀입니다!"

왕자가 말을 끝내기 전, 거위치기가 피리에 입술을 대더니 저 먼 숲속의 새소리 같은 곡조를 연주하기 시작했습니다. 그러자 넝마 외투의 누더기가 반짝이는 보석으로 짜인 드레스로 바뀌었고, 아름다운 금발 머리에는 황금 왕관이 씌워졌습니다. 뒤에 있던 거위 떼는 넝마 외투의 기다란 옷자락을 드는 우아한 시종들로 바뀌었습니다.

왕이 넝마 외투를 며느리로 환영하려고 일어서자 새로운 왕세자비를 축하하는 트럼펫 소리가 크게 울려 퍼졌습니다. 바깥의 길거리에 있던 사람들도 이구동성으로 외쳤지요.

"아, 이제야 왕자께서 세상에서 가장 아름다운 처녀를 아내로 선택하셨구나!"

그 후, 거위치기는 다시 볼 수 없었고, 그가 어떻게 되었는지는 아무도 알지 못했습니다. 한편 늙은 영주는 바닷가에 있는 자신의 집으로 되돌아갔습니다. 살아 있는 동안 절대로 손녀딸의 얼굴을 보지 않겠다고 맹세했기 때문에 왕의 궁전에 머물 수 없었지요.

영주는 여전히 창가에 앉아 있다고 합니다. 언젠가 여러분이 영주를 보게 될 날이 있다면, 바다를 내다보며 그 어느 때보다도 더욱 통탄하며 눈물을 흘리는 모습을 볼 수 있을 것입니다.

TOM-TIT-TOT

톰 팃 톳

호랑이에게 물려 가도 정신만 차리면 산다

옛날 옛적, 한 부인이 다섯 개의 파이를 구웠습니다. 그런데 오
븐에서 꺼내고 보니 너무 딱딱했습니다. 부인은 딸을 불러 말했
습니다.

"애야, 이 파이를 찬장에 놔두거라. 금방 나아질 테니."

부인의 말은 파이 조각이 다시 부드러워질 거라는 뜻이었습
니다.

그러나 딸은 혼자 중얼거렸습니다.

"어차피 다시 만들 거니까 이건 내가 먹어치워야지."

딸은 결국 파이 다섯 개를 하나도 남기지 않고 다 먹었습니다.
드디어 저녁 시간이 되고, 부인은 딸에게 말했습니다.

"아까 찬장에 놓아둔 파이 있지? 가서 하나만 가져오렴. 지금쯤

이면 아마 부드러워졌을 게다."

딸은 찬장으로 갔지만 남은 파이가 있을 리 없었지요. 빈손으로 돌아온 딸이 대답했습니다.

"하나도 없는 걸요."

"뭐라고? 부드러워진 게 하나도 없다고?"

"하나도 없어요."

"그래? 그럼 하는 수 없지. 가서 부드럽든 부드럽지 않든 하나만 가져오너라. 그거라도 저녁으로 먹어야겠으니."

"그럴 수 없어요, 엄마. 하나도 없는 걸요."

"무슨 소리니? 어서 가서 제일 나은 걸로 하나 골라와."

"제일 좋은 것이든 나쁜 것이든 제가 다 먹어치워서 하나도 안 남았는 걸요. 다시 굽기 전에는 하나도 드실 수가 없어요."

딸의 대답에 어처구니 없어진 부인은 문간에 물레를 가져다놓고 실을 자으며 노래를 불렀습니다.

　　　내 딸은 오늘 파이를 다섯 개나 먹어치웠다네.
　　　내 딸은 오늘 파이를 다섯 개나 먹어치웠다네.

우연히 집 앞을 지나가다가 노랫소리를 들은 왕이 가사를 정확히 듣지 못해 물어보았습니다.

"부인, 지금 무슨 노래를 부르고 있었소?"

자신의 딸이 한 짓을 말하기 창피했던 부인은 다른 가사를 들려주었습니다.

> 내 딸은 오늘 실을 다섯 타래나 자았다네.
> 내 딸은 오늘 실을 다섯 타래나 자았다네.

"오, 저런! 난 여태 그런 여인은 보지 못했소."

그러더니 왕은 다음과 같은 제안을 했습니다.

"잘 들으시오. 난 아내를 원하니 당신 딸과 결혼하겠소. 그러나 한 가지 조건이 있소. 당신 딸은 1년 중 11개월 동안은 잘 먹고, 잘 입고, 원하는 사람과 사귈 수 있지만, 마지막 달이 되면 매일 다섯 타래씩 실을 자아야 하오. 만일 제대로 해내지 못하면 내가 죽일 것이오."

왕과 결혼하다니 얼마나 근사합니까! 부인은 그 자리에서 바로 결혼을 허락했습니다. 문제의 다섯 타래에 대해서는 때가 되면 빠져나갈 방법이 분명히 있을 거라 생각했지요. 어쩌면 다행스럽게 왕이 잊어버릴 수도 있고요.

부인의 딸은 왕과 결혼했고, 1년 중 11개월 동안은 맛있는 음식과 원하는 옷을 마음껏 즐기며 좋아하는 친구들을 사귈 수 있었습니다.

마지막 달이 가까워지자, 왕비가 된 딸은 왕이 아직도 실 다섯 타래를 기억하고 있는지 궁금해졌습니다. 왕이 그와 관련된 어떤 말도 하지 않았기 때문에 그가 완전히 잊어버린 줄 알았지요.

그러나 11번째 달의 마지막 날, 왕은 한 번도 본 적 없는 방으로 아내를 데려갔습니다. 방에는 실을 잣는 물레와 의자 하나 외에는 아무것도 없었습니다. 왕이 말했습니다.

"여보, 당신은 내일부터 이곳에 갇히게 될 거요. 매일 음식과 아마(아마과의 한해살이풀 – 편집자)를 조금씩 줄 테니, 밤까지는 실 다섯 타래는 뽑아놓아야 하오. 그렇지 않으면 당신 목이 달아날 거요."

말을 마친 왕은 볼일을 보러 나갔습니다.

혼자 남게 된 왕비는 겁에 질렸습니다. 융통성이라고는 조금도 없는 데다 실을 잣는 법도 몰랐기 때문에, 누가 도와주러 나타나지 않는 한 살아남을 방법이 없었지요. 의자에 주저앉은 왕비는 결국 울음을 터뜨리고 말았습니다.

그런데 그때 갑자기 방문을 두드리는 소리가 들렸습니다. 왕비가 일어나 문을 열어보니 긴 꼬리를 가진 괴상한 생김새의 검은 새가 서 있었습니다. 새는 호기심 어린 눈으로 왕비를 올려다보며 물었습니다.

"왜 울고 계세요?"

"그건 알아서 뭐 하려고?"

"걱정하지 말고 왜 우는지 말해보세요."

"말해봤자 아무 소용 없을걸."

"그걸 당신이 어떻게 아나요?"

새는 꼬리를 흔들며 채근했습니다.

"좋아. 도움이 안 되니 해가 될 것도 없을 테지."

결국 왕비는 파이와 타래에 얽힌 사연을 들려주었습니다.

"좋아요, 그렇다면 제가 좋은 방법을 알려줄 테니 잘 들으세요. 제가 매일 아침 창문으로 찾아와 아마를 가져가 실로 자은 후 밤에 가져다드릴게요."

"그 대가로 바라는 것이 뭔데?"

새가 실눈을 뜨며 대답했습니다.

"매일 밤 제 이름을 맞출 기회를 세 번씩 드리지요. 한 달이 다 지나도록 제 이름을 알아맞히지 못하면 당신은 내 것이 되는 거예요."

왕비는 한 달 안에 이름을 맞힐 수 있을 거라 생각했습니다. 이윽고 그 제안에 찬성했지요. 그러자 새도 흔쾌히 대답하며 꼬리를 휘둘렀습니다.

다음 날, 약속대로 왕은 왕비를 방으로 데려갔고, 그곳에는 그날 먹을 음식과 아마가 있었습니다.

"자, 여기 이 아마를 오늘 밤 안에 실로 잣지 못하면 당신 목은 달아나는 줄 아시오."

왕은 나가면서 방문을 잠가버렸습니다.

왕이 나간 지 얼마 지나지 않아 창문 두드리는 소리가 들렸습니다. 왕비가 일어나 문을 열었더니 전날 보았던 그 작은 새가 창

턱 위에 앉아 있었습니다.

"아마는 어디 있죠?"

"자, 여기 있어."

왕비는 아마를 내주었습니다.

이윽고 날이 저물어 저녁이 되자 또 창문을 두드리는 소리가 났습니다. 문을 열어보니 검은 새가 아마 실 다섯 타래를 들고 있었습니다.

"여기 이것 받으세요."

실타래를 안겨주며 새가 물었습니다.

"자, 이제 내 이름을 맞춰보세요."

"음, 빌?"

"아니요."

새는 꼬리를 흔들었습니다.

"음, 그럼 네드?"

"아니요."

또 꼬리를 흔들었습니다.

"알았다. 마크 맞지?"

"천만에요."

새는 꼬리를 세게 흔들며 사라졌습니다.

한편 왕이 방에 들어와보니 이미 실 다섯 타래가 준비되어 있었습니다.

"오늘은 잘해냈으니 죽이지 않겠소. 내일 아침에 다시 아마와 먹을 것을 넣어주겠소."

왕은 다시 나가버렸습니다.

매일같이 아마와 먹을 것이 들어왔고, 검은 새는 아침에 아마를 가져갔다가 저녁에 실을 안고 돌아왔습니다. 매일 저녁 왕비는 그의 이름을 맞히려고 애썼지만, 정답을 알 수 없었습니다. 한 달이 거의 끝나가자 새는 서서히 악의를 드러냈고, 왕비가 한 번씩 틀릴 때마다 꼬리를 더욱 세차게 흔들어댔습니다.

마지막 하루를 남겨놓은 날 저녁, 여느 때와 같이 검은 새가 실 다섯 타래를 가지고 와서 또 물었습니다.

"자, 이제 내 이름을 아시겠어요?"

"니코데무스?"

"아니요."

"그럼 사무엘?"

"아니요."

"아, 그럼 메투살렘?"

"물론 아니지요."

새는 불붙은 석탄처럼 이글거리는 눈으로 외쳤습니다.

"부인, 이제 내일 단 하룻밤만 남았군요. 내일이면 당신은 내 사람이 되는 거요."

그러고는 사라져버렸습니다.

왕비는 불안에 떨기 시작했습니다. 이내 왕이 다가오는 소리가 들렸습니다. 왕은 방에 들어와 실 다섯 타래가 있는 것을 보고 말했습니다.

"좋소. 내일 밤 당신이 실타래를 마저 잣게 될지는 모르겠지만, 지금으로선 당신을 죽이고 싶은 마음이 전혀 없으니 오늘은 여기서 저녁을 들겠소."

왕은 식사를 함께 하기 위해 의자 하나를 더 가져오게 했고, 왕비와 마주 앉았습니다. 그런데 겨우 한 숟가락도 뜨기 전에 왕은 갑자기 식사를 멈추고 웃음을 터뜨렸습니다.

"왜 그러세요?"

"글쎄 말이오. 오늘 낮에 사냥을 나갔는데 한 번도 가본 적 없는 깊은 숲속에 가게 되었소. 거기에 하얀 구멍이 하나 있더군. 그런데 웬 콧노래가 들리는 거야. 그래서 말에서 내려 살금살금 구멍으로 다가가 내려다보았지. 그랬더니 이제껏 본 적 없는 괴상하게 생긴 작은 검은 새가 꼬리를 열심히 흔들어가며 작은 물레를 정신없이 돌리고 있는 거야. 그러면서 열심히 노래를 부르고 있는 거요.

절대로 절대로 알 리 없지요.
내 이름은 바로 톰 팃 톳이라네

이 말을 들은 왕비는 뛸 듯이 기뻤지만, 아무런 내색도 하지 않았습니다.

다음 날 심술궂은 새가 아마를 가지러 왔습니다. 그리고 저녁

이 되자 유리창을 두드리는 소리가 났습니다. 왕비가 창문을 열
자 그가 모습을 드러냈습니다. 세상에! 그놈은 입이 찢어져라 웃
으며 꼬리를 정신없이 흔들고 있었습니다.

"내 이름이 뭐지요?"

새가 실타래를 건네주며 물었습니다.

"솔로몬?"

왕비는 겁에 질린 척하며 대답했습니다.

"아~ 아니요."

새는 방 안으로 들어서며 의기양양하게 대답했습니다.

"그럼 제베디?"

"그것도 아닌데요."

녀석은 음흉하게 웃으며 꼬리가 보이지 않을 정도로 흔들어댔
습니다.

왕비와 톰 팃 톳

"천천히 하세요, 부인. 한 번만 더 틀리면 이제 당신은 내 사람이 되는 거니."

그러면서 새는 검은 날개를 왕비에게 뻗었습니다.

그러나 왕비는 뒤로 한 발짝 물러나 웃음을 터뜨리며 새에게 손가락질하며 대답했습니다.

절대로 절대로 알 리 없지요.
네 이름은 바로 바로 톰 팃 톳.

왕비의 대답을 들은 새는 심한 공포심에 몸을 떨더니 어둠 속으로 날아가버렸습니다. 그 후로 다시는 왕비 앞에 나타나지 않았답니다.

HENNY-PENNY

암탉 페니

눈 감으면 코 베어먹을 세상

어느 날 암탉 페니가 밭에서 곡식을 콕콕 쪼고 있는데 무언가가 머리 위로 떨어졌습니다.

"아이고, 맙소사! 하늘이 무너지려나 봐. 가서 왕에게 알려야겠어."

열심히 왕에게 가던 암탉은 잘난 체하는 수탉을 만났습니다.

"어디 가는 길입니까?"

수탉의 물음에 암탉이 대답했습니다.

"아, 하늘이 무너질 거라고 왕에게 알리러 가는 길이에요."

"저도 함께 가도 될까요?"

"물론이죠."

암탉이 흔쾌히 대답했고, 암탉과 수탉은 왕에게 하늘이 무너지고 있다는 말을 전하러 함께 갔습니다.

계속해서 왕에게 가던 그들은 유쾌한 오리를 만났습니다.

"어디 가는 길입니까?"

오리가 묻자 암탉과 수탉이 대답했습니다.

"아, 하늘이 무너질 거라고 왕에게 알리러 가는 길이에요."

"저도 함께 가도 될까요?"

"물론이죠."

암탉과 수탉이 흔쾌히 대답하자 왕에게 하늘이 무너지고 있다는 것을 말하러 가는 데 오리도 가세했습니다.

그렇게 하염없이 가던 그들은 푸드덕거리는 거위를 만났습니다.

"어디 가는 길입니까?"

거위가 묻자 암탉과 수탉과 오리가 대답했습니다.

"아, 하늘이 무너질 거라고 왕에게 알리러 가는 길이에요."

"저도 함께 가도 될까요?"

"물론이죠."

암탉과 수탉과 오리가 흔쾌히 대답하자 이제 거위까지 가세해 하늘이 무너지고 있다는 말을 왕에게 전하러 갔습니다.

불어난 일행은 그렇게 계속 가다가 엿보기 좋아하는 칠면조를 만났습니다.

"어디 가는 길입니까?"

칠면조가 묻자 암탉과 수탉과 오리와 거위가 대답했습니다.

"아, 하늘이 무너질 거라고 왕에게 알리러 가는 길이에요."

"저도 함께 가도 될까요?"

"물론이죠."

암탉과 수탉과 오리와 거위가 흔쾌히 대답했고 이제 칠면조까지 힘을 보태 하늘이 무너지고 있다는 사실을 왕에게 알리러 갔습니다.

암탉 일행이 길을 따라가던 중에 꾀 많은 여우를 만났습니다. 여우는 암탉과 수탉과 오리와 거위와 칠면조에게 물었습니다.

"어디 가는 길입니까?"

"하늘이 무너지고 있다고 왕에게 알리러 가는 길이에요."

암탉 일행의 대답에 여우가 말했습니다.

"아, 하지만 이 길은 왕에게 가는 길이 아닌데요! 제가 제대로 가는 길을 알고 있습니다. 알려드릴까요?"

"물론, 부탁드립니다."

결국 암탉, 수탉, 오리, 거위, 칠면조는 여우와 함께 왕에게 하

여우를 따라가는 암탉, 수탉, 오리, 거위, 칠면조

늘이 무너지고 있다고 말하러 갔습니다. 그들은 쉬지 않고 가다가 좁고 어두운 굴에 이르렀습니다. 그곳은 바로 꾀 많은 여우의 소굴 입구였습니다. 그러나 여우는 암탉, 수탉, 오리, 거위, 칠면조에게 시치미를 떼고 말했습니다.

"여기가 바로 왕의 궁전으로 가는 지름길이랍니다. 저를 따라오시면 곧 궁전에 도착할 겁니다. 제가 먼저 갈 테니, 여러분은 저를 따라오세요."

암탉, 수탉, 오리, 거위, 칠면조는 조금도 의심하지 않고 그렇게 하겠다고 대답했습니다.

여우는 자기 소굴로 들어간 뒤 암탉, 수탉, 오리, 거위, 칠면조를 기다렸습니다. 마침내 칠면조가 제일 먼저 소굴로 들어왔습니다. 안으로 들어오기 무섭게 여우는 칠면조의 머리를 덥석 물어 어깨 뒤로 던져버렸습니다. 다음으로 들어온 거위 역시 머리를 덥석 물려 칠면조 옆에 툭 떨어졌습니다. 그 뒤를 이어 뒤뚱거리며 들어온 오리 역시 여우에게 머리를 물렸습니다. 머리가 떨어져나간 오리도 칠면조와 거위와 같은 신세가 되었지요. 거들먹거리며 들어오던 수탉도 얼마 못 가 여우에게 덥석 물려 칠면조, 거위, 오리 옆에 던져졌습니다.

한편 여우에게 두 번이나 물린 수탉은 상처만 입었을 뿐 숨이 끊어지지는 않았습니다. 잠깐의 틈을 타 암탉에게 도망치라고 소리쳤지요. 그 덕분에 암탉은 재빨리 집으로 도망쳤습니다. 결국 하늘이 무너지고 있다는 사실을 왕에게 알릴 수는 없었답니다!

44

DICK WHITTINGTON AND HIS CAT

딕 휘팅턴과 고양이

기다리는 자에게 복이 온다

유명한 에드워드 3세 재위 시절, 어려서 양친을 모두 여읜 딕 휘팅턴이라는 어린 소년이 있었습니다. 불쌍하게도 어린 딕은 돈을 벌 수 없었기 때문에 매우 궁핍하게 지냈습니다. 아침은 굶기 예사였고 저녁은 간신히 때우는 정도였지요. 딕의 동네에 살던 이웃도 모두 찢어지게 가난했습니다. 어쩌다 한 번 감자 껍질이나 말라비틀어진 빵 부스러기를 나누어주는 것이 고작이었지요.

그러던 어느 날, 딕은 런던이라는 커다란 도시에 대한 소문을 듣게 되었습니다. 당시만 해도 시골 사람들은 런던에 사는 사람들은 모두 신사 숙녀이고, 런던에는 하루 종일 음악과 노랫소리가 울려퍼지며, 모든 길은 황금으로 포장되어 있다고 믿었기 때문이지요.

하루는 딕이 이정표 옆에 서 있는데 말 여섯 마리가 끄는 커다란 마차가 종소리를 울리며 마을을 지나갔습니다. 그 마차가 멋진 도시 런던으로 가고 있다고 생각한 딕은 용기를 내 마부에게 자신도 마차 옆에서 같이 걸어갈 수 있게 해달라고 부탁했습니다. 고아라는 딕의 말을 들은 마부는 초라하기 그지없는 딕의 옷을 보고 같이 가도 좋다고 허락해주었습니다. 두 사람은 함께 출발했지요.

무사히 런던에 도착한 딕은 친절한 마부에게 고맙다는 말을 할 여유도 없이 황금으로 뒤덮인 길을 찾으러 서둘러 달려갔습니다. 딕이 어렸을 때 고향에서 금화를 본 적이 딱 세 번 있었는데, 그 금화를 엄청나게 많은 돈으로 바꿀 수 있었던 것을 기억해냈습니다. 딕은 황금 보도에서 금 조각을 조금만 떼어내도 자신이 원하는 만큼 많은 돈으로 바꿀 수 있을 거라 생각했습니다. 딕은 황금으로 뒤덮인 거리를 찾아 이리저리 정신없이 달렸지요.

불쌍한 딕은 지칠 때까지 달리다가 자신을 런던까지 데려다준 친절한 마부도 까맣게 잊어버리고 말았습니다. 날도 어두워진 데다 아무리 찾아보아도 황금은커녕 흙먼지만 보였지요. 딕은 길가 어두운 구석에 쪼그려 앉아 울다가 잠이 들었습니다.

거리에서 밤을 홀딱 지샌 가엾은 딕은 다음 날 아침 배가 너무 고팠습니다. 딕은 몸을 일으킨 후 걸어다니며 만나는 사람마다 한 푼만 달라고 구걸했습니다. 그러나 사람들은 대부분 모른 체하고 지나쳤습니다. 기껏해야 두세 명의 행인이 한두 푼 건네줄

뿐이었지요. 딕은 점점 야위더니 결국 영양실조에 걸리고 말았습니다.

딕이 사람들에게 자비를 구할 때, 어떤 사람은 심술궂게 욕을 하기도 했습니다.

"이 게으른 거렁뱅이 같은 놈! 가서 일을 해야지."

"네, 저도 물론 그러고 싶어요. 저를 써주신다면 열심히 일하겠습니다."

그러나 무정한 사람은 욕만 실컷 하고 그냥 가버렸습니다.

그러던 어느 날, 마음씨 좋아보이는 한 신사가 무척 굶주린 딕을 발견했습니다.

"애야, 젊은 사람이 일을 해야 하지 않겠니?"

"저도 물론 그러고 싶지만 아무도 제게 일거리를 주지 않는걸요."

"일자리를 구하고 싶으면 나를 따라오너라."

신사는 딕을 건초 밭으로 데려갔고 딕은 그곳에서 열심히 일했습니다. 건초가 다 만들어질 때까지 즐겁게 지냈지요.

그러나 일이 끝나자 다시 전처럼 살기가 힘들어졌고, 또 굶어 죽을 지경이 되었습니다. 힘겹게 걸어다니던 딕은 부유한 상인 피츠워렌 씨 집 문 앞에 쓰러졌습니다. 쓰러져 있는 딕을 발견한 그 집의 요리사는 성질이 아주 못된 데다, 하필 그 시간은 주인 부부를 위해 저녁을 차리느라 정신없이 바쁠 때였습니다. 요리사는 딕에게 고함을 쳤습니다.

"이 게을러빠진 거렁뱅이 놈! 왜 거기에 자빠져 있어? 사지 멀쩡한 놈이 고작 해 먹을 게 빌어먹는 짓이냐? 냉큼 꺼지지 못해! 설거지한 개숫물 맛 좀 볼래! 여기 뜨거운 물이 잔뜩 있는데 펄쩍 뛰게 만들어줄까?"

그때 마침 식사를 하러 집에 들어오던 피츠워렌 씨가 문 앞에 쓰러져 있는 거지 소년을 보고 물었습니다.

"이보게, 젊은이. 여기 이렇게 누워 있으면 어떡하나? 일할 나이도 충분히 된 것 같은데. 그러다 게으른 청년이 될까 걱정되는구만."

"선생님, 사실은 그런 게 아니랍니다. 일을 찾으려고 애썼지만, 아는 분이 한 분도 없는 데다 먹지 않으면 당장에라도 쓰러질 것 같은 걸요."

"그런가? 사정이 참 딱하구만. 우선 일어나게. 뭔가 해결책을 찾아보세."

그러나 서 있을 기운조차 없었던 딕은 일어나려다 그만 쓰러지고 말았습니다. 사흘 전부터 아무것도 먹지 못해 구걸하러 나갈 수조차 없었던 것입니다. 마음이 따뜻한 피츠워렌 씨는 딕을 집 안으로 들어오게 해 저녁을 잘 차려주라고 했습니다. 그리고 요리사에게 잭을 데리고 있으면서 잔심부름을 시키라고 명령했습니다.

그 못된 요리사만 아니었다면 딕은 선량한 피츠워렌 씨의 가족들과 매우 행복하게 지낼 수 있었을 것입니다. 하지만 요리사는 걸핏하면 딕을 괴롭혔습니다.

"넌 내 밑에 있는 거니까 잘 봐둬. 산적 꼬챙이와 고기 구울 불판을 잘 닦고, 불을 피우고 고기 구울 꼬치를 잘 감고, 설거지도 재빨리 해치우고, 그리고 또…."

요리사는 끝도 없이 일을 시켰고 걸핏하면 딕에게 국자를 휘둘러댔습니다. 게다가 요리사는 몽둥이로 두들기는 것을 무척 좋아했는데 두드릴 고기가 없으면 빗자루나 손에 잡히는 것을 들고 가엾은 딕의 머리와 어깨를 두드렸습니다.

요리사의 못된 행동을 알게 된 피츠워렌 씨의 딸 앨리스는 요리사에게 딕을 친절하게 대하지 않으면 쫓아내겠다고 경고했습니다. 덕분에 요리사의 행실은 전보다 조금 나아졌지만, 또 다른 문제가 딕을 괴롭혔습니다. 다락방에 있던 딕의 침실 바닥과 벽에 구멍이 하도 많아 밤이면 쥐들 극성에 잠을 잘 수가 없었던 것이지요.

그러던 어느 날, 딕은 어떤 신사분의 구두를 닦아주고 받은 1페니로 고양이를 한 마리 사야겠다고 마음먹었습니다. 다음 날 딕은 고양이를 안고 가는 소녀를 보았습니다.

"그 고양이 나한테 1페니에 팔지 않을래?"

"좋아요. 이 고양이는 쥐 잡는 데 귀신이에요."

딕은 고양이를 다락방에 숨겨두고 매일 자신의 저녁밥을 조금씩 가져다주었습니다. 이윽고 딕은 쥐 때문에 고민할 필요 없이 매일 밤 달게 잘 수 있었지요.

딕에게 국자를 휘두르는 요리사

얼마 지나지 않아, 딕의 주인은 큰 배 한 척을 마련했습니다. 피츠워렌 씨는 하인들을 모두 응접실로 불러 배에 실어 팔고 싶은 물건이 있으면 내놓으라고 했습니다.

다른 하인들은 모두 모험을 걸 만한 물건들이 있었지만 가엾은 딕은 돈이 한 푼도 없어 아무 물건도 내놓지 못했습니다. 딕은 아예 응접실에 가지도 않았지요. 앨리스는 딕의 딱한 사정을 눈치채고는 딕을 응접실로 불러 말했습니다.

"딕을 위해 제가 얼마 내놓겠어요."

그러자 아버지가 말렸습니다.

"그건 안 된다. 딕 자신의 물건을 내놓아야만 한다."

이 말을 들은 딕이 풀죽은 소리로 말했습니다.

"제가 가진 것이라고는 얼마 전 어떤 소녀에게 1페니를 주고 산 고양이 한 마리밖에 없는걸요."

"그렇다면 그 고양이라도 데려오너라. 고양이를 보내는 수밖에 없지, 뭐."

딕은 눈물이 글썽글썽한 채로 선장에게 고양이를 건네주며 말했습니다.

"이제 또 쥐 때문에 뜬눈으로 밤을 새우게 생겼군."

방 안에 있던 모든 사람이 딕의 투자를 비웃었지만, 딕을 안쓰럽게 여긴 앨리스는 다른 고양이를 사라고 돈을 조금 주었습니다.

앨리스가 계속 딕에게 친절을 베풀자 시샘이 난 요리사는 날이 갈수록 딕을 혹독하게 대했습니다. 딕이 배에 고양이를 실어 보낸 것을 두고두고 골려먹었지요.

"그래, 그 고양이가 네놈을 때릴 회초리 값이라도 받을 수 있을 것 같으냐?"

더 이상 요리사의 학대를 견딜 수 없었던 딕은 집에서 나가야 겠다고 생각했습니다. 모든 성인을 기념하는 만성절에 얼마 안 되는 짐을 꾸려 아침 일찍 집을 나왔지요. 북부에 있던 홀러웨이 교도소까지 걸어간 딕은 훗날 자신의 이름을 따 '휘팅턴 돌'이라 불리게 될 돌 위에 걸터앉아 어느 길로 가야 할지 생각했습니다.

딕이 깊은 생각에 빠져 있는데 그 당시 여섯 개에 불과했던 바우 교회Bow Church의 종이 울리기 시작했습니다. 딕에게는 종소리가 이렇게 들렸습니다.

댕그랑, 댕그랑, 집으로 돌아가요, 휘팅턴.
런던의 시장을 세 번이나 역임할 사람이여.

"뭐라고? 런던의 시장이라고? 정말 그렇다면 지금은 어떤 일이라도 견뎌야지. 런던의 시장이 되기 위해서라면 물론이지. 어른이 되면 근사한 마차도 탈 텐데. 암, 돌아가야지. 결국엔 런던 시장이 된다는데 그깟 요리사한테 혼나고 얻어맞는 게 대수야?"

딕은 오던 길을 되돌아갔고, 다행히 집에 일찍 도착해 늙은 요리사가 아래층으로 내려오기 전에 일을 시작할 수 있었습니다.

자, 그럼 아프리카 해안으로 간 고양이 일행은 어찌 되었을까요? 고양이를 태운 배는 한참 동안 항해하다가 바람에 쓸려 바바리Barbary 해안에 도착했습니다. 그곳은 영국인들에게는 알려져 있지 않은, 얼굴이 검은 무어인들Moors만 살고 있었습니다. 무어인들은 자신들과 피부색이 다른 선원들을 보려고 해안으로 몰려와 선장 일행을 정중히 맞아주었습니다. 무어인들은 점점 선장 일행에 친숙함을 느꼈고, 선원들이 배에 싣고 온 물건들을 사고 싶어 했습니다.

　이 사실을 알게 된 선장은 가져온 물건 중 가장 좋은 것의 견본품을 무어인들의 왕에게 보냈습니다. 견본품을 받고 매우 기분 좋아진 왕은 선장을 궁으로 초대했습니다. 나라의 관례에 따라 왕과 선장은 금과 은으로 수놓은 화려한 카페트 위에 앉았습니다. 왕과 왕비는 제일 높은 자리에 앉았고 저녁 식사로 많은 요리가 들어왔습니다. 그런데 이게 어찌된 일입니까? 그들이 자리에 앉자마자 갑자기 쥐 떼가 구름처럼 몰려들더니 순식간에 차려진 음식을 다 먹어치우고 말았습니다. 이 광경을 보고 놀란 선장은 그 쥐들 때문에 불쾌하지 않느냐고 물었습니다.

　"물론 불쾌하죠. 그놈들은 아주 공격적이거든요. 그놈들만 없애준다면 왕께서는 가지고 있는 재물의 절반이라도 내놓으실 걸요. 지금 보셨다시피 그놈들은 음식만 먹어치우는 것이 아니라 방에서도 왕을 공격한답니다. 침실에도 나타나기 때문에 왕께서 주무실 때는 보초까지 세워두지요."

　이 말을 들은 선장은 뛸 듯이 기뻤습니다. 가엾은 휘팅턴과 그의 고양이를 기억해낸 것이지요. 선장은 왕에게 그 쥐들을 쓸어낼 동물이 배에 있다고 말했습니다. 이 말을 들은 왕이 어찌나 펄쩍 뛰며 기뻐했는지 머리에 두른 터번이 다 떨어졌습니다.

"당장 그 동물을 데려오시오. 궁전에서는 쥐가 아주 해로운 존재요. 그 동물이 당신이 말한 대로 쥐들을 다 잡아 없애면 그 대가로 황금과 보석을 배에 한가득 실어주겠소."

사업 수완이 좋았던 선장은 이 기회를 놓치지 않고 고양이의 장점을 늘어놓았습니다.

"전하, 고양이가 없으면 쥐들이 배에 있는 물건을 전부 물어뜯기 때문에 저희도 여간 불편한 것이 아닙니다. 그러나 전하를 위해 당장 대령하겠습니다."

옆에 있던 왕비도 채근했습니다.

"어서 데려오세요. 그 귀여운 놈을 당장 보고 싶네요."

만찬이 다시 차려지는 동안 선장은 배로 갔습니다. 고양이를 안고 궁전으로 돌아오니 식탁은 또 쥐들로 가득 차 있었습니다. 쥐를 본 고양이는 바로 선장의 품에서 뛰쳐나가 쥐에게 달려들었습니다. 몇 분 후 고양이의 발 아래에는 거의 모든 쥐의 시체가 빽빽하게 쌓여 있었습니다. 살아남은 쥐들은 겁에 질려 허둥지둥 구멍으로 들어갔지요.

왕은 커다란 골칫덩어리였던 쥐를 손쉽게 해치우는 것을 보고 크게 기뻐했습니다. 왕비는 자신들에게 커다란 호의를 베풀어준 그 짐승을 보고 싶어 했지요. 선장이 "야옹아, 야옹아!" 하고 부르자 고양이는 잽싸게 달려왔습니다. 선장이 왕비에게 고양이를 내밀자 왕비는 뒤로 한 발짝 물러났습니다. 그 많던 쥐를 다 죽인 동물을 만지기가 조금 두려웠던 것이지요. 그러나 선장이 "야옹아, 야옹아" 하고 고양이를 부드럽게 쓰다듬자 영어를 제대로 모르는 왕비도 어설프게 "아옹아, 아옹아"를 따라 하며 고양이를 쓰다듬었습니다. 선장은 왕비의 무릎에 고양이를 내려놓았고 쓰다듬어주는 손길이 좋았던 고양이는 가르랑거리며 놀다가 잠이 들었습니다.

한편 우리의 영웅 고양이의 위대한 활약상을 직접 본 왕은 고양이의 새끼를 온 나라에 퍼뜨려 모든 쥐를 박멸하겠다고 널리 알렸습니다. 또 배에 싣고 온 모든 화물을 다 사들이고, 고양이에 대한 대가로는 화물의 10배에 해당하는 값을 치르겠다고 했습니다.

선장은 왕실 사람들에게 작별 인사를 하고 영국을 향해 순항한 끝에 무사히 런던에 도착했습니다.

고양이를 쓰다듬는 왕과 왕비

어느 날 아침, 피츠워렌 씨가 사무실 책상 앞에 앉아 현금을 세고 업무를 처리하려는데 누군가가 문을 똑똑 두드렸습니다.

"누구십니까?"

"날세. 자네 선박 유니콘호와 희소식을 가져왔네."

피츠워렌 씨는 서두르다가 책상에 부딪혀 멍이 생긴 것도 모르고 황급히 문을 열었습니다. 그랬더니 이게 웬일입니까? 선장이 물건 대금을 한아름 안은 채 보석으로 가득 찬 금고와 함께 서 있었습니다. 피츠워렌 씨는 고개를 들고 자신에게 이런 행운을 보내주신 하느님께 감사를 드렸습니다.

선장 일행은 고양이 이야기를 하며 왕과 왕비가 불쌍한 딕에게 보낸 엄청난 선물도 보여주었습니다. 선장의 이야기가 끝나기가 무섭게 피츠워렌 씨는 하인에게 당장 딕을 불러오라고 했습니다.

"어서 가서 그를 데려오너라. 그에게 행운을 말해줘야지. 앞으로는 딕을 휘팅턴 씨로 정중하게 부르도록."

피츠워렌 씨가 정말 훌륭한 사람이라는 사실이 이번에도 확실히 드러났습니다. 하인 중 한 사람이 딕에게 그 많은 보물은 너무 과분하다고 말하자 피츠워렌 씨는 단호하게 대답했습니다.

"하느님께서 내려다보고 계신데 내가 어찌 딕의 재산을 한 푼이라도 뺏을 수 있겠느냐? 그건 전부 딕의 것이니라. 1원짜리 하나라도 전부 딕에게 줘야 한다."

그러고는 딕을 데려오라고 했습니다. 딕은 요리사를 위해 열심히 그릇을 닦다가 불려오는 바람에 옷이 너무 더러웠습니다. 딕은 자신의 구두가 더럽고 징이 다 튀어나와 깨끗하게 청소된 사무실에 들어가면 안 될 것 같다고 말했지요. 그러나 피츠워렌 씨는 걱정하지 말고 들어오라고 했습니다. 피츠워렌 씨가 의자에 앉으라고 권하자 딕은 자신을 놀리고 있다는 생각이 들었습니다.

"저처럼 단순하고 불쌍한 소년을 놀리지 마세요. 괜찮으시다면 다시 내려가 하던 일을 마저 하게 해주세요."

"휘팅턴 씨, 지금 우리는 아주 진지하게 이야기하고 있는 거요. 그리고 이 신사분들이 당신에게 가져온 소식에 정말 진심으로 기쁘다오. 선장이 당신의 고양이를 바바리 왕에게 팔아 내가 가지고 있는 재산보다도 훨씬 많은 재산을 가져왔다오. 이제 두고두고 기뻐할 일만 남은 거요."

피츠워렌 씨는 선장 일행에게 가져온 보물 금고를 열라고 하며 덧붙였습니다.

"휘팅턴 씨, 당신은 이제 이 보물들을 안전한 곳에 보관하기만 하면 되는 거요."

딕은 기뻐서 어떻게 반응해야 할지 몰랐습니다. 이렇게 된 것은 모두 친절한 주인의 호의 덕분이니 보물의 일부만 달라고 부탁했지요. 그러나 피츠워렌 씨는 단호하게 거절했습니다.

"아니오. 이건 전부 당신 것이오. 난 당신이 그 재산을 잘 쓸 것이라고 확신하오."

딕은 피츠워렌 씨의 부인과, 앨리스에게도 일부를 떼어주겠다고 했지만 모두 거절하며 딕의 큰 행운에 마음이 흐뭇하다고 했습니다. 하지만 마음 착한 딕은 그 많은 재산을 혼자 차지할 수 없었습니다. 딕은 선장과 선원들, 피츠워렌 씨의 다른 하인들, 심지어 자신을 못살게 굴던 심술궂은 요리사에게까지 선물을 주었습니다.

일이 대충 정리되자 피츠워렌 씨는 딕에게 재단사를 불러 신사처럼 옷을 차려입으라고 충고했습니다. 그리고 마땅한 집을 구할 때까지만 자신의 집에서 지내라고 말했지요.

휘팅턴 씨가 된 딕은 깨끗이 씻고, 머리를 손질하고, 모자의 챙을 약간 올려 쓰고, 근사한 양복을 갖춰 입었습니다. 피츠워렌 씨 댁을 방문하던 다른 젊은 신사들처럼 준수하고 품위 있는 모습으로 거듭났지요. 휘팅턴 씨는 앨리스의 호감을 사기 위해 최고급 선물을 아끼지 않았고, 앨리스는 그를 좋은 남편감이라고 생각했습니다.

두 사람이 서로 사랑한다는 사실을 눈치챈 피츠워렌 씨는 두 사람의 결혼을 제안했습니다. 휘팅턴 씨와 앨리스 모두 동의했고, 곧 결혼식 날짜가 잡혔습니다. 두 사람의 결혼식이 열리는 교회에는 런던 시장과 구청장, 고급 관리들과 부유한 사업가들이 모두 모였습니다. 많은 사람이 그 자리를 빛내주었지요.

역사에 따르면 휘팅턴 씨와 부인은 매우 영화롭고 행복하게 살았다고 합니다. 물론 아이들도 낳았고요. 휘팅턴 씨는 행정 관리직을 거쳐 런던 시장직을 세 번이나 역임했으며 헨리 5세에게 기사 작위도 받았다고 알려집니다.

THE WEE BANNOK

아주 작은 귀리 빵

죽 쒀서 개 좋은 일 했다

옛날 옛적 한 개울가에 어떤 노부부가 살고 있었습니다. 그들은 젖소 두 마리, 암탉 다섯 마리, 수탉 한 마리, 고양이 한 마리, 새끼 고양이 두 마리를 키웠습니다. 할아버지는 젖소를 돌보았고 할머니는 물레로 실을 자았습니다. 새끼 고양이들은 종종 돌아가는 물렛가락을 잡으며 놀곤 했는데, 할머니가 "저리 가지 못해!" 하고 소리를 지르면 금세 도망갔습니다. 고양이들이 가고 나면 물렛가락은 다시 잘 돌아갔지요.

어느 날, 할머니는 귀리 빵 두 개를 구워 불가에 올려두었습니다. 아침밥을 다 먹은 뒤에 간식으로 먹을 생각이었지요. 잠시 후 집에 들어온 할아버지가 불가에 앉더니 귀리 빵을 하나 집어 한가운데를 덥석 베어 물었습니다. 그 모습을 본 다른 귀리 빵이 깜짝 놀라더니 걸음아 날 살려라 하고 도망쳤습니다. 할머니는 한 손에는 물렛가락을, 다른 한 손에는 물레를 든 채 귀리 빵을 뒤쫓았습니다. 그러나 귀리 빵은 어느새 멀리 도망쳐 보이지 않았습니다. 계속 도망치다가 커다란 초가집에 이른 귀리 빵은 대담하게 난로 옆으로 굴러갔습니다. 난로 옆 커다란 의자에 앉아 있던 세 명의 재봉사는 굴러들어오는 작은 귀리 빵을 보고 깜짝 놀라 펄쩍 뛰더니 삼베를 잣고 있던 안주인 뒤로 숨었습니다. 그러자 안주인이 말했습니다.

"이런, 무서워하지 말아요. 그냥 작은 귀리 빵 조각일 뿐이잖아요. 저 귀리 빵을 잡아요. 그러면 우유와 곁들여 먹게 해줄게요."

안주인은 삼베를 잣던 빗을, 재봉사는 커다란 다리미를, 견습생은 커다란 가위를, 또 다른 견습생은 줄자를 든 채 귀리 빵을 뒤쫓았습니다. 그러나 귀리 빵은 사람들을 따돌리고 난로 주변을

빙글빙글 돌아 도망쳤습니다. 견습생 한 명은 가위로 귀리 빵을 잡아채려다가 난로 잿더미에 넘어지고 말았습니다. 재봉사는 귀리 빵을 향해 다리미를 던졌고, 안주인도 빗을 던졌지만 소용없었습니다. 집에서 도망쳐 나온 귀리 빵은 길가에 있는 작은 집에 이르렀습니다. 집 안으로 들어가니 천 짜는 남자가 베틀 앞에 앉아 있었고 아내는 실패를 돌리고 있었습니다.

귀리 빵을 본 남편이 물었습니다.

"저게 뭐지?"

"작은 귀리 빵이잖아요."

"그거 잘됐군. 오늘은 죽이 좀 묽었소. 저 귀리 빵을 잡구려. 여보, 어서 잡으라니까."

"죽이 무슨 상관이에요! 약삭빠른 귀리 빵이나 어서 잡아요, 윌리. 잡으라니까요."

"여보, 어서 그 실패를 던져 맞히구려."

귀리 빵은 이번에도 사람들을 잘 피해 도망쳤습니다. 약삭빠르게 언덕을 굴러 내려간 귀리 빵은 깔끔한 집의 난롯가로 다가갔습니다. 난롯가에는 버터를 휘젓는 주부가 있었습니다.

주부는 귀리 빵에게 말을 걸었습니다.

"이리 오렴, 작은 귀리 빵아. 오늘은 크림과 귀리 빵을 먹어야겠다."

그러나 작은 귀리 빵은 교유기(버터를 만드는 기계 – 편집자) 주위를 뱅뱅 돌며 주부를 피했습니다. 귀리 빵을 뒤쫓으려던 주부는 하마터면 교유기를 넘어뜨릴 뻔했지요. 귀리 빵은 주부가 교유기를 다시 세워놓기도 전에 빠르게 산허리를 지나 방앗간 안으로 도망쳤습니다.

나무통에 밀을 체질(체로 가루를 치거나 액체를 거르는 일 – 편집자)하고 있던 물방앗간 주인이 귀리 빵을 발견하곤 말했습니다.

"아, 귀리 빵이 이렇게 쏘다니는데도 신경 쓰는 사람이 없다니. 다들 배가 부른 모양이구나. 하지만 나는 귀리 빵과 치즈를 좋아하지. 이리 오렴. 내가 하룻밤 묵어갈 수 있게 해주마."

방앗간 주인의 말을 믿을 수 없었던 귀리 빵은 빠르게 뒤돌아 도망쳤습니다. 신기하게도 방앗간 주인은 귀리 빵을 뒤쫓을 생각조차 하지 않았습니다.

길을 터벅터벅 내려가던 귀리 빵은 대장간에 이르렀습니다. 대장간 안으로 들어가 모루(대장간에서 불린 쇠를 올려놓고 두드릴 때 받침으로 쓰는 쇳덩이 – 편집자) 위로 올라갔지요. 말발굽을 만들던 대장장이는 귀리 빵을 보고 말했습니다.

"나는 시원한 맥주 한잔과 잘 구워진 귀리 빵을 좋아하지. 귀리 빵아, 이리 오렴."

귀리 빵은 맥주라는 소리에 겁을 먹고 걸음아 날 살려라 도망쳤습니다. 그러자 대장장이는 귀리 빵을 뒤쫓으며 망치를 던졌습니다. 망치는 빗나갔고, 귀리 빵은 순식간에 한쪽 구석에 토탄(땅속에 묻힌 시간이 오래되지 않아 완전히 탄화하지 못한 석탄 – 편집자)이 수북이 쌓여 있는 어느 농가에 이르렀습니다. 집 안으로 들어

가 난롯가에 다가가니 농부가 목화를 잘라내고 있었고 아내는 삼
빗(마에서 실을 만들 때 사용되는 빗 – 편집자)으로 마麻를 훑고 있었
습니다. 귀리 빵을 본 농부가 아내에게 외쳤습니다.

"아, 자넷. 저기 작은 귀리 빵이 있소. 내가 반을 먹어야겠소."

"그래요, 존. 나머지 반은 내가 먹을게요. 어서 그 칼로 뒤를
쳐요."

그러나 귀리 빵은 이리저리 잘도 피했습니다.

"저런, 저런."

농부의 아내가 삼빗을 집어 던졌습니다. 그러나 약삭빠른 귀리
빵을 당해낼 수는 없었습니다. 농부의 집에서 빠져나와 외양간으
로 올라간 귀리 빵은 옆집 난롯가로 굴러갔습니다. 그 집에서는
한 주부가 수프를 젓고 있었고 남편은 젖소들을 위해 밀짚을 엮
고 있었습니다. 귀리 빵을 본 아내가 외쳤습니다.

"자크, 이것 봐요. 이리 와봐요. 당신 늘 작은 귀리 빵 노래를 했
잖아요. 여기 하나가 있네요. 어서 빨리 와봐요. 당신이 귀리 빵을
잡도록 도와줄게요."

"어디에 있지?"

"저기 봐요. 저 위로 굴러가고 있잖아요."

귀리 빵은 남편의 의자 뒤로 숨어 도망쳤습니다. 남편 자크는
밀짚 위로 넘어졌지요. 그는 밀짚을 짜던 도구를 던졌고 아내는
국자를 던졌습니다. 하지만 두 사람이 대적하기에 귀리 빵은 몹
시 빨랐습니다. 재빠르게 도망치던 귀리 빵은 순식간에 가시덤불

사이로 사라졌지요. 길을 따라 내려가던 귀리 빵은 다음 집으로 들어가 난롯가에 자리를 잡았습니다. 그 집 사람들은 수프를 먹으려고 막 자리에 앉았고, 주부는 냄비를 닥닥 긁어내고 있었습니다.

"저거 봐요.. 우리 난로에서 몸을 데우려고 작은 귀리 빵이 들어왔네요."

"어서 문을 닫구려. 잡아보도록 합시다."

그 소리를 들은 귀리 빵은 도망치기 시작했고, 부부는 수저를 든 채 귀리 빵을 뒤쫓았습니다. 남편은 귀리 빵을 향해 모자를 집어 던졌습니다. 그러나 귀리 빵은 데굴데굴 굴러 한참을 달려가다가 또 다른 집에 이르렀습니다. 안으로 들어가니 사람들이 막 잠자리에 들려 하고 있었습니다. 남편은 바지를 갈아입고 있었고 아내는 불씨를 긁어모으고 있었지요.

"저게 뭐지?"

"오, 작은 귀리 빵이네요."

"반만이라도 먹을 수만 있다면."

"어서 잡아요. 나도 좀 먹어보게. 당신 바지를 집어 던져요!"

귀리 빵은 남편이 집어 던진 바지에 맞을 뻔했습니다. 그러나 이번에도 귀리 빵은 이리저리 잘 빠져나가 도망쳤고, 남편은 바지도 제대로 입지 못한 채 귀리 빵을 뒤쫓았습니다. 귀리 빵은 정원에 있는 깨끗한 홈통(물이 흐르거나 타고 내리도록 만든 물건-편집자) 안으로 들어가 가시덤불 속에 숨었습니다. 귀리 빵을 놓친

반벌거숭이 남자는 할 수 없이 집 안으로 총총 들어갔습니다. 밤이 되고 주변이 어두워져 한 치 앞도 볼 수 없었던 귀리 빵은 커다란 가시덤불 옆의 여우 소굴로 빠지고 말았습니다. 마침 이틀 동안 굶주렸던 여우가 소리쳤습니다.

"어서 와. 이게 웬 떡이냐!"

그러고는 귀리 빵 한가운데를 덥석 물어 두 동강을 내버렸습니다. 이것이 바로 작은 귀리 빵의 최후였지요.

LAZY JACK

게으름뱅이 잭

짚신도 제 짝이 있다

옛날 옛적에 잭이라는 소년이 어머니와 단둘이 황무지에 살고 있었습니다. 잭의 집은 무척 가난해 어머니가 실을 자아 근근이 먹고살았습니다. 하지만 잭은 너무나도 게을러 따뜻한 날에는 양지바른 곳에서 볕을 쬐고, 추운 날에는 화로 귀퉁이에 쭈그리고 앉아 있는 것이 일과였습니다. 어머니는 제발 무슨 일이라도 좀 하라고 채근했지만 잭은 말을 듣지 않았습니다. 화가 난 어머니는 제 끼니 거리라도 벌어오지 않으면 스스로 먹고살도록 집에서 쫓아내겠다고 했습니다.

어머니의 협박이 조금 효과가 있었는지, 어느 날 잭은 이웃 농부에게 일당으로 1페니를 받고 하루 동안 일했습니다. 그러나 돈을 손에 쥐어본 적 없었던 잭은 개울을 지나다가 그만 1페니를 물

46 게으름뱅이 잭　　**379**

에 떨어뜨리고 말았습니다. 화가 난 어머니는 잭을 야단쳤습니다.

"이런 바보 같으니라고! 돈을 주머니에 넣었어야지."

"다음부터는 그럴게요."

다음 날 잭은 또 일을 하러 나갔습니다. 이번엔 젖소 주인을 위해 일하고 일당으로 우유 한 병을 받았습니다. 잭은 겉옷에 난 큰 주머니에 병을 넣고 오다가 집에 도착하기도 전에 우유를 다 쏟고 말았습니다.

"아이고, 내가 못 살아! 머리에 이고 왔어야지."

"다음에는 그럴게요."

다음 날 잭은 농부에게 가서 수고의 대가로 크림치즈를 받기로 하고 일했습니다. 일을 마친 저녁, 잭은 받은 크림치즈를 머리에 이고 왔습니다. 집에 도착해보니 크림치즈는 엉망이 되어 일부는 없어지고 나머지는 잭의 머리에 엉겨 붙어 있었습니다.

"이 멍청한 놈아! 손에 들고 조심조심 왔어야지."

"다음엔 꼭 그렇게 할게요."

다음 날 잭은 빵 가게 주인에게 갔습니다. 빵 가게 주인은 커다란 수고양이 한 마리를 일당으로 주었습니다. 고양이를 받아든 잭은 조심스럽게 손에 안고 갔지만 얼마 안 가 고양이가 손등을 날카롭게 할퀴자 그만 도망치게 내버려두고 말았습니다. 집에 돌아오자 어머니가 또 소리를 질렀습니다.

"이런 천하에 어리석은 놈아! 고양이는 끈에 묶어 끌고 왔어야지."

"어머니, 다음에는 시키는 대로 할게요."

다음 날 푸줏간 주인에게 간 잭은 일당으로 양고기 어깨 부위를 한 짝 받았습니다. 고기를 끈에 묶은 잭은 더러운 흙길 위로 고깃덩어리를 질질 끌고 갔습니다. 집에 도착해보니 고기는 완전히 못 쓰게 되었습니다. 저녁을 양배추 한 조각으로 때워야 한다는 생각에 어머니는 화가 머리끝까지 치밀어 올랐습니다.

"이런 바보 멍청이 같은 놈! 고기는 어깨에 메고 왔어야지!"

"엄마, 알았어요. 다음번엔 그렇게 할게요."

다음 주 월요일 다시 일을 나간 잭은 목장 주인을 찾아갔습니다. 이번에는 수고한 대가로 당나귀를 한 마리 받았습니다. 잭은 힘이 무척 세긴 했지만 당나귀를 어깨에 메려니 힘에 부쳤습니다. 어떻게든 당나귀를 둘러멘 잭은 의기양양하게 집을 향해 걸어갔습니다.

당나귀를 둘러멘 잭

잭이 걸어가는 길에는 아름다운 외동딸을 가진 부자가 살고 있었습니다. 불행하게도 그 딸은 듣지도 말하지도 못했습니다. 한 번도 웃은 적이 없었지요. 의사는 누군가가 딸을 웃기기 전에는 절대로 병을 고칠 수 없다고 말했습니다. 아버지는 딸을 웃기려고 수없이 시도해보았지만 매번 실패했습니다. 지친 아버지는 딸을 처음으로 웃게 만든 사람을 사위로 삼겠다는 제안까지 했지요.

창가에 서 있던 그의 딸은 우연히 하늘로 다리를 쳐들고 발버둥치는 당나귀와 그 당나귀를 어깨에 메고 지나가는 잭을 보게 되었습니다. 처녀는 어떻게 했을까요? 그 괴상하고 우스꽝스러운 모습에 갑자기 웃음이 터진 처녀는 곧 말하고 들을 수 있게 되었습니다.

처녀의 아버지는 몹시 기뻐하며 약속에 따라 잭을 사위로 삼았고 잭은 부유한 신사가 되었습니다. 물론 어머니도 죽는 날까지 커다란 저택에서 아들 부부와 행복하게 살았답니다.

HOW JACK WENT OUT TO WEEK HIS FORTUNE

잭이 성공한 사연

참새 그물에 기러기 걸린다

옛날에 잭이라는 소년이 살았습니다. 어느 날 아침, 잭은 세상에 나가 성공하기 위해 집을 떠나게 되었습니다.

집을 떠난 지 얼마 지나지 않아 만난 고양이가 물었습니다.

"어디 가는 길이야, 잭?"

"성공하러 세상에 나가는 길이야."

"나도 함께 가도 될까?"

"물론이야. 많으면 많을수록 더 즐거울 테니까."

잭과 고양이는 흥겹게 노닥거리며 갔습니다.

그런데 조금 더 가다가 개를 만났습니다.

"잭, 어디 가는 길이야?"

"성공하러 세상에 나가는 길이지."

"나도 함께 가면 안 될까?"

"그래 좋아. 많으면 많을수록 더 좋으니까."

잭 일행은 흥겹게 노닥거리며 갔습니다.

그런데 조금 더 가다가 염소를 만났습니다.

"어디 가는 길이야, 잭?"

"성공하러 세상에 나가는 길이야."

"나도 함께 가도 될까?"

"물론이지. 많으면 많을수록 더 즐거우니까."

잭 일행은 흥겹게 노닥거리며 갔습니다.

그런데 조금 더 가다가 황소를 만났습니다.

"어디 가는 길이야, 잭?"

"성공하러 세상에 나가는 길이야."

"나도 함께 가도 될까?"

"물론이지. 많으면 많을수록 더 즐거우니까."

잭 일행은 흥겹게 노닥거리며 갔습니다.

그런데 조금 더 가다가 수탉을 만났습니다.

"어디 가는 길이야, 잭?"

"세상에 나가 성공하러 가는 길이야."

"나도 함께 가도 될까?"

"물론이지. 많으면 많을수록 더 즐거우니까."

잭 일행은 즐겁게 노닥거리며 갔습니다.

계속 가다 보니 날이 막 어두워지기 시작했습니다. 그들은 어디서 밤을 보내면 좋을지 궁리했지요. 그 무렵 어떤 집 하나가 눈에 띄었습니다. 잭은 동물들에게 잠자코 있으라고 말한 뒤, 집으로 다가가 창을 들여다보았습니다. 집 안에는 도둑들이 모여 훔친 돈을 세고 있었습니다.

잭은 동물들에게 자신이 신호를 보내면 가능한 한 가장 시끄러운 소리를 내라고 말했습니다. 만반의 준비를 하고 있던 동물들은 잭의 신호를 받자마자 시끄럽게 울어댔습니다. 고양이는 야옹, 개는 컹컹, 염소는 메에, 황소는 음메, 수탉은 꼬꼬댁거렸습니다. 동물들의 무시무시한 소리를 들은 도둑들은 겁먹은 채로 도망갔고, 잭과 동물들은 곧바로 집을 차지했습니다.

한밤중에 도둑들이 다시 찾아올까 불안했던 잭은 고양이는 흔들의자에, 개는 탁자 아래에, 염소는 계단에, 황소는 지하실에, 수탉은 지붕 위에 자리 잡게 한 뒤 잠자리에 들었습니다.

이윽고 날이 완전히 깜깜해지자, 도둑들은 돈을 찾아올 대표한 사람을 뽑아 집으로 보냈습니다. 하지만 얼마 지나지 않아, 대표로 갔던 도둑이 몹시 겁에 질린 채로 돌아왔습니다. 그러고는 자신이 당한 이야기를 들려주었지요.

"집으로 들어간 뒤에 흔들의자에 앉으려 했지. 그런데 의자에서 뜨개질을 하던 한 노파가 뜨개바늘로 나를 마구 찌르는 게 아니겠어."

여러분도 아시다시피 그것은 고양이였습니다.

"그러고 나서 돈을 찾으러 탁자 근처로 갔지. 그랬더니 탁자 아래에 있던 구두 제조공이 갑자기 송곳으로 나를 마구 찔러대지 않겠어."

여러분도 아시다시피 그것은 개였답니다.

"그래서 2층으로 올라가려 했어. 그런데 거기서 도리깨질(도리깨로 곡식 이삭을 두드려 낟알을 떠는 일 – 편집자)을 하고 있던 한 남자가 그 도리깨로 나를 마구 내려치는 게 아니겠어."

여러분도 아시다시피 그것은 염소였지요.

"이번에는 지하실로 내려가려 했어. 그랬더니 지하실에서 장작을 패고 있던 어떤 남자가 도끼로 나를 마구 내려치는 게 아니겠어."

여러분도 아시다시피 그것은 황소였습니다.

"하지만 지붕 위에 있던 그 작은 놈만 아니었다면 이런 일 정도는 하나도 신경 쓰지 않았을 거야. 지붕 위에 있던 놈이 나에게 마구 고함을 치는 거 아니겠어? '구구구 저놈을 나한테 집어 던져! 구구구 저놈을 나한테 집어 던져!'"

물론, 그것은 수탉이 꼬끼오 하는 소리였답니다.

THE FISH AND RING

물고기와 반지

못난 놈은 제 기른 짐승도 못 잡아먹고 죽는다

옛날 옛적, 북쪽 지방에 한 남작이 살았습니다. 그는 미래를 볼 수 있는 위대한 마법사였지요. 마법사는 자신의 아들이 네 살이 되는 해에 어떤 일이 일어날지 알아보고 싶어 운명의 책을 들여다보았습니다. 운명의 책에는 아들이 요크 민스터 부근의 어느 초라한 집에서 이제 막 태어난 여자아이와 결혼하게 될 것이라고 적혀 있었습니다. 남작은 그 여자아이의 아버지가 찢어지게 가난하다는 사실과 그 집에 이미 아이가 다섯이나 있다는 사실을 알고 실망했습니다.

그는 바로 말을 타고 요크로 달려갔습니다. 남작은 그 여자아이의 집 앞을 지나가다가 애처로운 표정으로 문가에 앉아 있는 아이의 아버지를 보았습니다. 그는 말에서 내려 아이 아버지에게 말을 걸었습니다.

"무슨 일인데 그렇게 슬픈 표정을 짓고 있는가?"

"아, 나리. 사실은 제게 이미 아이가 다섯이나 있는데 여섯 번째 아이인 딸이 태어났답니다. 그러니 이 많은 아이를 어떻게 먹여 살린단 말입니까. 걱정이 이만저만이 아닙니다."

"너무 낙담하지 말게. 그런 문제라면 내가 도와줄 수 있네. 내가 막내 아이를 데려가겠네. 그러면 자네는 더 이상 그 아이 때문에 걱정하지 않아도 될 걸세."

"아이고, 나리. 고맙기도 하십니다."

아이 아버지는 집 안으로 들어가더니 아기를 데리고 나와 남작에게 건네주었습니다. 아기를 받아든 남작은 말에 올라타 그 자리를 떠났습니다. 하지만 남작은 우즈 강둑에 이르자 아기를 강에 던져버리고는 말을 몰아 성으로 돌아가버렸습니다.

다행히도 아기는 가라앉지 않은 채 계속 떠다니다가 어느 어부의 오두막 바로 앞에 있는 강변에 닿았습니다. 오랫동안 아이가 없었던 어부와 그의 아내는 늘 아기를 원했습니다. 어부는 강변에서 발견한 아기를 가엾게 여겨 집 안으로 데리고 들어갔습니다. 다정한 양부모 아래서 아기는 무럭무럭 자라났고, 어느덧 15살의 늘씬하고 아름다운 소녀가 되었습니다.

어느 날 친구들과 함께 우즈 강둑을 따라 사냥을 나온 남작이 물을 얻어 마시려고 어부의 오두막에 들르게 되었는데, 마침 소녀가 그들에게 줄 물을 가지고 나왔습니다. 사람들은 모두 소녀

아기를 건져내는 어부

의 빼어난 미모에 주목했습니다. 일행 가운데 한 사람이 남작에게 물었습니다.

"남작, 저 소녀가 누구와 결혼할 운명인지 알 수 있소?"

"아, 그야 뭐 어렵지 않소. 보나마나 시골뜨기 아니겠소. 내 한 번 저 아이의 별점을 쳐보리다. 얘야, 이리 와 네 생년월일을 말해보거라."

"나리, 전 생년월일을 모릅니다. 15년 전 강을 따라 떠내려오던 저를 바로 여기서 아버지가 건지셨답니다."

그 소리를 들은 남작은 소녀가 누구인지 알아챘습니다. 그는 일단 사람들과 함께 그곳을 떠났다가 나중에 혼자 돌아와 소녀에게 말했습니다.

"얘야, 너를 출세시켜주마. 이 편지를 스카버러에 있는 내 동생에게 전해다오. 그러면 평생 편히 살 수 있을 것이다."

편지를 받은 소녀는 알겠다고 대답했습니다. 그런데 사실 남작이 편지에 쓴 내용은 다음과 같았습니다.

사랑하는 동생에게,
이 편지를 가져가는 아이를 즉시 죽이거라.
너를 아끼는 형 험프리가.

스카버러를 향해 출발한 소녀는 얼마 후 작은 여관에서 하룻밤을 쉬어가게 되었습니다. 공교롭게도 그날 밤, 도둑들이 여관에

편지의 내용을 고치는 도둑 대장

들어와 소녀의 짐을 뒤졌습니다. 그러나 아무리 털어도 돈은 나오지 않았습니다. 도둑들이 발견한 것은 오직 편지 한 장뿐이었지요. 편지를 뜯어 읽어본 도둑들은 그 내용이 아주 몹쓸 짓이라고 생각했습니다. 그래서 도둑 대장은 펜을 들어 다음과 같이 내용을 바꿔 썼습니다.

사랑하는 동생에게,

이 편지를 가져가는 아이를 당장 내 아들과 결혼시키거라.

너를 아끼는 형 험프리가.

도둑 대장은 소녀에게 편지를 주며 떠나라고 했습니다. 소녀는 스카러버의 귀족 기사인 남작 동생을 찾아갔습니다. 그곳에는 남작의 아들도 머물고 있었지요. 소녀로부터 편지를 전해 받은 남작의 동생은 당장 결혼식을 준비하라는 명령을 내렸고, 소녀와 남작의 아들은 그날 바로 결혼식을 올렸습니다.

얼마 지나지 않아 동생의 성을 찾아온 남작은 자신의 음모가 수포로 돌아갔다는 사실을 알고는 무척 놀랐습니다. 그러나 그는 단념할 사람이 아니었습니다. 남작은 산책을 핑계로 소녀를 꾀어 절벽 근처로 데리고 갔습니다. 소녀와 단둘이 있게 된 남작은 소녀의 팔을 잡고 절벽 아래로 던져버리려 했습니다. 소녀는 살려 달라고 애원했지요.

"전 아무 짓도 안 했답니다. 살려만 주신다면 뭐든지 시키시는 대로 다 할게요. 원하신다면 나리와 아드님 앞에 다시는 나타나지 않을게요."

남작은 손가락에서 금반지를 빼더니 바다로 던지며 말했습니다.

"저 반지를 찾아 내게 보여주기 전까지 다시는 내 앞에 나타날 생각하지 말아라."

가엾은 소녀는 정처 없이 헤매다 어느 높은 귀족의 성에 도착했습니다. 소녀는 성에 들어가 일거리를 달라고 청했고, 부엌의 허드렛일을 맡게 되었습니다. 어릴 적 어부의 오두막에서 오랫동안 부엌일을 했기 때문이지요.

그러던 어느 날, 놀랍게도 남작과 그의 아들인 소녀의 남편이 귀족의 저택에 모습을 드러냈습니다. 소녀는 어찌해야 할지 몰라 당황했습니다. 하지만 남작 부자가 성의 부엌에서 일하는 자신을 보지는 못할 것이라 생각했습니다. 소녀는 한숨을 쉬며 일하러 돌아갔고 남작 부자의 저녁으로 끓일 커다란 물고기를 씻기 시작했습니다. 물고기를 씻던 소녀는 안에서 무엇인가 반짝이는 것을 보았습니다. 여러분은 소녀가 무엇을 발견했을 것 같나요? 그것은 놀랍게도 남작이 스카버러 절벽 위에서 던져버린 바로 그 반지였습니다. 소녀가 반지를 보고 얼마나 기뻐했을지는 여러분도 상상이 가지요? 소녀는 정성을 담아 물고기를 요리해 식당으로 내갔습니다.

생선 요리를 먹은 손님들은 음식이 너무 맛있다며 요리사가 누구냐고 물었습니다. 귀족은 하인들을 불러 명령했습니다.

"이봐라, 저 맛있는 생선 요리를 준비한 요리사를 데려오너라."

하인들은 부엌으로 내려가 어느 귀족이 연회장에서 소녀를 찾고 있다는 것을 알렸습니다.

연회에 참석한 손님들은 젊고 아름다운 요리사를 보고 깜짝 놀랐습니다. 그러나 남작은 불같이 화를 내며 벌떡 일어섰습니다. 소녀는 남작의 반지를 낀 손을 앞으로 내밀고 남작에게 다가갔습니다.

남작은 타고난 운명은 아무도 거스를 수 없다는 사실을 깨닫고는 소녀를 옆에 앉혔습니다. 그리고 소녀가 바로 자신의 진정한 며느리라고 모든 사람에게 발표했습니다. 남작은 소녀와 아들을 자신의 성으로 데려갔고, 그 후 그들은 영원히 행복하게 살았답니다.

49

THE PEDLAR OF SWAFFHAM

스와프햄의 행상인

일생에 한 번은 좋은 날이 있다

런던 다리의 한쪽 끝에서 반대쪽 끝까지 상점들이 빽빽하게 늘어서 있고, 다리 밑에는 연어들이 헤엄쳐 다니던 옛 시절, 노퍽의 스와프햄에 가난한 행상인이 살고 있었습니다. 행상인은 등에 봇짐을 진 채 개를 데리고 터벅터벅 걸어다니며 먹고살기 위해 몹시 애썼습니다. 하루의 고된 노고가 끝날 무렵이면 걸터앉아 쉬고 잘 수 있다는 것에 기뻐했지요.

그러던 어느 날 밤, 그는 꿈을 꾸었습니다. 꿈속에서 행상인은 런던 시내의 커다란 다리를 보았는데, 그 다리는 행상인이 런던에 가면 기쁜 소식을 듣게 될 거라고 말해주었습니다!

행상인은 꿈을 믿지 않았습니다. 하지만 다음 날 밤에도 다다음 날 밤에도 똑같은 꿈을 꾸었습니다. 행상인은 속으로 결심했

행상인의 꿈

습니다.

"꿈이 들어맞는지 알아봐야겠어."

행상인은 런던까지 꽤 오랫동안 터벅터벅 걸어갔습니다. 드디어 런던에 도착한 행상인은 커다란 다리 위에 좌우로 늘어서 있는 커다란 집, 흘러가는 강물과 그 위를 떠다니는 배들을 보니 무척 반가웠습니다. 하지만 하루 종일 다리 위를 오가도 만족할 만한 소식은 듣지 못했습니다. 다음 날도 열심히 런던 다리를 오가며 이리저리 살폈지만, 아무것도 보지도 듣지도 못했습니다.

사흘째 되던 날, 여전히 다리에 서서 유심히 주변을 살피고 있는데 바로 앞에 있던 한 가게의 주인이 말을 걸어왔습니다.

"여보시오, 그렇게 아무것도 않고 서 있는 이유가 무척 궁금하구려. 팔 물건이 하나도 없소?"

"네, 그렇습니다."

"그런데 동냥도 하지 않소?"

"제힘으로 벌어먹을 수 있을 때까지는 구걸하지 말아야죠."

"그렇다면 도대체 이곳에서 원하는 것이 무엇인지, 용건이 무엇인지 물어봐도 되겠소?"

"그게 말이죠. 사실을 말씀드리자면, 이곳에 오면 좋은 소식을 들을 거라는 꿈을 꾸었답니다."

그 소리를 들은 가게 주인은 크게 웃었습니다.

"아니, 그렇게 어리석은 볼일로 이곳을 찾아오다니 당신은 어리석은 사람이 틀림없구려. 가엾은 시골 친구, 내 한마디 해주겠소. 나 역시 꿈을 자주 꾼다오. 간밤에는 아주 낯선 곳이지만, 내가 잘못 알지 않았다면 노퍽의 스와프햄이라는 곳에 있는 꿈을 꾸었소. 어느 행상인의 집 뒤 과수원에 있었던 것 같은데, 그 과수원에는 커다란 참나무가 한 그루 있었소. 내가 파기만 하면 그 나무 밑에서 많은 보물을 찾아낼 것 같았지. 하지만 당신은 내가 어리석은 꿈 때문에 길고도 지루한 여행을 할 바보라고 생각하오? 아니지, 착한 친구. 당신보다 더 현명한 사람으로부터 지혜를 배워 집으로 돌아가 하던 일이나 신경 쓰란 말이오."

가게 주인의 말을 들은 행상인은 아무 말도 하지 않았지만, 속으로는 쾌재를 부르며 급히 집으로 돌아갔습니다. 그리고 가게 주인이 말한 참나무 밑을 파보았더니 정말로 어마어마한 보물이 나왔습니다. 덕분에 행상인은 대단한 부자가 되었습니다. 하지만 자신의 재물에 취해 의무를 게을리하지는 않았습니다. 어마어마한 보물의 일부로 스와프햄에 교회를 다시 지어주기도 했지요. 그가 죽자 사람들은 교회 안에 봇짐을 등에 지고 뒤에 개를 거느린 행상인의 석상을 세웠습니다. 이 말이 거짓이 아니라는 것은 오늘날까지도 교회에 서 있는 그 석상을 보면 아실 것입니다!

THE PRINCESS OF CANTERBURY

캔터베리의 공주

언청이만 아니면 일색일 텐데

아주 먼 옛날, 잉글랜드 컴벌랜드주에 세 아들을 둔 귀족이 살 았습니다. 두 아들은 잘생기고 영리했지만 나머지 아들 잭은 태 어날 때부터 바보였습니다. 잭은 늘 알록달록한 외투를 걸치고 꼭대기에 술이 달린 뾰족한 모자를 쓴 채 양을 돌보며 지냈습니다.

캔터베리의 왕에게는 아름다운 딸이 있었습니다. 공주는 매우 영리하고 재치가 많은 것으로 유명했지요. 왕은 공주가 내는 세 가지 질문에 대답하는 사람이라면 누구라도 공주와 결혼시킬 것 이며 자신이 죽으면 왕국을 물려주겠다고 발표했습니다. 그 소식 은 귀족의 세 아들에게도 전해졌습니다. 영리한 두 아들은 공주 와의 결혼에 도전해보기로 했지만 바보 막내를 떼어놓고 가려니

곤란했습니다. 두 아들은 결국 잭을 데리고 길을 떠났습니다. 출발한 지 얼마 되지 않아 잭이 갑자기 폭소를 터뜨리며 말했습니다.

"어, 알이 있네."

"그럼 네 주머니에 넣으렴."

좀 더 가더니 잭이 이번에는 구부러진 개암나무 가지를 찾았다며 다시 웃음을 터뜨렸습니다. 잭은 그것도 주머니에 넣었습니다. 얼마 후에는 나무 열매를 발견했다고 정신없이 웃었고, 잭은 그것 역시 자신의 보물들이 있는 주머니에 넣었습니다.

궁전에 도착한 삼 형제가 찾아온 이유를 밝히자 즉시 안으로 들여보내졌습니다. 그들은 공주와 시녀들이 앉아 있는 방으로 안내되었지요. 그런데 의례를 지키는 법을 전혀 모르는 잭이 고함을 질렀습니다.

"와, 아름다운 아가씨들이 많기도 하네!"

"그래요, 우리는 아름다운 아가씨들이에요. 가슴에 불을 품고 있거든요."

공주가 말했습니다.

"정말요? 그렇다면 내게 알을 구워주세요."

잭이 주머니에서 알을 꺼내며 말했습니다.

"그 알은 어디서 났죠? 그것을 어떻게 다시 집으려고요?"

"길에서 주웠지요. 구부러진 가지로 집으면 되고요."

개암나무 가지를 꺼내며 잭이 대답했습니다.

"그것은 어디에서 났지요?"

"그야 열매에서 났지요."

잭은 주머니에서 나무 열매를 꺼내며 대답했습니다.

"자, 나는 세 가지 물음에 모두 답했어요. 그러니 이제 공주님은 내 차지입니다."

왕이 잭의 말에 제동을 걸었습니다.

"아니, 그렇게 빨리는 안 된다. 아직 거쳐야 할 시험이 하나 더 있다. 일주일 후에 이곳에서 공주와 하룻밤을 완전히 지새워야 한다. 네가 하룻밤 내내 잠들지 않고 깨어 있을 수 있다면 바로 다음 날 공주와 결혼하게 해주겠다."

"그렇게 못하면요?"

"그러면 네 목이 달아나겠지. 내키지 않는다면 굳이 안 해도 된다."

잭은 집으로 돌아가 일주일 동안 곰곰이 생각했습니다. 그리고 마침내 결심했습니다.

"좋아, 내 뚝심을 시험해보겠어. 이제 공주를 얻느냐 목 잘린 양치기가 되느냐, 죽기 아니면 까무러치기다!"

굳게 결심한 잭은 물병과 자루를 챙겨 궁전으로 향했습니다. 가는 길에 강이 있어 신발과 양말을 벗어 들고 건너가는데 발치에 큰 고기 몇 마리가 움직이는 것이 느껴졌습니다. 잭은 바로 고기를 잡아 주머니에 넣었습니다. 궁전에 도착한 잭이 지팡이로 대문을 크게 두드리며 찾아온 용건을 밝히자 즉시 연회장으로 안

내되었습니다. 그곳에는 청혼자들을 만날 준비를 마친 공주가 앉아 있었습니다. 사람들은 잭을 안락한 의자에 앉히고 감칠맛 나는 포도주와 향신료, 온갖 종류의 맛좋은 고기들을 내놓았습니다. 그렇게 호사스러운 식사에 익숙하지 않았던 잭은 실컷 먹고 마시다가 자정이 되기도 전에 하마터면 잠들 뻔했습니다.

그때 공주가 외쳤습니다.

"아, 양치기여, 당신이 조는 것을 보았어요!"

"아닙니다, 고운 내 배필이여. 낚시질을 하느라 그런 겁니다."

"낚시질이라고요."

공주가 매우 놀라며 대꾸했습니다.

"그럴 리가! 연회장에는 낚시질 할 곳이 없는데."

"그렇긴 합니다만 나는 내 주머니 안에서 낚시질을 하고 있었던 것입니다. 그리고 지금 막 한 마리를 잡았지요."

"오, 그럴 리가! 어디 보여줘봐요."

그러자 잭은 천연덕스럽게 주머니에서 물고기를 꺼내더니 마치 그것을 직접 잡은 척하면서 공주에게 보여주었습니다. 공주는 그렇게 근사한 물고기는 살면서 처음 본다고 했습니다.

그로부터 30분 후에 공주가 물었습니다.

"양치기, 내게 한 마리 더 잡아줄 수 있나요?"

"어쩌면 그럴 수도 있죠. 낚싯바늘에 미끼를 끼운다면 말이죠."

얼마 후 잭은 처음 것보다 더 멋있는 물고기를 꺼내놓았습니다. 공주는 몹시 좋아하며 잭에게 잠을 자도 좋다고 말했습니다.

왕에게 물고기를 보여주는 잭

아버지에게는 아무 말도 하지 않겠다고 약속했지요.

아침이 되고, 공주는 아버지에게 잭이 밤새 낚시질을 했으므로 목을 베어서는 안 된다고 말했습니다. 잭이 주머니에서 멋진 물고기들을 잡았다는 말을 들은 왕은 자신을 위해서도 그런 물고기를 잡아달라고 부탁했습니다.

잭은 기꺼이 그 일을 받아들였습니다. 그러고는 왕에게 누우라고 한 뒤, 다른 물고기를 미리 손에 숨겨놓고 주머니에서 낚시를 하는 척하면서 고기를 들어 왕에게 보여주었습니다.

왕은 그러한 모습이 그다지 마음에 들지는 않았지만, 놀라운 일이라는 것은 인정했습니다. 공주와 잭은 그날로 결혼식을 올리고 오랫동안 행복하고 풍족하게 살았답니다.

English Fairy Tales

드디어 시리즈 03

드디어 만나는
영국 동화

1판 1쇄 발행 2025년 1월 23일
1판 2쇄 발행 2025년 2월 17일

지은이 조셉 제이콥스
그림 아서 래컴 · 존 바튼
옮긴이 서미석
발행인 박명곤 **CEO** 박지성 **CFO** 김영은
기획편집1팀 채대광, 이승미, 이정미, 김윤아, 백환희, 이상지
기획편집2팀 박일귀, 이은빈, 강민형, 이지은, 박고은
디자인팀 구경표, 유채민, 윤신혜, 임지선
마케팅팀 임우열, 김은지, 전상미, 이호, 최고은

펴낸곳 (주)현대지성
출판등록 제406-2014-000124호
전화 070-7791-2136 **팩스** 0303-3444-2136
주소 서울시 강서구 마곡중앙6로 40, 장흥빌딩 10층
홈페이지 www.hdjisung.com **이메일** support@hdjisung.com
제작처 영신사

ⓒ 현대지성 2025

"Curious and Creative people make Inspiring Contents"
현대지성은 여러분의 의견 하나하나를 소중히 받고 있습니다.
원고 투고, 오탈자 제보, 제휴 제안은 support@hdjisung.com으로 보내 주세요.

현대지성 홈페이지

이 책을 만든 사람들
편집 박고은, 박일귀 **디자인** 윤신혜